Botho Strauß
Allein mit allen   Gedankenbuch

Herausgegeben von
Sebastian Kleinschmidt

Carl Hanser Verlag

1 2 3 4 5   18 17 16 15 14

ISBN 978-3-446-24608-9
Alle Rechte dieser Ausgabe
© Carl Hanser Verlag München 2014
Alle Rechte vorbehalten
Satz: Satz für Satz. Barbara Reischmann, Leutkirch
Druck und Bindung: CPI – Ebner & Spiegel, Ulm
Printed in Germany

Inhalt

Prolog

Abend für Abend öffnet die Schrift ihre Zelle, und der Blick zieht über das weite Land. Von der Terrasse, der Reling vor den sanften Wogen des Kornfelds, blickt man nach Südost in die gestaffelte Perspektive, im Vordergrund die Rosenecke, darauf im nächsten Grund die Hainbuchen-Pergola, dann der Erlengürtel, der in der Senke den moorigen See umgibt, dahinter aufsteigend wieder ein Kornfeld, die Brüche darin mit Solitären und dunklen Büschen, etwas ferner die Wipfel-Linie des Forsts und endlich im letzten Grund die Hügel-Welle kurz vor der Oder und dem angrenzenden Polen.

So erstreckt sich, frei von Siedlung und Bauwerk, das harmonische Land, in das man sich selbst erstreckt, die weitläufige Umfassung, die dem Ausblickenden zur erweiterten Herberge wird.

Also stand ich im lichten Abend und winkte nach allen Seiten Menschen zu einem Menschenauflauf zusammen, damit man sich mit mir erfreue, erhebe und in die Perspektive übergehe. Natürlich war weit und breit niemand zu sehen und fand sich keine Seele zum Übereinstimmen.

I Poetik der Reflexion:
Formen, Figuren, Gesten

Ich nehme an, daß die meisten Menschen ihr Leben nicht unter ein Thema stellen. Was ihnen zur Hauptsache wird, wechselt mit den Jahren, manchmal mit den Wochen. Sie sind, aufs Ganze gesehen, multithematisch.

Das ist die tiefere Verbindung, die dies lasterhafte Schreiben zu ihnen, zum Leben selbst unterhält, das ebenfalls nicht formlos ist, nur weil es weder geschlossene Geschichten noch ein Hauptthema kennt, sondern seine Formen und Figuren in bizarrer Streuung entwirft, wie Eisenspäne sich ordnen im Magnetfeld, und die Späne sind die Bilder und Bewandtnisse, Erinnerungen, Träume, Reflexionen, Idiosynkrasien und Sentimentalitäten!

O dies Alles auf einmal! Totum simul! O dies Drunterunddrüber! Es zu ordnen hieße eine lebendige Ordnung zerstören.

Einsichten sind nur dann eine Freude, wenn sie flüchtig sind, wenn bedeutungslos viele aufeinanderfolgen, eine Schnur von Reflexen im Fluß. Im Grunde unerklärlich, wie man so lange an immer denselben, an einigen besonderen festhalten konnte – als wäre der Verstand ein Verfestiger oder Fotograf und nicht selber das Wasser. Die Kaskade. Nie sollte es um Erkenntnis gehen, sondern stets nur um Schärfung des gedanklichen Gespürs, ja, man sollte den Verstand von seiner tierischen Wurzel: der Witterung ausstreben lassen. Das emsige Bezügeschaffen ist eine Nachahmung des Nestbaus und der ständigen Höhlenbesserung.

Gedanken sind Sternschnuppen, das Hirn nichts als ein Sternschnuppenfangkorb.
Die besten stürzen lautlos an unserer Lebenssphäre vorbei. Zufällig erblickt jemand am Himmel der Nacht, wie das lichte Gedachte vorbeischießt und erlischt.
Manche Werke und Bilder sind aber Brocken, die beständig unseren Planeten umkreisen.

Der Gedanke, der abschweift, abirrt, läßt den Sitz des Magneten, des geheimen Attraktors ahnen. Er bietet daher eine tiefere Orientierung als der, der stur die Linie hält.

Kommen und Gehen, Auf und Ab, Wiege und stetes Schwanken. Dieselben Dinge nähern sich, entfernen sich. Dieselben Dinge sind heute ein Geheimnis, morgen eine öde physische Gegebenheit. Das Erkennen schaukelt wie ein leerer Kahn auf den Uferwellen. Du kannst dich nicht dagegen wehren, dreimal in der Minute vom Nichts berührt und vom Leben zurückgerissen zu werden.

Mit der Schrift ziehen, wohin sie will, in ein fremdes, unbeschriebenes Land. Sie ist der Schatten, der uns vorausfällt.

Ich fülle nur die kleinen Lücken, die meine Lieblingsautoren in ihren Büchern ließen.
Was ich schreibe, hätten auch sie noch schreiben können. Dann und wann haben sie einen verspäteten, posthumen Einfall – dafür gibt es mich.

Jeder nennt es anders, Sudelhefte, Cahiers, Aufzeichnungen, Gedankenbuch. Bei mir ist es Die Streu, auf der ich schlafe, die ich schlafe.

Die einen sind intelligent und reden eine Welt herbei, die sich bereden läßt. Die anderen sind Künstler, machthungrig, potent, blindlings schaffend, radikal, als gäbe es nicht das Nichts. Daneben werden sich einige wenige zu den Schriftfortsetzern zählen, den emsigen Mönchen, die Geschriebenes mit intelligenten Fehlern kopieren, woraus sich möglicherweise, irgendwann, wie bei den Kopierfehlern in der Evolution, eine neue *Gattung* des Bemerkens entwickelt. So wie das wachsame Lesen bereits die Spezies »Randläufer« hervorbrachte, jenes schillernde Autor-Insekt, das links und rechts der Buchseiten auf dem Weißen krabbelt und dort, was es von den Texten verzehrt und verdaut hat, prompt in schriftlichen Absonderungen hinterläßt. Sein Organismus ist vor allem kommentatorischer Art, und er kann sich nur auf diesen schmalen Rändern der Welt erhalten.

Wenn ich den Erfolg meiner Autor-Tätigkeit dem eines Handzettelverteilers in der Antarktis verglich, so war mir wohl nicht gegenwärtig, daß auch dort bereits Massenexpeditionen unterwegs sind.

Dennoch bietet so ein kleines Buch, richtig abgefaßt, heute vielleicht die letzte Chance, mit dem ein oder anderen Menschen in Verbindung zu treten, ohne mit ihm kommunizieren zu müssen.

Ein Fragment des Epikur, das Seneca in seinen 7. Brief an Lucilius einfügt, mag hierfür als Motto dienen: Haec ego non multis, sed tibi: satis enim magnum alter alteri theatrum sumus.

Das ist nicht für die vielen, sondern nur für dich. Wir sind einer dem anderen großes Theater genug.

Nachdenklich also – dem anderen nach, der vor mir dachte. Man sucht den Anschluß an die »Rede des Vorgängers«, *Hypolepsis*, Wiederaufnahme des roten Fadens, Anknüpfung. Man zeigt immer weniger Neigung, dazwischenzureden, sich in laufende Sprache einzuschalten.

Als Autor von Sätzen bleibt mir keine Wahl – ich muß hypoleptisch, d. i. anknüpfend sein. Episch wäre ich ein Experimentierer gewesen. Anknüpfen aber war mein Handwerk.

Seit er überhaupt denken kann, ist er bemüht, sein Denken zu verlangsamen, ihm gewisse Manieren beizubringen, es zu Ruhe und Ordnung anzuhalten. Ohne Erfolg. Es ist von Grund auf liederlich; nicht unbegabt, doch zu nichts nütze. Es ist flüchtig und launenhaft wie die Pubertät eines verwöhnten Sprößlings aus begütertem Haus. Es sträubt sich beharrlich, irgend etwas geduldig zu prüfen und zu wenden, wirklich zu begreifen und zu behalten; es möchte in einem unentwegten Zustand der Erregung bleiben, in dem ein paar hingesprengte Gedanken einen gloriosen Erkenntnisreichtum vorgaukeln.

Auch daß er seine Gedanken kaum je zu Ende denkt, sondern auf einen geheimen Ergänzer vertraut, dem sich mühelos fügt, was er für ihn, wie Futter, lose ausstreut.

Er bemerkte stets Blässe und ›körnige Rückstände‹ bei Leuten, die sich derart entschieden gaben. Er selbst konnte es nicht mehr. Es versagte ihm die Position in den Knien. Vielleicht waren es Anzeichen einer tieferen Schwächung, und vielleicht war diese gemeint, wenn er angab, unter ›zunehmender Synchronizität‹ zu leiden. Weitgehende Auflösung von Gegensätzen, auch des sogenannten persönlichen Geschmacks. Das Ziel mochte sein: Verschwommenheit neu zu gewinnen, ähnlich der, die das Kind erlebt, bevor ihm Zeit, Ding, Gesicht geschieden sind. Oder wie üppige, ziellose Vermehrung von Empathie, von Identifikationsquellen überschwemmt ... Wer wäre er, wenn nur Entsprechung, keinmal Gegensatz?

Er war jedenfalls bereit, der ›Schwächung‹ nichts entgegenzusetzen – außer seinem empfindlichsten Bemerken. Wie Forßmann, der Arzt, einst seinen Katheter, so wollte er nun ebenfalls im Selbstversuch die Sonde des Gedankens einführen ins Herz der Unvernunft.

Sosehr man sich auch übertreffen möchte, Zeit und Markt, oder pathetischer gesagt: das Schicksal seiner Gegenwart scheinen es einem Schriftsteller zu verwehren, zur reinen Gegenstandslosigkeit, zur freien themenlosen Szenerie, zur entgrenzten Impression, wie sie ihm als letzte und höchste künstlerische Ungezwungenheit vielleicht vorschwebt, also zum Verschwimmen sämtlicher Konturen zu gelangen.

Ein für seine fortgeschrittenen Jahre seltsam unempfängliches Bewußtsein hatte zuletzt eine Unruhe gestiftet, hatte ein *Entgegenfiebern* immer feiner und nervöser werden lassen, ohne daß er im geringsten hätte angeben können: wem denn entgegen? Das Schreiben selbst, das immer vorwärtsstrebt, zog ihn mit sich. In diesem Sog hatten sich Fühlen und Sehen in ihren feinsten Elementen so geordnet, daß sie unwiderstehlich zu einem namenlosen Ziel strebten, zu einem aus reiner Anziehungsenergie bestehenden Ziel.

Man muß in dem Bewußtsein leben, daß man den Reichtum und die Verbreitung von hochrangiger Literatur auf der ganzen Welt als Zeitgenosse niemals einschätzen kann. Der Zugriff auf diesen gewaltigen Speicher bleibt randomisiert, die Entdeckungen werden vom Zufall gesteuert. Kein Ranking und kein Dogma ordnet die Menge. Es lohnt auch nicht, gegen die sogenannte Unübersichtlichkeit vorzugehen, es handelt sich in Wahrheit um Fülle und Strom. Sich zurechtzufinden ist hier ein falsches Verlangen. Eintauchen und sich davontragen lassen, darin aufgehen und sich erfüllen, das wäre eher die angemessene Erfahrung.

Zuweilen empfindet man sich gut sortiert und in beschwingter Ordnung. Alles fachlich bestens unterteilt, leicht verfügbar, jede Sparte präzis von der anderen getrennt, dort steckt Vergil, hier die Nanotechnik. Und in diesem Wohlstand des Sortiertseins kippt plötzlich ein Wozu? uns um, und alle Fächer kippen mit uns um – die ganze schöne Wissensharmonie endet mit einem Schlag in verworrenem Schutt.

Das Netz trägt in sich das größte Durcheinander, in das die Welt versetzt werden könnte. Ein Durcheinander, in dem nichts mehr zu unterscheiden ist, weder wahr von falsch, noch Faktum von Fiktion, noch heute von gestern und morgen. Als wäre auf trivialste Weise das Werk von Borges ausgebeutet worden von Millionen Zernagern des Alphabets, die hier und da noch Twitter, Blogger etc. heißen. Immer ist es das Eine und Ganze, das falsche Alles, das in jeder Sekunde die Gefahr birgt, die Welt in heillose Verwirrung zu stürzen.

Jedes Wissen und Gesetz muß nach Vico einmal ernste Poesie gewesen sein. Und ›zersetzt‹ sich wieder zu solcher, möchte man hinzufügen. Um diese Zersetzung zu beschleunigen, gibt es uns Würmer und Mikroben, die Fortschreiber, deren ›fehlerhafte‹ Überlieferung das unpoetische Wissen ihrer Zeit verdirbt, zu Faulstoff wandelt und wieder zur Krume einer poesia seriosa.

Ich dachte: es wächst und wächst, es strebt noch inniger ineinander. Ich ahnte nicht, daß alles, was ich dachte, immerzu wuchs und zusammenwuchs und mit der Zeit ein undurchdringliches Dornengestrüpp bildete, in dem ich wie der greise Merlin einsaß und nie wieder herauskommen konnte.

*

Gang am Nachmittag über die starren Felder, auf dem verharschten Schnee. Dort Büschel von Raps, hier der angefrorene Weizen. Die Vögel turnen und eilen zwischen den Ästen und Zäunen, als entzöge sich morgen die Welt und Eiswülste verschlössen ihnen jede Rinde. Am Rande des Sees stand ich in doppelter Sonne. Vom Eis strahlte sie schlierig weiß, oben schmolz sie hinter den knöchernen Bäumen. Als sie nun sank, überschwemmte die Hügelkuppe, auf denen fünf Rehe ihren Schattenriß zeigten, ein blaugraues Rosenlicht.

Windstille und Sturm, ihr Wechsel verändert den Raum einschneidender als Tag und Nacht. Den brüllenden Böen ausgesetzt, hier auf dem Hügel, wird man fast taub. Aber wenn kein Lüftchen sich regt, auch wiederum sehr hellhörig.

II   Vom Geist:
Verstehen, Gestimmtheit

Der Geist spielt viele Rollen des Verstehens. Wo immer man ihm eine Bühne freiräumt von überflüssigem Dekor, von Systemen und Ideologemen, wird er sich als der große wandelbare Mime erweisen, den sein zeitbedingter Ort nicht fesselt. Er kann der unverständige Hiob und der moderne Psychoanalytiker von einer auf die andere Minute sein. In der einen hintergeht er die Mode der Aufklärung, in der anderen versetzt er sich forschend in die Technik seiner eigenen Erkenntnisapparatur. Der Geist ist niemandes Zeitgenosse – und Historiker in jedem einzelnen Zugriff, jedem Nu des Begreifens. Auch Tag und Nacht wälzt er um nach eigenem Gesetz.

Es tut gut, den ersten Satz des Tages bei Dávila zu finden: »Um ein Buch auf angemessene Weise zu lesen, muß man zu seiner Familie gehören.« Nun ist man eingestimmt. Man muß sich nicht wehren, man darf sich noch einen Augenblick Geborgenheit gönnen. Für die »Familie« hat heute schon einer die Abwehr geleistet … Wie liest man eine Sammlung kleiner weiter Sätze? Klappt man nach jedem ›Treffer‹ das Buch zu und denkt über den Satz nach? Nein, man liest ein paar Seiten, prüft, was einem das Merkwürdigste war, nimmt die Stelle wieder auf. Man arbeitet an der Aneignung. Konsumieren ist unmöglich. Nichts für Leseratten. Nichts für Besserwisser. Etwas anderes als Zustimmung läßt der Stil nicht zu. Seine Ausdruckskraft macht den Leser notwendig zum Ja-Sager. Erst allmählich, durch die Litanei des Ja-Sagens erhebt sich die Zustimmung zur Einsicht. Die bezeugte Gefolgschaft wandelt sich in Souveränität, insofern die Freude über die gewonnene Einsicht als Tonikum dem gesamten Geist zugute kommt.

Das höchste Bewußtsein wird zuletzt mit allem einverstanden sein, einfach mit allem.

Jede Einsicht propagiert, die Dinge so und nicht anders zu sehen, anstatt mit lockendem Ton in das ewig Sichablösende aller Einsichten einzustimmen. Aber der Geist, zumal der geistreiche, genießt eben nichts lieber als diese Anfälle von Orientierungswahn.

Gewitztes, Funken, die aus längst niedergebranntem Feuer stieben, werden immer willkommen geheißen. Tastende Gedanken erregen gewöhnlich wenig Neugier. Dabei wäre ein Tasten auch für die hellsten Köpfe die redlichste Voraussetzung, um sich fortzubewegen im ungeläuteten Dunkel.

Nur das Unwillkürliche seiner Gestimmtheiten hat mich am Geist interessiert, die blitzenden Abstürze, die heiteren Aufschwünge in molkiggrüne Gipfelnebel. Es gibt kein Wissen als nur das gestimmte. Stimmungsvolle, stimmungsschwache Auffassungstoren, die wir alle sind, da und dort einen goldenen Zierat erwischend, fast immer ihn verfehlend, und dennoch so tun, als ob … wir wüßten.

Der Nüchterne denkt anders als der Selige, der Vermissende anders als der Begehrende. Nicht einmal in formaler Logik findet unser Denken einen stimmungsfreien Bereich. Jede Harmonie versetzt es in Erregung.

Wenn ich nur wüßte, wie man den Einklang fängt, der frei herumschwirrt, der mich sucht wie ich ihn ...

Das Leeresausen, der Taumel, der Koller, der Panikschub, der Sturz ins Bodenlose ... Menschen, die ihre zentrale Gestimmtheit verloren – wie Instrumente, die keine Stimmung mehr annehmen. Sie tragen das Aevum des Erloschenseins im Gesicht. In der Vergangenheit gab es einige wirksame Gemütsmoden, Gestimmtheiten der Moderne. Warten. Angst. Ekel. Wahn.

Der Lamien-Geist der Jetzigen ernährt sich von den Exkrementen des Daseins, den Tatsachen (samt ihren virtuellen Doubletten). Seit zweihundert Jahren hören wir vom zunehmenden Tempo, der wachsenden Beschleunigung in der jeweils »modernen Zeit«. Nur dies Denken selbst, ein Pfuhl fruchtloser Deutungen, steht und bleibt. Tempi nehmen vor allem auf horizontalen Oberflächen zu. Die transzendente – die anagogische Bewegung ist zu allen Zeiten gleich schwer und langsam.

Ein Pessimist, der nicht trunken, ein Hoffnungsprediger, der nicht bitter ist, verdient unsere Verachtung, schreibt Cioran. Seit längerem ist er der einzige, bei dem ich in Herzensfragen des Geistes Rat suche. Stil und Inbrunst sind hier eins wie bei keinem. Gedanken wie Engelsstürze. Und gerade sie erfüllt ein hinaufführender (anagogischer) Sinn. Die Sprache der vollkommenen Desillusion bleibt doch *als Sprache* die schönste Illusion und erhebt sich zu einer dichtungsskeptischen Dichtung.

Die kompromißlose *Inanspruchnahme* durch einen Autor, so wie kein Mensch im persönlichen Umgang sie mir abverlangt, ist für mich der ausschlaggebende Lesegrund. Gebt mir einen Stilisten – und ich verstehe die Welt!

Das Genaue ist das Falsche. Das Genaue ist haloabschneidend. Es läßt den Hof, den Nimbus nicht zu. Unsere Lebenssphäre ist das Vage und das Ungefähre.

Nebel befeuchtete den Lehm, aus dem Gott den Menschen formte. Er blieb eine Beimischung seines Geistes.

Es wird vielleicht nie gelingen, die vorsprachlichen Prozesse, die uns zum Sprechen bringen, manchmal zum Sprechen tragen, in präzise Formeln zu fassen, wir bleiben immer undeutlich und instabil im Vorhof der Sprache. Die Worte weichen von ihrem Vor-Satz ab und fliehen in assoziative Verläufe. Diese produktive Unpräzision, die Halo-Form des Zu-Sagenden sowie (beim Sprechen) die Wolke des Mitzuverstehenden bilden wiederum die Voraussetzung für den Fortschritt, es noch einmal anders und wiederum anders zu sagen als gehabt. Deshalb gibt es dichte Sprache nur als ein genuines Abschweifen.

Der Geist besteht aus Entgleiten. Wo er an etwas festhält, verstößt er gegen seine Natur, das ewige glissando der Erkenntnisse. Seine einzige und ursprüngliche Leidenschaft ist es, vom Hundertsten ins Tausendste zu gelangen.

Selbst wenn ich Zutreffendes dächte, wäre Zutreffendes an sich kein lohnendes Ziel.

Es wäre die Übung wert, seine Gedanken so lange abzurichten, bis sie in völlig isolierter Manege und in nicht mehr ableitbaren Zeremoniellen sich bewegen. Alle Zusammenhänge haben enttäuscht.

Alles Denken ist ein Begradigungsdelirium.

Haben Sie sich nie Gedanken gemacht, weshalb ...?

Nein, es ist uns entgangen. Unbefragtes, das aus gesunder Nachlässigkeit intakt blieb. Reservate des Undurchdachten braucht ein lebendiges Leben. Es kann uns teuer zu stehen kommen, wenn wir von einem hergelaufenen Aufklärer daraus vertrieben werden und gezwungen, uns zu schämen.

Das Gute aber ist: das Undurchdachte erneuert sich regelmäßig im Fortschritt des Wissens.

Es ist das Wiedergesehene überhaupt erst gesehen. Keine Bewegung, weder des Herzens noch des Geistes, ist mächtiger als die von Verschwinden und Wiederkehr. Nicht umsonst gilt der Wiederkehr unsere höchste sakrale Erwartung.

A l l e s – Rauschwort des Thales wie des Imbezilen. Der Weise und der Idiot lieben gleichermaßen die totalitäre Emphase in den beiden Wörtchen: alles, nichts. Durch den abgerissenen Ton hören sie in die Kugel hinein.

Nichts ist episch, alles ist lyrisch.

Man möge so viele Lichter, Intelligenzen prüfen, wie es gefällt: das poetische bleibt das beste. Es entspinnt sich nun bald außerhalb der Gedichte und Prosawerke. Lyrik wird dann etwas so Übergeordnetes sein, daß wir uns lediglich in ihrer Erwartung befinden können. Sie wird einmal aus jeglicher Erkenntnis erwartet. Von einem Gedicht kann man ebensowohl wie vom Geist sagen: es gäbe in ihm zur Erwartung keine Gegenregung mehr. Wenn diese an die Stelle der Hoffnung tritt – und sie ist ja weder düster noch hell, sondern von Grund auf horchend mit allen Sinnen und Geweben –, dann kann in den Aufenthalt des Menschen das Unbewegte zurückkehren, das gänzlich nach außen- und aufgerichtet ist, bereit wie ein Parabolspiegel, die schwächsten Wellen des Raums zu empfangen.

Dabei gehört dieses Komplexe, das uns jeden Begriff von Anlaß und Ursache, von Anfang und festem Verlauf zu rauben scheint, genauso dem poetischen Sinn wie das offenbar Schöne, das vor den Augen still steht, der ganz und gar geäußerte, (wieder) einfältig gewordene, wunderliche Gegenstand – die Rose unter den Dingen. Denn der (fromme) ictus, der Einschlag, und das lange Weben sind zwei Formen der Weltverarbeitung, die einander nicht behindern dürfen, eher möchten sie wechseln wie Werk- und Feiertag des Verstehens.

»Blind sind der Menschen Gedanken, wenn einer ohne die Musen mit Verstandeskünsten allein den Weg sucht.« (Pindar)

Flüchtig die tieferen Dinge berühren, mit fluchtbereiten Gedanken oder manchmal wie ein Blinder, der mit den Händen nur eben nach bekannten Stellen tastet, um den weiteren Weg zu finden. Nur leicht gestreift, nur beiläufig erwähnt. Nur eben so. Nur gerade so eben. Umgang mit Ideen etwa so, wie wenn dich Blicke wacher Frauen streifen.

Der Geist, der nicht aufweht leicht wie Staub, hat vergessen, woher er kommt, wohin er will.

Ja, er ist undiszipliniert und ungeschult – er hält an sich fest.

Das Verneinen ist stets ein Verstehen; das Ja aber, gesetzlos und wild, weiß gar nichts.

Ja heißt: nicht verstanden zu haben. Nicht verstanden:

was dir zustieß und was dir eingeträufelt wurde; nicht verstanden, aus welchen Mixturen dein ureigner Eindruck, zu leben, hergestellt wurde, das einfache Ja, das du bist. Irgendwann wird dir in diesen Eindruck gemischt Endlichkeit. Das Herz allen Nichtverstehens, dein unbegreifliches Ende. Im Nichtverstehen liegt der wache Sinn für den Tod, der so oft verdämmert, schwindet, verlorengeht, um am Ende so stark zu sein wie ein Verstehen.

Ich wundere mich. Ich wundere mich einfach. Dieses Sichwundern, das weder Bejahung noch Verneinung kennt, wird immer umfassender. Es untermischt sich dem Denken, dem Handeln, dem Lieben. Es ist eine Gestimmtheit, die offenbar mehr erfährt, als ich denkend, handelnd oder liebend zu erfahren imstande bin. Vielleicht ist es die unabänderliche Verfassung eines Menschen, der zu einem gewissen Zeitpunkt ungelegen ins Haus trat, da alle anderen dort die Bedingungen des Wohnens bereits unter sich ausgehandelt hatten.

Es gibt ein sicheres Mittel, seinen eigenen Geisteszustand zu prüfen: wenn einem die gleiche Meinung, gegenüber verschiedenen Menschen geäußert, nicht schal im Munde wird, unglaubwürdig, signalhaft-stereotyp, rundweg unfruchtbar und falsch, so ist man der Fühllosigkeit als einer Provinz der Dummheit ein gutes Stück nähergekommen. Das heißt nicht, daß man in seinen Äußerungen zum Assimilationsgespenst werde, aber die Tatsache »des anderen«, seine Gegenwart verlangt, daß eine Meinung für ihn differenziert, neu bestimmt und, weil dies einer Prüfung gleichkommt, dann oft genug gar nicht erst geäußert wird. Im Gegenüber allein findet die wesentliche Verständigung statt, die Sache selbst tut nichts zur Sache.

Es wird ja um einen kleinen faktischen Informationskern

eine ausgedehnte Hülle von »Erkenne mich nicht!«-Mitteilungen geschlungen: um sich zu bergen, verständigt man sich.

Die Verweigerung von Verständigung kann sich eben auch darin vollziehen, daß man jemanden mit Verständlichkeiten überhäuft.

Er erschrak inzwischen vor den meisten Gedanken allein ihrer Plausibilität wegen. Wäre so manches nicht bis zum Ersticken komplett und zugespitzt dahingeschrieben, er hätte gewiß beim Lesen leichter atmen können, hätte hin und wieder »es öffnet sich« sagen dürfen statt immerzu gezwungenermaßen »es stimmt«. Daß man bereit war, für eine gewisse Aufwallung von Klarheit, ja für eine einzige blutige Folgerichtigkeit ein ganzes Bündel, ein lebendiges Gemenge von mitaufsteigenden Gedanken zu unterdrücken, hinzuopfern, das schien ihm nur zu beweisen, daß uns keineswegs der gesunde, sondern vielmehr nur der begradigte Menschenverstand regiert. Erkenntnisse aber waren das Lose selbst, entstiegen dem Rhythmus der Gedankenflucht, einem subideellen Geistesleben, in dem weder die eine noch die andere Auffassung sich halten oder fixieren ließ.

Kaum ein Satz, eine Wendung in der Sprache wohldurchdachter Mitteilungen, etwa in Zeitungs- oder Zeitschriftenaufsätzen, die ihm nicht auf Anhieb das Abgegriffene einer ganzen Denkart offenbarten; kaum etwas, das er nicht auf schmerzliche Weise als unterpoetisch oder myzellos ausgedrückt empfand und als lineare Untat verabscheute. Nie war ihm dies unausgesprochen mittönende »bekanntlich« fast aus jedem Sagen, seine Öde und Gehabtheit anzeigend, so auffällig entgegengetreten als gerade zu einem Zeitpunkt, da die Erschütterungen jahrzehntealter Gewißheiten und ein bewegtes Weltgeschehen eigentlich verlangt hätten, daß man seine Gedanken *in jeder Richtung* neu erprobte.

Überzeugungen, Gesinnungen, ideelle Bekenntnisse, Programme und Weltbilder, all die provisorischen Abgeschlossenheiten, die aus dem Ungleichgewicht des Geistes resultieren – im wesentlichen figuriert der Geist als der Komödiant des Geistes. In der Nähe, unter Aufsicht des Unbefragbaren bleibt ihm nichts, als beständig die Rollen zu wechseln.

Wir sind die Frommen des Verstehens, die Empathetiker. Uns lösen sich große, alte, ärgste Unverträglichkeiten in einer weiten Schale mit feinsten, modernsten Differenziermitteln auf. In der Ungerichtetheit der Schale vermehren sich unsere Affinitäten. Wie sollte jetzt noch jemand Heine gegen Platen halten? Nur noch der ganz Eigenmächtige oder der ganz Bornierte zieht sich hier mit Wertung aus der Affäre. Und dergleichen Entschiedenheit wirkt ja oft recht ledern und albern in einer historischen Situation, in der man sich den Zumutungen einer neuartigen, strapaziösen Toleranz erst einmal aussetzen sollte.

Alles Kluge ist gedacht, es muß nur noch verbreitet werden. Die Verbreitung entkräftet es aber. Außerdem bleibt nichts klug, was nicht durch einzelne hindurch schöpferisch erneuert wird. Kolportierte Klugheit gibt es nicht.

Für mich können Menschen ohne den gedankenlosen Untergrund einer großen Empfindungskraft niemals klug sein.

Wahrscheinlich ist John Miltons Gesang immer noch die wohltuendste Weise, die Welt zu verstehen. Ohne Teufel und Engel verheddert sich der Menschengeist in unerschöpflichen Komplexitäten. Er muß nicht hinter die Metaphern schauen. Dort ist nur technisches Gewinde. Es besteht kein Grund zu zweifeln, daß die inszenierte Welt des blinden Dichters das Ganze faßt und dahinter nur ein Wissen-Wie beginnt, dem dieses Ganze auseinanderfällt.

Man bedenke den kolossalen Aufwand an Geisteszauber und wie gering am Ende sein Einfluß auf die Taten der Menschen war.

*

Der warme Atem der Weide am Abend. Die heitere Dünung am Himmel, das rotgoldene Wolkenvlies, am Boden schon die Nachtskulpturen der Bäume und Sträucher. Ein Turmfalke jagt eine Handvoll Spatzen, die im Gebüsch verschwinden. Er hockt zur Erde, seine Fänge, als hielten sie Beute, greifen und krallen, das ganze Programm des Schlagens läuft leer in den Muskeln ab.

Langer Gang unter grauem Gewölk, schwere Daunendecke, querfeldein, am Schwanensee, ein Bruch mit sechzehn stolzen Exemplaren. Am Ufer etwas wendig Schwarzes, vielleicht der Otter, auf dem Durchzug zum Odertal? Auf der anderen Seite des Feldwegs im Bruch nistet die Seeschwalben-Kolonie. Schwarzweiß, wild flatternd, sehr klagende Rufe. Finger zu kalt und klamm, um darauf zu pfeifen.

III   Von der Person:
Gesicht, Stimme, Blick

Jeden Menschen verschließt ein eigenes Siegel, das nirgends herstammt, das keine Familie, keine Ahnen, keine Zugehörigkeit aufruft. Versiegelt und verschlüsselt das Partikulare und Individuelle. Jeder sein eigenes Wappentier, hinter dem ein hoher und feiner Verschnitt von allgemeinen Eigenschaften, von typischen Begegnungen, Bewußtseinsübereinkünften, Handlungsmustern zusammengefaßt wird. Aber wie sieht es aus, das unzählig je eigene Wappen? Das Symbol, der äußere Verschluß des Einzigen, Verschluß seiner inneren Vielfalt? Es ist ja sein Gesicht! Das Gesicht ist das Wappen, das jedermanns »Familie«, seine Bestimmung, sein Schicksal nach außen bekannt macht.

Es gibt keine Wissenschaft vom menschlichen Gesicht. Auf diesem Feld der untrüglichen Anzeichen stellt sich jeder Messung im Detail das halluzinierte Ganze eines lebendigen Wesens in den Weg.

Immer wieder spiegeln Menschengesichter etwas, das unmöglich allein aus ihrem Inneren stammen kann, aus ihrem oft zeitgemäß beschränkten Gemüt. Das Gesicht spricht bis zuletzt, wenn sonst am ganzen Menschen keine Gebärde und Sprache mehr. Es ist auch dann noch zum Widerschein von etwas sehr Fernem fähig. Von etwas sehr Fernem und Unpersönlichem. Alles Geheime steht im Gesicht.

26

Das Gesicht, im Laufe der Evolution von der Erde abgehoben, ist nicht nur das aktivste soziale Organ des Menschen, es ist auch der einzige Körperteil, der, von Maske und Schleier einmal abgesehen, so gut wie immer unbekleidet bleibt, es ist die Blöße selbst, die höchste Instanz und das eigentliche Gebilde der ›ungeschützten Vorderseite‹ des aufrecht gehenden Menschen. Daher glauben wir im Gesicht den ganzen Menschen unverhüllt vorzufinden und erleben doch dieses Ganze in seinem sinnlichsten Anschein, ohne es klar fassen und deuten zu können, sowenig wie wir die wahre Bedeutung eines Traums ohne Kenntnis seiner symbolischen Strukturen ermitteln können. Das Gesicht, insofern es Durchschein der Seele ist, bedeckt daher oft ein rätselhafter Schleier von Gesichten.

Das Gesicht muß wie der Traum gelesen werden; das Gesicht *ist* die Traumsprache jeder Begegnung. Eine weitreichende Handlung, wenn ein Mensch blickt, ein weitreichender Widerhall, wenn ein anderer lächelt. Ein weitreichendes Strahlenfeld aber auch: die unendlichen Schattierungen des Fremdseins in einem dich anblickenden Auge. Jene tiefgegründete Vorsicht und jenes elementare Mißtrauen, die das Auge, unsere höchste Blöße, immer bewahrt, wo der Mund, die Finger, der ganze Körper schon längst über die gröbste Befangenheit hinwegkamen.

Kein Zweifel, das Strahlen des Grußes, die Aufrichtigkeit des ersten Lächelns und des ersten Schritts aufeinander zu, die wehrlose Aufmerksamkeit füreinander besitzen eine Unschuld, die man nie wieder, die das Herz nie wieder vergißt. Welche Verdüsterung, welche Grimassen und Exaltationen auch später dieses Gesicht entstellen werden: falls die Begrüßung der wirkliche Anfang eines Zusammengehens war, dann werden sie über das *erste Antlitz* dahinhuschen wie Nachtmahre oder ein elbisches Schattenspiel. Und auch, wenn es, mit Schlamm beworfen, sich gräßlich verzerrt und vor Schmerz versteinert, wird es wiederauftauchen, wenn der Schmutz langsam abrinnt. Oder die Kälte und das maßlose Entsetzen, die seine Züge verfremden, auch sie werden ihm nichts anhaben, all der zeitliche Trug, wenn das *erste Grüßen* jene Unschuld besaß und ein Erstes und Ganzes war. Wenn dabei der gesamte Mensch voranschritt, mit all seinem Gedächtnis und Erwarten, paktschließend, ohne zu wissen, in welcher Sache ... und sein Gesicht ein einziges Ablichten ist, mit dem er in Sekundenbruchteilen den anderen erfaßt und empfängt. Wie wenig davon gelangt bis in unsere Gedanken! Wie unbeholfen setzen wir später die Bruchstücke eines ursprünglichen Eindrucks zusammen, wenn wir uns, sei es aus Sympathie, sei es aus Ablehnung, nachträglich von jemandem ein Bild machen wollen, von ihm, den wir nur im Ganzen kennen und daher in den Einzelheiten, die wir von ihm erzählen, immer verfehlen werden.

Das verschworene Von-Angesicht-zu-Angesicht, das zwischen Diu, dem Neugeborenen, und mir begann am Nachmittag seiner Geburt, löst sich ganz allmählich, doch unaufhaltsam. Die Augen entfernen sich zuerst. Nichts ist differenzierter als ihr unermeßlich langsamer Lichtschwund. Er nimmt mit der Sprache seinen Anfang. Nur die ganz Wenigen, Dichter, finden den Ausgleich: ihnen gibt die Sprache mehr Licht ins Auge, als sie in der Kindheit besaßen. Scheu und Schönheit ihres Auges nehmen zu.

Aus tausend Überblendungen von Gesichtern taucht auf das eine geliebte Gesicht. In tausend zerstreuten Goldkrumen verbirgt sich der Lauf des einen geschlossenen Rings. Durch den Zickzack, die Wirren hastiger Episoden geht der Atem einer langen Epopöe. Aus Myriaden von Galaxien sieht uns ein Kinderkopf mit weltenleeren Augen an. Tausend Lebchen wimmeln gleichzeitig in einer Biographie und vermehren sich wie Bakterien in einer Pfütze. Jeder ist tausend anderer Durchhaus. Wo einmal fester Ort, steife Zeit waren, sind jetzt nur Sprünge und Funken. Wo einmal zwei getrennte Kammern für Gut und Böse waren, sind jetzt membranhäutige Übergänge, durch die Dämonen wechseln, sich vermischen und vertauschen ...

Denn Augen sind in allem, in Händen, Haar und Hüfte, die Augen von Knie und Brust, von Hals und Schuh, sie alle werfen ihre Leuchtturmsblicke ...

Der einzige dunkle Punkt der ganzen Menschensexualität ist und bleibt das offene Gesicht. Die tiefere Erscheinung, die Gesichte des Gesichts haben mir noch immer eine gehorsame Huldigung abverlangt, sie haben meine Begierde unterbrochen und bis zur *reinen* Unlust abgewiegelt. Das Gesicht – wo es denn ein aufgetanes, schauendes ist – beugt den blinden Drang, es bleibt ein letzter, uneinnehmbarer Bezirk der Keuschheit, des dunklen Erkennens, der gläubigen Furcht. Und dabei ist es doch verwirrend genug, daß wir draußen, im zivilisierten Bereich der Straße gerade mit dem natürlichsten Reiz, dem überbetonten Rücken angelockt werden, um dann erst später, drinnen, hinter den Vorhängen die Kehrseite der Verlockung zu erblicken, die Warnung: das Gesicht. Dürfen wir überhaupt von wahrer Vereinigung sprechen, solange sich unsere Vergnügungen vor der Schwelle der Keuschheit abspielen, solange das Antlitz als Wärter des Rückens, die Huldigung als Zensur der Lust empfunden wird?

Denn wie oft liebte ich nicht ein helles und wachsames Gesicht, ein sprechendes, und es erweckte all mein aufrichtiges Verlangen – und ließ es nach kurzer Zeit ganz geknickt zurück. Denn jene Augen des Leibs blickten daneben reizlos und blind. Oder umgekehrt war ich einem schönen Körper, einer hohen Gestalt verfallen und sah dazu in ein fleischliches Gesicht, das ich nicht einmal küssen wollte, so unsauber, so trüb und unflätig erschien es mir. Zwischen diesen gegensätzlichen Wirkungen irrt meine Lust hin und her und wird mir wohl immer den erlösenden Ausgleich vorenthalten. Und mich immer daran hindern, auf Dauer nur einem anderen Menschen anzugehören. Denn selbst bei all meiner Andacht vor dem menschlichen Gesicht – wie viele ihrer, die mir einmal nahekamen, habe ich nicht längst vergessen! Wie schnell vergessen! Es kommen immer wieder neue. Und viele gewinnen ihre eigentliche Leuchtkraft nur im Vorüberziehen. Wenn sie in der Menge erscheinen und wieder verschwinden, haben sie oft ihre froheste Botschaft schon vergeben. Es kommen immer wieder neue. Nie werde ich, wie der wahrhaft Liebende, durch die Vielen hindurch die Eine suchen. Mich erinnert jede Eine immer nur an die Vielen.

Das Aug in Aug ist die unveränderliche Blöße und das Licht der Unerreichbarkeit zwischen zwei Menschen. Diejenigen, die imstande sind, sich von Angesicht zu Angesicht zu lieben, werden vielleicht nichts vom anderen sehen und nur an ihn glauben. An das ganz Leibhaftige des anderen. Aug in Aug fällt das erste und das letzte Wort, verlieben und hassen sie sich. Augen in solcher Stellung zueinander verlieren ihre Beobachtungsschärfe, ihren Spähneid, sie lesen, sie forschen, sie messen oder beurteilen nichts mehr. Sie sind die übergeordnete Blöße von Mann und Frau, gleich ob sie nun Kleider tragen oder sich im Bett umarmen. Die Augen werden sich nie berühren. Sicher, es wechselt die Stärke des Scheins, es wechselt die Temperatur des Anblicks – und wie oft tragen wir nur ein schwaches flackerndes Lichtlein über einem volltönenden Mund ... Aber dann sind auch die Augen bloß Kleider.

Man fragt sich, weshalb die Katze einem in die Augen schaut. Sie kann darin nicht lesen. Aber wohl ist es etwas Tieferes, Früheres als der menschliche, der humane Schimmer, den *wir* lesen können, und dieser Schimmer ist für das Tier durchsichtig hin auf das ferne Feuer, das ihn wirft.

Je länger zwei miteinander sind, um so häufiger werden die verstohlenen Blicke, mit denen einer den anderen wie einen Unbekannten betrachtet. Das Unbekannte an ihm geht aber gerade aus der Gewöhnung und der Dauer der Zeit hervor, seinem unbegreiflichen Bleiben.

Ein Teil der Seele hat sich die Landschaft gewählt, ein anderer das menschliche Gesicht, um sich selbst zu erfahren. Sie hat sich die Schönheit, derer sie bedarf, selbst ermischt, Vertrauens-, Wärme-, Erregungswerten gehorchend, die, will sie leben, ständig stimuliert und bestätigt werden müssen. Das Verlangen entwirft die Gegenstände, die es befriedigen. Die Seele ernährt sich von Spiegelungen.

Irgendwann nur noch schemensichtig und von Schatten verführt. Dann wird die ganze, die volleibliche Person eine ästhetische Last. Wie das Neugeborene nur Größerem ausgesetzt ist und der Mensch eigentlich unter Kolossen zur Welt kommt, so wird der späte Blick von allem nur den Umriß erkennen, lauter Menschen, denen die innere Füllung fehlt.

»Sie sehen dich nicht, denn Schemen sehn sie nur«, nämlich die Mütter in Faust II.

Alles, was wir sehen, gehört zu einem unermeßlichen Gesicht, das uns erblickt. Wir unterscheiden seine Kerben, Falten, Winkel, wenn wir ein Stückchen von der Welt genau erkennen wollen. Alles Starren, Spähen, Ausschauhalten sucht, fortwährend vergeblich, zu enthüllen jenes gewaltige Gesicht, das uns erblickt.

Gewiß kann man leben, ohne zu sehen, als Blinder. Aber ein Lebewesen, das nie *gesehen wird*, kann es auf Erden nicht geben. Irgendeiner Libelle müssen wir auf dem Facettenauge einmal erschienen sein, einem Hund im verschwommenen Raster, oder im Busch das Beuteschema eines hungrigen Tigers erfüllt haben, um zu existieren.

Gesichtslöschenden Kräften sind wir ausgesetzt. Wie die Schwefelsäure in der Luft, in der von giftigen Gasen gedunsenen Luft die antiken Säulenschäfte und die Marmorgesichter ebenfrißt, so zersetzt, verstumpft die Pest der vielen Fotos, der Fernsehschimmer, die Blow-ups der Reklamewände den Glanz unseres Blicks. Den Glanz nur? Alles Wesen, das im offenen Auge lag, hat sich von dort zurückgezogen: Suche und Wissen, Vertrauen und Berechnung, Güte und Gier. Wir sehen nicht und sehen auch nicht aus.

Das Vermissen beginnt, wenn du der Menge entgegengehst, entgegen den Passanten, den fremden Gesichtern, und gewahrst, wie viele unlesbar und abgerieben und leicht zu verwechseln sind.

Und plötzlich sieht dich wissender als der beste Freund, wärmer als der eigene Vater von einer matten Daguerreotypie ein Unbekannter an. Da ist es auf einmal, das sehende Gesicht, das nicht erkennt, um sogleich zu zerstören, das dich hält und einberaumt in seine Ferne, und du weißt, wohin du auch weitergehst, einem solchen wirst du im erlebten Leben nie begegnet sein.

Merkwürdig, als ich noch in Deutschland herumfuhr, fiel mir auf, wie viele junge Menschen nicht mehr aufschauen, den Fremden unterwegs nicht ansehen, den Tausch der Blicke nicht mehr für nötig halten. Nicht weil sie so geduckt oder verklemmt gewesen wären, im Gegenteil, sie trotten inzwischen eher angstfrei durch die Räume. Vielleicht ist es gerade das, und eine elastische Selbstgewißheit, eine anhaltende Solidarfühlung lassen die urtümliche Beachtung des Fremden überflüssig werden. Sein plötzliches Erscheinen erregt weder Scheu noch Neugier. Es wird ganz einfach nicht bemerkt. In anderen Ländern kann man dagegen nach wie vor in Blicken schwimmen.

In der Übermüdung, in der Erschöpfung bleibt der Blick manchmal etwas zu lange an den Augen des anderen hängen. Es scheint für ihn, der nicht so müde ist, unendlich viel zu bedeuten.

Wo aber das Auge seine soziale Wachheit verliert und nicht mehr blitzschnell zwischen freundlich und feindlich, schön und häßlich, nützlich und unnütz entscheiden muß, da verliert es auch an Glanz und Schärfe und wird deshalb noch lange nicht von innen heraus zu strahlen beginnen. Wenn solche Schwächung, solche Augenblässe auch in den Gesichtern junger Schauspieler auftritt, dann werden wir nicht mehr viel im Kino sehen. Denn das Auge des Schauspielers belichtet den Film.

Wozu habe ich meine Augen, wenn ich doch immer nur weit Zurückliegendes sehe?

In alten Zeiten, als die Menschen ihre Augen geduldiger auf geschlossene Pforten richteten, sahen sie mehr kommen.

Ich seh seit Jahr und Tag keine Menschen mehr, die gerade blicken können. Ich seh sie alle nur ihr Essen in sich gabeln und wie sie ihr Gehirn verziehen und Witze überlegen, geschulte Bemerkungen über nie geschaute Dinge. Frauen gehen, ohne nur das leiseste Suchen zu empfinden, vorbei. Entweder ihr Gesicht ist von zielloser Selbstbehauptung versiegelt oder von namenlosem Grauen. So sind sie längst zu Schwestern der Tatbestände geworden, trüber Rückstand ausgeglühter Mühe, und ein Versprechen zu Besserem werden sie niemals mehr sein ... Und doch bleibt nur ein Ort, wenn du den gesamten Horizont abgehofft hast, ein Ort auf der Welt aller Sehnsucht wert, kein Haus in der Heide, kein noch so guter Garten und nicht die Freiheit, sondern allein das Ganz Andere Gesicht. Einmal so angesehen werden, daß sich alle Schmutzreste der Seele lösen. Einmal den guten Blick, den zivilisierenden, der uns einen kleinen Innenhof mit Frieden erfüllte! Oh, da muß man sich aber gut ansehen, muß sich geduldig in den Augen liegen, um die Gewißheit zu gewinnen, daß man wahrlich nicht Angst voreinander zu haben braucht. Da genügt nicht nur ein Stich mit den Augen oder ein klägliches Streifen – das vermehrt ja nur die bösen Strahlen der Welt! – oder ein ungezügeltes den eigenen Worten Zuhören der Augen ... Die Liebe wartet aufs Augenlicht. Wenn Augenlicht scheint, bist du glücklich. Da mögen wir noch so oft die nassen Bäuche aufeinanderklatschen, mit den Leibern fuhrwerken und zappeln wie die Bisamratte, wir kommen der Sache doch niemals näher als mit den Augen, die sich nicht reinigen lassen ...

Wenn ich mich frage, was ich in der Sprache zu suchen habe, so ist es gewiß nicht die Sprache selbst und noch viel weniger ihr schöner Zweck, andere mit Erzählen zu unterhalten. Mir macht Sprache Gesichte, aus ihr *entsteht* Gesehenes, also etwas, das letztlich aus ihr heraus- und hervortreten will. Wirksam wird sie nur als Konzentrat, das süchtig macht nach mehr Sicht und mehr Gesicht, nach der vollkommenen Einheit von sinnlichem und übersinnlichem Gesicht.

Nicht der Blick erweitert dein Sehen, sondern das Entziffern.

Das sprechende Gesicht ist dem sprechenden Mund übergeordnet.

Noch einmal die einfachen Eingänge benutzen, die zum Menschen hineinführen durch Stimme, Gang und Gesicht.

Einsamkeit ist keine geringere Täuschung als Freundschaft. Die Stille erfüllt ein Stimmengewirr. Den Stimmen ist nichts gültig. Termiten des Widerhalls, lassen sie nichts Lebendiges übrig auf ihren Wegen.

Wenn er allein war, hörte er hinter die Stimmen, die Tonfälle, die Betonungen, die Ausspracheeigentümlichkeiten, und manchmal vernahm er die verborgensten Winke aus den erinnerten Stimmen, und sie verrieten ihm jetzt erst das erstaunliche Geheimnis, das ihm die Leute mitteilen wollten, als sie ein paar belanglose Worte an ihn richteten. Er hörte nur in der Stille, *wie* sie sprachen, wie es geklungen hatte, und erfuhr nachträglich, was ihm wirklich Eindruck gemacht, wo das Unbewußte zum Unbewußten gesprochen hatte ...

Nicht mit Worten, nicht mit der Sprache, sondern mit den tönenden Charakteristika, mit dem gesamten Imponiergehabe der Stimme teilt sich mir der andere mit, ein unaufhörliches lautliches Eindruckmachen, das unterschwelliger wirksam ist als Auge und Hände, mischfreudiger als Semantik oder Gebärde, damit verrät sich der andere immerzu und tut es doch auf undurchdringliche Weise.

Ein Schauspieler braucht demjenigen, zu dem er auf der Bühne spricht, niemals Eindruck zu machen, alles ist verabredet. Seine Stimme benötigt keine gespielte Unsicherheit, kein geheimes Fahnden, kein Werben oder Drohen dem Partner gegenüber. Sie ist immer für das Publikum verlautet, mit dem er nicht spricht. Und vor ihm schirmt sie sich ab mit bewußter Gebärde, mit Stil und Ausdruckskunst, Führung und Allüre, die gegen jede unverhoffte Frage und Antwort schützen. Deshalb vertraut niemand der Stimme eines Schauspielers, wenn er ihr im Alltagsleben begegnet. Sie spricht nicht zu uns, sie sucht uns nicht, sie hat so viele Merkmale des Individuellen verloren.

Viele Schauspieler haben mit ihrem Gesicht, ihrer Stimme, ihren Armen eine Menge zu sagen, aber in den Füßen haben sie keinen Geist. Es ist schon merkwürdig, daß Gänge auf dem Theater das Liederlichste sind, was man gewöhnlich in Inszenierungen zu sehen bekommt. Selbst bei einem guten Schauspieler bin ich oft darüber verblüfft, daß er nicht bemerkt, wie konventionell und ausdruckslos er geht oder einfach fürchterlich unbesonnen. Offenbar gehört es nicht mehr zu seinem Programm, zu kontrollieren, was ein Gang ist.

Homer nennt den dünnen Klang der Stimme des Totenschattens ein *trizein* – ein Zwitschern, ein Zirpen. Daran wird man erinnert, wenn man durch die Straßen geht und das hohe Fiepen der Fernsehbildröhren hinter den Fenstern hört.

Stimme, Augen, Fingerspitzen, womit der Mensch sich als unverwechselbar ausweist, die Cachets, Siegel, Icons, Schilder, Wappen, die keine Familie, keine Ahnen, keine Zugehörigkeit aufrufen und hinter denen ein hoher und feiner Verschnitt von allgemeinen Eigenschaften, geteilten Übereinkünften, typischen Verhaltensweisen zusammengefaßt wird. Das fragmentierte Allgemeine als das Innerste des Individuums.

Man sieht Lichter glitzern auf dem düstersten Strom. Also muß man die Stellen des schönen Widerscheins erwischen, die im Betragen der Menschen unversehens auftauchen. Man muß sie säuberlich isolieren und in den Rang kleiner Riten oder Artefakte erheben, um ihre Wiederholbarkeit zu provozieren.

Man fragt sich, weshalb die vielen Close-ups der reicheren Gefühle, mit denen uns Filme unentwegt beschäftigen, anders als die Gewaltimpacts so wenig Einfluß auf unser Gehabe nehmen.

Die Außen-Figur wird ja bei den meisten Zeitgenossen, paradox gesagt, unbewußt vom Intellekt gesteuert. Es handelt sich um Gänge, Haltungen, eine gesamte Betragenskonvention, die nicht auf der Irrationalität von Bewegung und Erscheinung gründet, wie jeder Schauspieler sie beherrschen sollte, sondern auf zweckgerichteten Innerlichkeiten wie Vorteilsucht, Interessenverfolg, Gesinnungsvergütung etc. Aus diesen Antrieben entweicht ein Geist und wird zu einer Wolke, die als anonymer Intellekt über alle niederrieselt, so daß auch jene eine nachlässige Figur abgeben, die ihn selbst gar nicht besitzen. Es ist, als wollte man aus der Überzahl an Brillenträgern unter den Passanten auf die Errichtung einer Gelehrtenrepublik schließen.

Jeder Mensch entbietet uns eine chaotische Fülle geheimnisvoller Winke.
Keiner ahnt vom anderen, worauf er hinaus will.
Daß wir (uns) rasend Enthüllen/Verhüllen, das ist ein Atemsturm.

Die Gliedrigkeit, das ist der Nimbus, der uns Menschen umgibt, wenn uns die Qualle sähe.
Der gesamte Aufbau von zahllosen, wie nur? zusammenpassenden, wie nur? auf erstaunliche Distanz noch ineinanderwirkenden Gliedern. Vom Fußknöchel bis zum Nasenbein, wie alles stimmt! Das knochenharte Geschöpf scheint der Qualle unendlich leichter als sie selbst zu sein. Doch zugleich erkennt sie nur Entwurf in ihm, nur ein Modell. Ein Modell? Für was denn weiter? Was wird nach dem Entwurf gebaut, der wir für diese Qualle sind? Was folgt auf uns? Der Gliedrigkeit ist nichts mehr abzufordern, sie ist bis ins Feinste abgestimmt und aufgefächert, biegsam in der Liebe und vor Behördentischen steif und unbeugsam. So ist es denn das Nächsthöhere unseres wunderlichen Schattens, in das die Qualle Einblick hat und all die anderen Wirbellosen, die in dunklen Höhlen unseres Hirns noch überleben.

So ist es mit den Händen, die nicht mehr greifen, formen, fassen. Oder werken. Sie sehen nur noch aus. Sind ganz Expression. Als ob sie um Sprache ringende Organe wären. Attribute, verlegene Anhängsel einer Grundverlegenheit. So wie man sie zum x-ten Mal betrachtet bei längerem Aufenthalt während einer Reise: so sind sie wirklich. Das ist alles, was von der Menschheit erstem Werkzeug übrigblieb. An dir hängen blieb.

Niemand wird von sich behaupten können, er nenne ein einmaliges, unverwechselbares Wort sein eigen. Ein solches Privatwort wäre unter allen Umständen ein sinnloses, unnützes Wort. Wohl aber kann sich jemand durch eine unverwechselbare Geste auszeichnen, ohne daß diese bedeutungslos sein muß; er darf sogar mit einiger Sicherheit annehmen, daß die gewisse Geste, in der besonderen Art ihrer Erscheinung, einmalig ist und auf der ganzen Welt nirgendwo als nur bei ihm anzutreffen.

Das Allürenfeld, der Sphärengürtel der Person, der Staub von seinem Stern, der einen gewöhnlichen Menschen heute umgibt, besteht aus Brocken und Versprengtem von Serien und Shows, Ablagerungen von Spielen, die die Unterhaltungen und Interessenhorizonte der Leute regelmäßig durchqueren, möglicherweise auch ihre Sexualität. Früher waren es gesellschaftliche Konventionen, ein sich selbst organisierendes »man« beeinflußte das persönliche Allürenfeld. Die Kinder, die Leute – sie ahmen nichts nach, sie werden nicht spielerischer vom unentwegten Anschauen der Spiele, sie werden nur farbloser und konsumpingliger, sie wissen genau zu unterscheiden und aufzulisten, was sie sahen, was sie mochten, was sie verdroß.

Daß das Wesen eines Menschen ihn äußerlich umgibt wie die Ringe den Jupiter. Nichts Inneres! Alles ist gesprengte, hinausgestreute Begabung, wie Brocken zerschellter Asteroiden, Einschläge von Werken und Menschen. Der andere, sofern er der

Gegenwärtige ist: seine Biographie ist nur der Sphärengürtel seiner Anwesenheit. Oft genügt ein Blick, eine Strahlenprobe, um seine ganze Geschichte zu wissen. Was einer erlebt hat, seine Vergangenheit, teilt sich aber meist sehr viel enttäuschender mit als die Merkmale und Reste, die davon in seinem Orbit schweben, Eigenart der Augen, der Stimme, der Hände. Was in der Hülle des anderen tatsächlich Ausstrahlung besitzt, ist wahrscheinlich weniger sein persönlich Erworbenes als vielmehr der Feinstaub des allgemeinen Formenerbes, also das, was aus der Tiefe der menschlichen Zeit über ihn gestreut ist.

Mit wem wir auch zusammengehen, irgendwann ist uns der Mensch bekannt. Wir wundern uns, wie doch der andere (nie wir selbst) Zug um Zug sich automatischer verhält. Sein Wesen können wir im ganzen aus dieser Nähe nicht mehr gut erkennen, dafür blicken wir jetzt um so deutlicher ins Netzwerk von Trieb und Triebverstörung, von Motiv und Scheinmotiv, denn mit dem Alter scheint das Innengerüst nicht mehr bloß schüchtern durch. Wir sehen etwas furchtsam hin und denken rücksichtslos: nicht mehr viel Hülle und Balg an dem, was jener da ist, kaum noch Zeichen der zwecklosen Erscheinung, wo bleibt das Unverhoffte und die autonome Handlung? Das Drahtgespinst der Psycho-Puppe, dem Knochenmann nicht unähnlich, ist aus der ehrlichen Haut hervorgetreten und hat den Platz des freien Spielers eingenommen. Erschreckend manchmal, wie wenig Gestalt noch und wie durchsichtig an seinen abgewetzten Stellen der äußere Anschein, dort wo, vielgenutzt, Schönheit, Wirkung und Wille waren.

Die Sprache des Mundes tummelt sich im Strom, den alle reden und der für das Veränderliche das älteste Symbol darstellt. Die Sprache des Körpers bleibt dagegen überwiegend altmodisch. Hier kommt das meiste aus vorderen Tagen auf uns, ist rituell und angestammt, verändert sich eher schwerfällig oder nimmt nur im Zusammenhang mit neuen Geräten seltsame Floskeln auf, wie etwa die gestreckte Hand mit der Fernbedienung, die nicht zeigt oder deutet, sondern den Kontakt sucht, den Impuls losschickt. Oder die Hand am Ohr, die ein flaches Smartphone verbirgt und die unwillkürlich an eine im Schlafzauber erstarrte Körperbewegung aus dem Dornröschenmärchen gemahnt, nämlich an eine für alle Zeit am Ohr festgewachsene Hand.

Der Eindruck der »angewachsenen« Hand am Ohr (früher kam sie vor allem dorthin, wenn einer sich verlegen am Ohrläppchen zupfte) führt dazu, daß ich einen Menschen in seinem gesamten *Verlauf*, in seinem epischen Raumzeitverhalten als unterbrochen wahrnehme. Ich sehe ihn durch und durch angehalten und sogar in seinem Ausschreiten angehalten wie eine Giacometti-Figur.

Wer empfände es nicht als Wunder, daß in der eigenen Brust sein Herz, das fremdeste, ob er wacht oder schläft, liebt oder lügt, ohne Unterbrechung, ohne jeden Einhalt oder Stillstand, *tätig* ist, millionenmal schlägt im Verlauf eines gesunden Daseins von durchschnittlicher Dauer? Einer begrenzten Zahl also gehorcht es. Aber das Pausenlose – lebt es? Kein Gedanke, kein Finger, kein Fuß, die nicht in bemessenen Abständen zur Ruhe kämen und, um tätig zu sein, auch ausruhen müßten. Das Ding in den Häuten ist das eigentliche Geheimnis des Herzens, das Ungerührte, dessen Namen wir für jedwede Erschütterung des Lebens verwenden.

Das Herz ist nicht in demselben Sinne »fleischlich«, wie wir von fleischlicher Begierde sprechen. Das Herz ist der strengste Asket, ist die jedes menschliche Verständnis von Arbeit hinter sich lassende absolute Arbeitsmacht auf Erden, in *dieser* Lebenswelt. Es ist so mager, so eingelagert, so in sich gekehrt – ein Klausner, der Tag und Nacht schuftet.

Ich liebe, ich bewundere mein Herz, seitdem ich es auf dem Echographen sah. Die Mitralklappe – und überhaupt: wie alles klappt! Und das nun schon über etliche Jahrzehnte. Die Muskelwände etwas verdickt. Aorta ohne Verkalkung. Dieser Ring, diese Wulst, kontrahierend, auslassend – könnte etwas besser auslassen. Ich sah das dunkle, feuchte, fleischliche Zentralorgan mit großer Ehrfurcht. Und das ist nun die Metapher der Metaphern! Das ist das Allvermögend-Allerfleißigste der Lebenswelt – außer seinem herrscherlichen Dienst bedient es noch die Literatur. Das Unermüdliche – das bin nicht ich. Der unvergleichlich Andere ist es, in meiner Brust. Gewölb und Ringschlund. Herzstillstand, wenn dies arbeitsamste aller Wesen aufgibt, absoluter Bruch mit seiner ungeschichtlichen Geschichte, keine Mäßigung, Pause, Schonung, kein Aufschub möglich.

*

Ging am Nachmittag zu den Krähen im Nebelschnee, hinüber zum westlichen Waldsaum. Dumpf-dumpfes Licht. Überall vergorenfarbene Eisschlieren in den Brüchen und die Kuhpfade waren geronnene Schlammbäche. So wenig an Vorkommnissen, daß ich oft tagelang der sonderbaren Handbewegung einer Postbotin nachhänge. Oder fast ein halbes Jahr im Hall-Raum eines Freudenseufzers lebe, den im vergangenen Sommer mein Sohn ausstieß, als er von seiner Ferienreise zurückkam und das Haus und die Hügel mit seinen Blicken umarmte: Wieder da!

Warum fliehen die schwarzen Droher so hoch oben vor mir? Nur weil dieser einzelne Mensch so senkrecht vom Grund absteht? Welche Aura umgibt uns im Furchtsinn der Tiere? Sobald sie uns nicht sehen und wir fahren im Auto vorbei, das unsere Gestalt und Witterung verbirgt, so rührt sich keiner vom Ast. Auch die Greifvögel nicht. Aber geht man allein und preßt seine schweren Tritte in den gefrorenen Schnee, kreischen sie und schwingen davon.

Wenn Thoreau hoffte, daß die Welt ihn nicht mehr verändere, so stehe ich umgekehrt auf dem höchsten Hügel der Gegend und möchte ein bis ins Unterste von der Welt Durchstöberter sein in meiner Freiheit.

In Konstantin Leontjews Schrift »Der Durchschnittseuropäer«, in der sehr früh schon von der »Raserei der sterilen Kommunikation« die Rede ist, fand ich das folgende Zitat John Stuart Mills:

»Wenn das letzte wilde Tier verschwindet, wenn kein freier wilder Wald mehr bleibt, dann wird auch die ganze Tiefe des menschlichen Geistes vergehen; denn es ziemt den Menschen nicht, nur unter seinesgleichen zu sein, und der Nutzen, der aus der menschlichen Siedlungsdichte und häufigen Kommunikation zu ziehen war, ist längst erschöpft.«

Die Weite macht aus mir einen Giganten des Raumgefühls, wie wenn ich kilometerlange Arme hätte, die das Land umgreifen wollen. Ich kann nicht mehr in Straßenhäuser gehen, ohne überall anzustoßen.

Ich habe das Schöne stets so dankbar erfahren, als verdiente ich nur das Schreckliche.

IV   Menge, Typus, Einzelner

Jedes hochentwickelte Individuum begibt sich, um seine geschichtliche Einsamkeit ertragen zu können, in den Schutz irgendeines Typus, der uralt und unvergänglich ist.

Am Einzelnen tritt weit mehr Typisches in Erscheinung als Individuelles. Die Mentalität vereint, was die Gene streng getrennt. Alle meinen wir dasselbe.

Ich habe nach den Begriffen gelebt. Es ist aber besser, viele Sagen, Mythen, Geschichten zu besitzen, sie nicht bloß zu kennen, sondern wirklich zu besitzen. Das heißt: von ihnen besetzt und besessen zu sein. Damit kann jeder seine Familie beliebig vergrößern. Sein Typ mitsamt seinem Unglück bekommt eine Menge Geschwister. Onkel und Väter, Vorgänger, Ahnen, einen ganzen Clan, zu dem er gehört und der im Notfall ihm beisteht. Damit du nicht nackt und abstrakt dastehst, wenn dir einmal etwas so Unbegreifliches passiert wie mir. Wenn man viele Geschichten besitzt, wird man sich immer an eine andere, sehr alte, sehr ähnliche erinnern und ein wenig Trost finden bei seiner jahrhundertealten Verwandtschaft, bei seiner Familie. Alles, was dir als ein grausamer Zufall erscheint, der dich in furchtbarer Vereinzelung trifft, ist in Wahrheit nichts als eine Erinnerungslücke: weil dein Hirn den Zusammenhang mit der großen Geschichte des menschlichen Unglücks verlor. Nicht herstellen kann. Nicht parat hat.

Der Mythos webt sein Wissen über unseren Köpfen fort – jedem gehört eine Herkunft aus Dunkelheit. Irgendwo ist deine Sage schon, und schon beendet. Das selbstbestimmte Individuum ist die frechste Lüge der Vernunft. Alles Besondere ist Abspaltung, Ausfällung von Typen und Mustern.

Die Geschichte ist offen, der Mythos geschlossen. Man sagt, er endet mit Göttersturz, mit Geschichtsbeginn. Er endete aber nicht, er ging nur zu Bruch. Überall in der Noosphäre treiben seine Trümmer auf verschiedenen Ringbahnen. Man muß die Orbits wählen. Die Dinge sind zerkleinert, doch auf ihrer Umlaufbahn kreisen sie in kleiner Ewigkeit.

Alles ist typisch, dachte er, alles auf Anhieb bekannt; noch der verworrenste, persönlichste Augenblick eines Menschen besteht nur aus einer etwas raffinierteren Mischung der allertypischsten, allerallgemeinsten Merkmale. Und selbst wenn es so etwas wie Einzelheiten und Individuelles wirklich gäbe, wären wir nicht in der Lage, es wahrzunehmen. Unsere Organe werden uns immer nur verständigen, wenn sie irgendeinen Zusammenhang gefunden haben, eine Typik, oder zumindest etwas davon, gerade soviel, daß der Rest zum Ganzen halluziniert wird.

Zu Beginn des 21. Jahrhunderts ist der Typus des Außenseiters aus Gesellschaft wie Literatur so gut wie verschwunden. Der Einzelgänger, der sich fern von neuen Foren hielte, die nur nach Eingemeindeten zählen, besäße heute keinerlei Nimbus mehr, sondern erschiene wohl den meisten als schrullige Figur. Konformitäten, Korrektheiten und Konsensivitäten, das juste milieu der kritischen Öffentlichkeit wird von den Bakterienschwärmen neuer Medien lediglich verstärkt. Der Hauptstrom kann nur immer breiter, launiger und machtvoller werden – und dabei seine einlullende Gemeinschaftsbildung mit immer raffinierterer Technik betreiben. Allerdings gibt es kein Allgemeines, das das Besondere verhindern könnte. Wenn alle meinen, es käme noch am entlegensten Ort darauf an, sich genügend Gesellschaft online zu verschaffen, so kommt dem Unverbundenen eine neue Rolle zu. Im Gegenzug verstärken sich ihm seine diachronen Bindungen, verstärkt sich sein *absolutes* Verbundensein. Gleichwohl wird sein Stil gefordert und malträtiert von den Plaggeistern des Tags und auf das geltend Allgemeine unentwegt zurückgestoßen.

Für ihn, den Unverbundenen, ist es, als ob alle anderen fein aufeinander abgestimmt sprächen. Heruntergeregelt auf den verträglichsten Stimmungsgrad. Fast unbewußt von moderierenden Persönlichkeiten vorgeregelt. Es bildet sich eine feste, kieselharte Förmlichkeit des aufeinander abgestimmten Sprechens, die jeden einzelnen vom eigenen (schärferen) Bewußtsein abschirmt. Eine viel unnachgiebigere Konvention als jede frühere, aus bürgerlicher Zeit bekannte.

Unüberwältigt sprechen sie. Was sie überwältigen müßte, dringt nicht durch Zeit und Kleid.

Privatmann. Schlechtes Wort. Idiot ist besser. Idiotes. Er hat sich der öffentlichen Verpflichtungen entschlagen. Für ihn wird das Öffentliche von einer Vernunft bewegt, die ihn verlassen hat. Öffentliche Angelegenheiten erreichen in ihrem Zusammenwirken einen Grad an verflochtener Klugheit, die der Einzelne, Vereinzelte selbst niemals besitzen oder auch nur nachvollziehen kann. Es heißt doch: Die Strukturen sind allemal klüger als wir, die sie hervorbrachten. Dem erweist der Idiot seinen Respekt und mißt sich nicht mit dem Betriebsgeist der Dinge. Diese Enthaltung gewährt ihm eine gewisse Unabhängigkeit, deren radikalste Steigerung zugleich den Zusammenbruch jeglicher Kommunikation riskiert. Womit er schließlich in die Unterscheidung gerät: der gute oder der schlechte, der offene oder der geschlossene Idiot zu sein. Entweder Idiotes – der im Labor der Abkehr die feinsten Regungen ermittelt, weil er unter den Bedingungen der Isolation meint, die Gesetze der Verständigung mit größerer Sorgfalt untersuchen zu können als draußen in der Feldforschung. Oder Idiot – dessen Dämmern selten noch unterbrochen wird von grellen Ideen, greller Ahnung.

Zuletzt bleibt der Idiotes immer in Berührung mit seinem Grenzfall, dem Vollidioten. Der nichts mehr besitzt, was er mitteilen – mit anderen teilen könnte.

Es geht also nicht um den antigesellschaftlichen Affront des Idioten, sondern umgekehrt sind es seine hypersensorischen Orientierungen, die er der Gesellschaft infiltriert.

Während Intelligenz zur Massenbegabung wurde, sind Klugheit und Einfalt nahezu ausgestorben. Den Idioten gibt es daher in mehrfacher Symbol-Gestalt, auch als Januskopf: nach vorn blickt die Parodie des Informierten, der Info-Demente. Zurück blickt die Heiterkeit des Ungerührten. Der heitere Idiot in der Welt der Informierten zu sein, heißt, ohne eine Regung von Zukunftsunruhe, ohne Angst zu leben. Stattdessen aber in einer den Informierten ungültigen Redeweise sich mitzuteilen, die jedoch ungemildert und unverzerrt die Vibrationen eines rumorenden Untergrunds wiedergibt.

Man wird sich daran gewöhnen, daß nicht Subjekte etwas fühlen, konsensitiv Assemblierte etwas zum allgemeinen Erlebnis bringen. Das Subjekt selbst bleibt lustlos.

Die Bereiche des Geschehens, der Entwicklungen, der Zustände, für die man keine eigene Zunge hat, sondern nur eine, die mit tausend anderen in dieselbe Schwingung versetzt wird, so daß sie über die hinderlichsten Tatbestände hinweggaloppiert, diese Bereiche vermehren sich, verdrängen den Idiotes durch den Idioten der Belange, einer willenlosen Puppe an den Drähten öffentlicher Stimmen. O welche Desidentifikation! Es ist schon häufig so, daß der, der spricht – gewiß weil er nur *mit*spricht – im Spiegel sich nicht wiedererkennt.

Ich bin wie die meisten Menschen nicht für die Gemeinschaft geboren. Die Rücksichten, mit denen andere gesellschaftsfähig werden, das heißt: die zahllosen Infamien, die ihren Zusammenhalt garantieren, sind mir daher, als dem Ungeselligen, aufs schärfste bemerkbar und unerträglich. Ist aber der Einzelne deshalb nur ein Privatmann, ein idiotes, ein Stümper am Allgemeinen – oder ist er nicht vielmehr auch die Achse der Menge? Der Blitzableiter für Blitze, die aus ihrem dunklen Willen schlagen. Seine ganze Ausdehnung geht ja in die Senkrechte. Während die verbundenen Menschen sich in großer Zahl gegen den Horizont erstrecken. Ja, die Stärkung des Einzelnen; des armen Kierkegaardschen Einzelnen. Vielleicht geht es mir überhaupt nur darum. Vielleicht bin ich nur zur Schrift gelangt, um der sozialen Aufgabe zu genügen, etwas zur Empirie und zur Zuversicht des Einzelnen beizutragen.

Ich verachte, ja, ich verachte etwas. Und sie ist klarer umgrenzt in meinen Empfindungen als alles andere, die Verachtung für schlechte Charaktereigenschaften: Scheinheiligkeit, Eitelkeit, Vorteilssucht, Schadenfreude, Heuchelei, Feigheit, Dreistigkeit, Verräterei. Lauter alte, uralte soziale und individuelle Mißbildungen, die sich im Wandel der Zeiten und Regime vollkommen unverfälscht erhalten haben.

Aber sich selbst würde man niemals einen schlechten Charakter attestieren. Da umgeht man sich geschickt mit technischer Ironie. Wie siehst du dich? Oh, ich bin schroff und wehleidig. Ich verfüge über eine hastige Auffassungsgabe mit hoher Fehlerquote. Ich gebe gern ein Wissen-Wie des Wissens vor, ohne irgendein gründliches Wissen zu besitzen. Ich gebe gerne klein bei, wenn ich damit meine Überlegenheit beweisen kann. Ich argumentiere flott unter Verwendung vieler ungeprüfter Tatsachenbehauptungen. Aber: ich erliege jedem anderen, der sich mir eröffnet, ich bin sein Ministrant, er ist meine einzige Leidenschaft.

Besäßen doch Charaktere auch ihre Stammzellen, so ließe sich züchten, was verkümmert ist: Subtilität, Diskretion und Scheu, um sie ins Gewebe der allgemeinen Aufdringlichkeit zu schleusen.

Moralische Bemerkungen sind nur in Zeiten etwas wert, in denen man sich über seinesgleichen noch verwundern kann. Wo aber wäre noch Platz zum Verwundern in diesen Augen, die von früh bis spät auf Fertigkeiten gerichtet sind, die so virtuos mit den Schatten spielen, die das Mögliche vorauswirft? Wozu den Virtuosen wiedergeben, wie sie sich geben? Laster, Fehler, Mißbildungen, das gesamte Repertoire des moralischen Bemerkens nimmt sich im übrigen zwischen den Kräften, die jetzt auf die Welt einwirken, Kräften der liberalen Gewalt und Kräften der religiösen Gewalt, ein wenig betulich aus. Man spürt in den kleinsten Dingen heute Ausläufer einer stärkeren Bewegung, als sie ein »Sittenspiegel« einfangen könnte. Dennoch frappiert jede Nuance, die La Bruyère an seinen Charakteren schildert, sie stimmt gestern wie heute. Die Beschreibung der Einzelnen bei Hof und der Einzelnen auf den »Weltmärkten« unterscheidet sich dort nicht, wo es um die Wesensmerkmale des Gesellschaftsmenschen geht. Gleichwohl drängen sich Großformate der Bewertung auf, welche die Nuance bedrohen. Die Menschen und was sie so treiben bilden auf einmal nur ein Schaumgekräusel auf der mächtigen Woge, die ihr Massenschicksal ist.

Schon viel ist gewonnen, wenn einer herausgefunden hat, zu welcher Art, zu welchem Typ er gehört, in wessen Stammesgeschichte er sich einreihen darf. Das Problem der Selbstfindung erübrigt sich dann. Den Typus muß niemand aus sich selbst erzeugen. Jedem kommt seine Gattung zu Hilfe. Es beruhigt mich, zu wissen, daß ich dem Typus des Streuners und Sinnierers zugehöre. Ich muß nicht sorgen, ein anderer zu werden.

Das letzte Subjekt, das letzte Ich? Ach nein. Typen sind immerwährend. Nie geh ich aus, endlos setz ich mich fort.

Meine Anwesenheit, die Anwesenheit eines Ungeselligen in Gesellschaft, besaß von jeher eine negative Strahlung, die alles, was eine Gemeinschaft braucht, um sich ungezwungen als eine solche zu erleben, absorbiert oder zumindest in der freien Entfaltung behindert. Wie oft mußte ich mich erst davonstehlen, um den anderen ein wirkliches Zusammensein zu ermöglichen!

Man darf annehmen, daß alle kindlichen und gelehrten Fragen der Theologie im Laufe der Kirchengeschichte gestellt und gerade so unbefriedigend beantwortet wurden, daß von ihnen ein nützlicher Stachel im Geist zurückblieb. Zum Beispiel bei der Frage: Kann der Anachoret, der Uneingemeindete, der Welt entsagen, ohne sich dem Verdacht auszusetzen, er wolle Gott für sich alleine haben? Sind nicht all diese »Direkten«, die Gottunmittelbaren, die Asketen und Eremiten, sind die Weltflüchtigen nicht immer auch Menschenflüchtlinge gewesen? Was sonst ist die Welt als die Gesamtheit von Verhältnissen? Vor und zu Gott aber verhält man sich nicht, verliert sich jede Verhältnismäßigkeit.

Zwei Formen der extremen Andacht – in weltlich abgewandelter Form wird jeder irgendwann vor eine vergleichbare Frage des Unvereinbaren gestellt, wie der Eremit und der Wüstenheilige sie für sich entscheiden mußten: Bin ich Gott näher in der Verborgenheit oder im erhöhten und offenen Ausgesetztsein? Werde ich ein Höhlen- oder ein Säulenbewohner? Gehe ich hinaus oder umschließe ich mich? Lebe ich uteral oder phallisch? Bin ich klaustrophil oder agoraphil?

Der Gottunmittelbare steht hoch aufgerichtet und starr wie eine Säule.

Oder kauert und hockt, auf den Knien das Buch, und sucht das Gesicht in der Schrift. Bei sich verdunkelndem Sinn leistet der Rekluse die Arbeit eines zunehmend verständnislosen Entzifferns, gerade so, als wollte jemand aus unendlich vielen Poren ein Gesicht zusammensetzen. Es ist wahr, daß die leidenschaftliche Absonderung den Verstand zerstört, und erst nach langem Ausharren in der Höhle wird er vom Unsichtbaren wieder sehend gemacht. Er begegnet den Sentenzen der Schrift wie Augen, die strahlen, er kann kaum hineinblicken, ohne daß nicht das eigne Sehen zerrisse. Und es gibt andere Stellen, die sind dunkle Eingänge; hier sieht er nichts mehr, er wird von Finsternis umschlossen – und in ihr ist ein Herzklopfen, das höher wird und sich ihm nähert. Es muß dieser eine Raum, dieser eine und letzte noch geöffnet sein, der in die Tiefe des Entsetzens führt ... das endlos, heillos und unablösbar ist. Man hat sich ihm häufig genähert, bildlich, rhetorisch, ihm jedoch niemals ganz Raum gegeben. Das Entsetzen. Vielleicht der letzte Versuch nach allem, was wir wissen, hochherzig und niedergeschlagen wissen, der letzte Versuch zu existieren: erstarrt. Da springt über der Herzschlag, und draußen pocht es laut gegen die Tür ...

Der Rekluse, der nie einen anderen als den völlig unerwarteten Besuch empfängt, wird, von niemandem gesehen, Tag für Tag Gestalt annehmen, Figur abgeben. Gang und Haltung müssen immer federnd bleiben, als schritte er im nächsten Augenblick, längst bevor es klopft, zur Tür, um den endlich Ankommenden bei sich aufzunehmen.

Würdig sitzen ungesehen. Du wirst von niemandem gesehen, also halte dich gerade.

Sich in Schale zu werfen, ist die wehrhafte Antwort auf die Menschenleere, die dich bedrängt.

Goethes Wort für die Geheimgesellschaft der Wissenden: »Ich habe es immer für ein Übel, ja für ein Unglück gehalten, welches in der zweiten Hälfte des vorigen Jahrhunderts überhand nahm, daß man zwischen Exoterischem und Esoterischem keinen Unterschied mehr machte.« Oder ein andermal: »Eine geheime Gesellschaft solle man auf die Kunst fundieren.«

Vielleicht ist der Typ des Esoterikers auch heute weniger unzeitgemäß, als es zunächst scheinen mag. Vielleicht weist er im Gegenteil erst recht in die Zukunft. Der Geheime ist heute schon der einzige Ketzer, der einzige wahrhaft Oppositionelle gegenüber der allesdurchdringenden, allesmäßigenden Öffentlichkeit. Gegen den totalen Medienverbund, gegen die Übermacht des Gleich-Gültigen wird und muß sich eine Geheimkultur der versprengten Zirkel, der sympathischen Logen und eingeweihten Minderheiten entwickeln. Kunst und schönes Wissen werden die Kraft der Verborgenheit, die Rosenkreuzer-Vereinigung dringend benötigen, um fortzubestehen und der verrückten, tödlichen Vermischung zu entgehen. Was sonst noch ist, gehört den Gewitzten und Amüsierten. Oder gehört einer plündernden, brandschatzenden Kultursoldateska, deren Gelalle schon jetzt aus den Netzen und Journalen dröhnt.

Innerhalb der Öffentlichkeit, in der jedermann zu Haus und gleichzeitig evakuiert ist, läßt sich kein Traum retten, gegen sie nicht Widerstand noch Kritik, denn aus diesen Elementen ist sie selber beliebig zusammengesetzt. Ein solcher Verbund läßt sich nicht stören oder umwerten, er kann nur mit spirituellen Brüchen beantwortet werden. Er provoziert einen neuen

Typus des Außenseiters: den Esoteriker, den Eingeweihten des verborgenen Wissens – und des geschonten Lebens. Gegen den alles überstrahlenden Scheinwerfer wird sich der Illuminat herausbilden. Gegen das unkenntliche Allgemeine die versprengten Geheimzirkel, die Rosenkreuzer-Bünde der Kunst und des schönen Wissens. Der Gescheitheitsvertrag der Informationsgesellschaft wird von der Ketzerbewegung des ›verbotenen Geists‹ gebrochen. Diese als eine neognostische ist nur wenigen zugänglich und verwahrt sich gegen jede gesellschaftliche Brauchbarkeit. Sie unterhält daher keine Verbindung zu irgendwelchen anarcho-radikalen, subversiven oder anderen verbrauchten Formen der Gesellschaftskritik. Sie sucht im Gegenteil die Verbindung zu Ordnungen jenseits des soziozentrischen Denkens überhaupt. Sie sagt sich entschieden los von der zutiefst satirischen Intelligenz, die in diesem Land ein nicht enden wollendes, zwanghaftes und längst erschöpftes Nachspiel gab zu einer blutigen, miserablen Tragödie; einer Intelligenz, deren tiefe Überzeugungsleere im übrigen am allerwenigsten dazu geeignet ist, die Nachfolgenden gegen neue Dämonie und ungute Dunkelheit zu feien.

Noch eine Anekdote, frei erfunden. Der junge Spinoza-Kenner Edwin von Sühl, der Nietzsche in Sils aufsuchte und bei ihm die Hoffnung nährte, endlich einen Schüler zu haben, hinterließ unauffällig zwei Kassiber aus der geselligen Welt, die der Asket später neben seiner Waschschüssel fand. Der eine enthielt einen Goethe-Spruch: Der isolierte Mensch gelangt niemals zum Ziel. Der andere eine Bemerkung des Novalis aus den »Lehrlingen zu Sais«: Von selbst geht keinem, der los sich riß und sich zur Insel machte, das Verständnis auf.

Ah! Da hatte sich also ein Verräter, ein kleinmütiger Tadler und Mahner, ein Verächter bei ihm eingeschlichen und dazu noch als sein Adept ausgegeben. Er wollte *ihn* moralisch belehren! Welch ein Meisterschüler.

Was der Totalvermischung entkam, wird sich stärker und eigensinniger entfalten. Was ihr anheimfällt, wird immer dünner und unscheinbarer werden. Gegen die neuen Riesen, die uns bevorstehen, die Riesen vom Berge, die die Hänge herunterpoltern wie in Pirandellos Stück, die Breittreter, die Tölpel im Tal, bleibt nur der Aufstieg zu den einsamen Schlupfwinkeln im Berg.

Kein Mensch kann ohne Gesellschaft leben. Wohl aber sehr gut ohne soziozentrische Ideen.

Jedermann weiß beute, wo es nötig ist, Widerstand zu leisten.

Wenige nur wissen, wo es ebenso nötig wäre, standzuhalten.

Der neue Gnostiker, der ›strukturelle Mehrwisser‹, ist kein Widerständler, sondern ein Standhalter.

Seine Entlegenheit bedarf nicht der Weltflucht. Den Schlag des Sinns empfängt er in der Lichtung des Allgemeinen. Sein Nunc stans entspringt dem dichtesten Alltagsallerlei.

Die glitzernde und flunkernde Utopie erscheint ihm keineswegs anregender oder interessanter als die komplexen Zusammenwirkungen und Unvereinbarkeiten des Jetzt. Da sich die alten Ideologien über uns verzogen haben, aufgelöst wie Nebel in der Mittagssonne, haben wir zum Erkennen besseres Licht.

Der eine ist wie eine schwarze Kugel aus Obsidian, die alles abglänzt. Nichts mehr erkennen lassen, keinen Durchschein geben! Des anderen Leben war wie ein bemaltes Fenster mit bunten Legenden und Episoden, die nur etwas sind, wenn sie ein offener Hintergrund erhellt. Fiele nur das Licht aus dem Inneren auf sie und draußen wäre der Laden geschlossen, so bliebe die Glasmalerei stumpf und leblos.

Das Feststehende von Anfang an. Du beginnst etwas, das vor dir schon vollendet ist. Du sprichst, was dir entspricht. Du sagst das, was jeder wußte, als er dich erkannte. Du tauchst auf, solange einer die Kerze über dich beugt, solange die Dunkelheit blüht. Du lebst gerade die Spanne Zeit, da erzlangsam das Laken über dich fällt.

Wer aus dem Nichtverstehen des Ganz Anderen zurückkehrt, wird auch den anderen, den Menschen seiner Umgebung, mit größerem Nichtverstehen ehren. Er wird sich seiner allzu schlüssigen Menschenkenntnis schämen.

Nun interessiert unsereinen das Erschließbare am Menschen grundsätzlich weniger als das Unerschließbare. Es ist, davon darf man überzeugt sein, in unverminderter Fülle vorhanden auf dieser Welt und wird auch durch die verwegensten Entschlüsselungen nicht aus ihr vertrieben werden.

Er war seit langem weder bestürzt noch abgestoßen, weder überwältigt noch erzürnt, sondern immer nur: *unabhängig von sich selber* offen interessiert. Er dachte: man selbst hat wohl seine Eigenart längst verloren, wenn erst einmal dies penetrante Erfassen der Eigenart anderer die Oberhand gewonnen hat? Selbst das Genie hält man zuletzt für etwas lediglich Spezielles und vermag es gegen eine x-beliebige andere Eigenart nicht mehr hervorzuheben.

Der Mensch, heißt es, sei das einzige Wesen, das sich beim Leben zuschauen kann. Nur bis zu einem gewissen Grad, könnte man einwenden. Das Wichtigste vom organischen Leben, Nervenchemie und Zellgeschehen, entgeht – bis jetzt, gottlob – dem Selbstbewußtsein. Auch im Verhältnis zu den überindividuellen Einwirkungen (etwa einer Kollektivzugehörigkeit), die manche unserer Schritte nach ihrem Sinne lenken, bevor wir überhaupt eine Absicht faßten, ist das Selbstbewußtsein nur ein eingeschränkt souveränes Evolutionsprodukt. Es ist gleichsam selbst ein angepaßtes *Organ*. Wir sehen uns gewöhnlich nicht mehr beim Leben zu, als es für dieses zuträglich ist. Wäre es anders, und nähme plötzlich das Selbstbewußtsein übermäßig zu, indem wir etwa zugleich noch wüßten, *wie* wir wissen, dann wäre die Passung wohl beschädigt und wir könnten ohne nachzudenken nicht atmen. Das Selbstbewußtsein aber, das wir jetzt besitzen, behindert die Grazie eigentlich nicht, es ermöglicht im Gegenteil erst, daß wir einen Sinn für Grazie besitzen. Dazu muß es nicht erst durch ein Unendliches gehen, wie Kleist sagt, es ist vielmehr selbst ein Medium des Unendlichen »in der organischen Welt«.

Der Menschenfeind von heute denkt ähnlich, wie zu allen Zeiten Menschenfeinde dachten. Der Freund der Menge hegt dieselben Illusionen, die ihn zum Freund der Menge seit jeher machten. Und jeder, der *auf die Welt* kommt, kommt zunächst nur in einen kleinen Kreis ihm zugeordneter und später in einen etwas größeren ihm zufällig über den Weg laufender Menschen. Dabei kommt auf jeden einzelnen in der Regel eine vergleichbar große Anzahl anderer, denen er in seinem Leben begegnet. Gleichgültig, ob sie ihm gefallen oder ob er sich von ihnen abkehrt: die Menge der anderen bildet die Voraussetzung für sein eigenes Verhalten. Beides, die anderen und wie er sich zu ihnen verhält, führt bei jedermann zur Entstehung eines Typus, den er mit der Zeit ausprägt und den kein Mensch aus sich selbst erzeugen kann.

Jedes Verhalten besitzt nämlich einen Stammbaum, jedes tiefere Gefühl einen ungezähmten Vorfahren. Wenn manche aber meinen, die Zeiten kehrten ähnlich wieder, so haben doch in Wahrheit nur eine Handvoll Elementarien des Gemüts, des Gewissens, der ideellen Wahrnehmung, des Stils etc. sich in neuem Verschnitt gezeigt oder ihren Dreh gewechselt.

Wenn man es ganz ins Enge treibt und alles Überflüssige weg-nimmt, so bleiben am Ende nur zwei Grundformen des mensch-lichen Daseins: die Suche und das Warten. Ebenso, von allen Varianten abgesehen, gibt es nur zwei radikale Räume auf der Erde: die Höhle und die Wüste.

›Er will niemand andern sehen‹ – der Kranke, der Misanthrop, der Liebesnarr. Der erste: niemand anderen als die wachende Vertraute. Der zweite: niemand anderen an sich. Der dritte: niemand anderen als seine Einzige.

Der Liebesnarr sagt: es gibt nur sie. Cafés und Eisenbah-nen, Kaufhäuser und Kinofilme, Plätze der Menschen, sie sind alle Du geworden. Das große, runde, leere und zu erfüllende, das weltverschlingende Du.

Vereinsamung des Paars. Verzweiung. Den Saint-Simoni-sten galt das Paar als das eigentliche Individuum. Das unteil-bare Geschöpf.

Wir retten in die Liebe das Eine vor dem maßlos Vielen. Wärest nicht Du, sagt er, müßte ich mit beliebigen anderen le-ben. Gäbe es nicht die Eine, so könnte ich die Welt um mich herum nicht vergessen.

Wir sehen niemanden uns gleichen und niemand an-deren.

Der Menschenfeind, der alle Türen hinter sich zuwarf, der verbitterte, enttäuschte Egoist, er will niemanden mehr um sich haben. Er ist allen anderen gegenüber. Niemand anderes ist nicht ein ausgewählter Einzelner, ein Du, sondern es sind alle, auf die er verzichtet. Er wendet sich seinen Studien zu und nutzt seine ganze Augenkraft für die Lektüre. Er liest mit stumm bewegtem Mund. Worte vieler Toter kommen lautlos über seine Lippen. Von großen Geistern fühlt er sich umge-ben – und umschmeichelt: er ist ihr Mann im Leben. Ohne ihn würde mancher ächzen unter den Qualen gänzlicher Verges-senheit. Doch hat er unter Geistern keinen Freund und keinen liebsten Umgang. Er wählt auch hier und richtet streng, verwirft, verabscheut, wie er es früher unter Menschen tat. Was ihm nicht paßt, wird zugeklappt, endgültig wie der Sarg. Er sucht nur Nahrung für seine tiefe Widrigkeit, die viele Kräfte kostet, sucht nach Bestätigung und positiven Beweisen, daß sein Verneinen und Verweigern richtig und gut begründet ist. Die Gefahr besteht, daß er in Kürze auch die Geister noch zu sehr als andere empfindet und verwirft, sich endlich ganz aus eigner Negation ernährt. Er wird dann gewiß den Fehler entdecken, welcher der Menschheit unterlief, als sie versuchte, die Quadratur des Zirkels zu lösen oder ein Perpetuum mobile zu bauen. Er wird die Lösung finden, indem er das Problem nicht mehr erkennt. Er wird schmal und schmaler werden, an allen Sinnen blind. Er wollte niemanden sehen. Den sieht er nun immerzu.

Der Todkranke, der nur noch die nächststehende Person um sich erträgt. Von Leiden gezeichnet, erschöpft in seiner Stimme und seinem Wesen, kriecht er zurück unter den Blick eines einzigen Menschen und endet das Leben, wie es begann, im Augenvertrauen. Eine, nur eine, die mit Blicken sicher geleitet ins Verstehen und wieder hinaus. Wenn nichts mehr zu sagen ist und der Sterbende lange durch ihr Gesicht hinaussieht auf ein unbekanntes Land. Die Wachende, der Sterbende, niemand anderes. Stille ohne jedes Warten. Frist, in der nichts mehr zu tun ist. Bleiben und Gehen in einem Raum vereint. Zwischen ihnen nichts als die Zeit, die war; sie selbst, nicht Erinnerung.

Schwer, nicht wahr, beinahe unmöglich, sich eine Misanthropin vorzustellen. Wohl die rasende, die haßsüchtige, die närrische Frau. Aber kaum doch die gallenbittere, mit verächtlichem Scharfsinn geschlagene. Beinahe schon untergegangen, sehr zerstört, mit wehendem Kleid verliert eine Frau doch nie die Fühlung mit Mutter Gesellschaft. Nie ganz entmütterlicht, wenn auch verirrt und unansprechbar, nie Verräterin am Prinzip des Mitmenschentums. Ist es also männlich allein, einer gegen alle zu sein und am Unglück seinen Ehrgeiz, seine Geisteskräfte zu stärken? Timon und Alceste – tragen sie nicht ein weitaus leichteres Schicksal als Phädra oder Medea? Wären sie nicht feind mit aller Welt, so könnten sie nicht einen einzigen klugen Gedanken fassen. Denn das ist der Halbtod des Mannes, dem sich der Geist schärft, wenn ihm das Herz bricht. Leid, das ihn unleidlich macht. Frauen scheitern mit ganzem Leben. Ihre Größe ist es, unterzugehen mit Geist und Haut und allen Sinnen. Männer lassen dafür ein paar hehre Ideen sterben.

Noch immer gefällt der Radikale in Kunst und Gesellschaft, vielleicht weil er ein harmloser Spätling der Epoche ist. Seine Energie: die eines dem Wind nachpustenden Kindes. Mißliebig hingegen bleibt nach wie vor, wer sich anschickt, die Demaskierten zu schonen, die Trümmer mühsam zu untersuchen auf ihre Wiederverwendung hin.

Die wenigen, die der Allgemeinheit Kraft spenden, müssen jedoch Durchdrungene sein, nicht Durchschauer.

Der Radikale, der die Sache bei der Wurzel packt, unterscheidet sich vom Denker des Myzels, der das in die Fläche verbreitete Nährgeflecht berücksichtigt. Gespür für Geflecht und Gespinst bietet heute den Erkenntnisvorteil, den vorzeiten der Drang zur Umwälzung für sich hatte.

Der Leitbild-Wechsel, der längst fällig wäre, wird niemals stattfinden. Zum Sturz des faulen Befreiungszaubers, des subversiven Gemütskitsches wird es nicht kommen. Das alles geht über in eine endlose Prolongation durch technische Wiederaufbereitung. Dabei: so viele wunderbare Dichter, die noch zu lesen sind – soviel Stoff und Vorbildlichkeit für einen jungen Menschen, um ein Einzelgänger zu werden. Man muß nur wählen können; das einzige, was man braucht, ist der Mut zur Sezession, zur Abkehr vom Mainstream. Diese Demokratie benötigte von Anfang an mehr Pflanzstätten für die von ihr Abgesonderten. Abschnitte, Orte, wo ihre Rede nicht herrscht und die inzüchtige Kommunikation unterbrochen ist. Ich bin davon überzeugt, daß die magischen Orte der Absonderung, daß ein versprengtes Häuflein von inspirierten Nichteinverstandenen für den Erhalt des allgemeinen Verständigungssystems unerläßlich sind.

Der Reaktionär ist dem Wortsinn nach jemand, der reagiert – während andere noch stumm und willfährig bleiben. Er reagiert ohnedies nur idiosynkratisch und bezweifelt, daß es sich um sittlichen Fortschritt handelt, wenn sich im Zeichen des Eros Lobbyisten betätigen und die einst schöpferischen Kulte des Andersseins, die Ehre des Außenseiters den Strategien sozialer Vorteilsbeschaffung geopfert werden. Er blickt skeptisch auf die Eigendynamik von Liberalisierungen und Egalisierungen, die, obwohl von der Allgemeinheit gar nicht gefordert, immer neue Anwendung brauchen und finden. Es scheint fast, als ob der Staat aus Vorahnung oder sogar apotropäischen Gründen um so aufdringlicher für Toleranz Propaganda macht, als sie in den realen Untergründen der Mehrheit zunehmend bedroht ist – entgegen den bigotten Bekundungen bei Erhebungen und Umfragen.

Der Reaktionär läßt, was niemals war, geschehen sein. Er verklärt als der echte Epiker das Gewesene, um es jederzeitlich zu machen. »Das war nie und ist immer«, die Definition des Mythos (bei W. F. Otto nach einem Wort des Sallust), behauptet auch der Reaktionär, es macht ihn zum Geschichtsmythologen. Als solcher verfolgt er Ordnungsphantasmen, die sich eher einer fabulösen Eingebung verdanken als einem politischen Kalkül.

Man sollte meinen, daß inzwischen die mediale Zunft weiß, was sich diesem Typus literarisch zuordnen läßt, nämlich eine bestimmte Zucht von Gedanken, die das, was höher rangiert als sie selbst, erstens erkennt und zweitens nicht stürzen will, sondern sich ihm in der Hoffnung auf Teilhabe unterwirft.

Man muß aber erleben, daß mit dem Begriff nach wie vor nur der Bierschaum des politischen Stammtischs assoziiert wird. Die Mühlen des öffentlichen Bewußtseins mahlen leider nicht langsam, sondern immer wieder das schon gemahlene Mehl.

Der Reaktionär ist Phantast, Erfinder (der Konservative dagegen eher ein Krämer des angeblich Bewährten). Gerade weil nichts so ist, wie er's sieht, noch gar nach seinem Sinn sich entwickelt, steigert er die fiktive Kraft seiner Anschauung und verteilt die *nachhaltigsten* Güter des Geistes und des Gemüts. Oder die lange anhaltenden. Oder die im Erhalten sich erneuernden. (Um der entleerten Vokabel ein wenig variablen Sinn zu unterlegen.)

Zweifellos lebt er in Symbiose mit den Verhältnissen, die er verpönt, und einzig in seiner Sprache kann er sich über sie erheben. Er *muß* brillant sein, denn er tritt auf der Stelle, ohne etwas in Bewegung zu setzen.

Dem Reaktionär erscheint seine Zeit bei weitem verheerender als selbst die verheerendsten Epochen der Vergangenheit. Sein Denken gleicht dem Extemporieren eines Schauspielers, der aus der Rolle fällt, weil er noch etwas viel Gewichtigeres zu sagen hat, als diese ihm erlaubt. Überzeugen kann er niemanden, denn man hält ihn nach wie vor für einen Spieler, der etwas übertreibt.

Eine moralische Position, die man mitunter »rechts« nennt, gibt es nicht korporiert. Rechts kann nur der Neugierige abseits stehen. Er hält eigentlich keine Position, sondern ist vielmehr ein Idiosynkrat, den kollektive Selbsttäuschung, routinierter Gesinnungsbetrieb, intellektuelle Liebedienerei erschrecken.

Der Einzelne und sein poetisches Reich – gegründet im neunzehnten Jahrhundert, niedergegangen im zwanzigsten, nur noch ein Märchen in unseren Tagen. Weder der Einzelne noch letztlich die hohe Konzentration im exklusiven Kreis scheinen geeignet für kraftvolle und herrische Unzeitgemäßheit, abseits der digitalisierten Millionenscharen, die den Ad hoc-Souverän generieren. Dafür geschieht jedem seine Unzeitgemäßheit Tag für Tag beinah unfreiwillig. Etwas in seinem Handeln, Denken, Empfinden und Sprachgebrauch ist mit Sicherheit *heute* von gestern.

Ein Schmetterling kann allein für sich sorgen, keine Biene gegen den Geist des Schwarms überleben. Nur für den Menschen gilt: Wenn sich der Geist des Schwarms als Ordnungsmacht etabliert, schlägt die Stunde der Insurgenten.

Der Beiseitestehende muß daher im Beiseitesprechen sich üben und wird immer spröder und paradoxer reden.

Man liest nicht in Gesellschaft in den Sternen. Die Unendlichkeit isoliert – sogar von dem vertrautesten Menschen, den man zur Seite hat.

Keiner ist, was er zu zweit ist.

Wer es gewohnt ist, viel für sich zu sein und seine Entscheidungen allein zu treffen, wird eine sanfte Schwächung seiner Auffassungsgabe immer dann bemerken, wenn er sich in den Schutz einer Gruppe, eines beratenden Kollektivs, ja bloß einer einzelnen anderen Person begibt.

Wie es mir auf Versammlungen seit jeher erging, brauche ich nur der Blickpunkt einer Handvoll Zuschauer zu sein, und mein Geist ist verflogen, ich werde vor der Menge dümmer als selbst der Dümmste der Menge.

Man kann nur sehr schwer seiner Dummheit alleine Herr werden. Ein anderer, der die seine loswerden möchte, ist zu ihrer Beherrschung unerläßlich.

Ich bin nicht gern mit den Menschen gesellig, aber auch nicht gern uneins gewesen. Am Tresen oder unterwegs im Zug habe ich Fremden oft auf unverantwortliche Weise zugestimmt oder ihnen umstandslos recht gegeben. Nur um sie weiter in Ruhe auf mich einreden zu lassen. Hätte ich ihnen widersprochen oder gar sie zurechtgewiesen, hätten sie ihrerseits nur genickt und wären verstummt. Ich hätte nichts mehr von ihnen erfahren. Aber ich fühlte mich am besten bedient, wenn ich ihnen zuhören durfte, darin lag eine natürliche Entspannung unseres befremdlichen Gegenübers. Ich bekräftigte im Laufe der Zeit mit meinem typischen, redelösenden Kopfnicken eine Menge verbotenen Unsinn. Gleichzeitig verschaffte ich etlichen, indem ich jede eigne Stellungnahme vermied, eine merkliche Erleichterung. Sie hatten, was ihnen am liebsten ist, einen stummen Zuhörer, und dazu noch einen, vor dem sie sich ungeniert ihres gröbsten Gesinnungsschmutzes entledigen durften.

Die Anfechtung des Ungeselligen ist es, ständig den Geschmack von idealer Geselligkeit auf der Zunge zu haben.

Die Tage des Ansässigen sind unvergleichbar den Tagen des Fahrenden. Die Gedanken des Reklusen bleiben dem Gesellschaftsmenschen unzugänglich.

Wer die Welt bereist, kennt sie in den Augen dessen nicht, der ihr den Rücken kehrt.

Und dieser wiederum kennt sie nach Übereinkunft der meisten nicht, die sie unablässig im Blick haben oder fliegend überblicken. Gleichwohl kann nach wie vor, wer sein Zimmer nicht verläßt, von ihr stärker berührt werden als der, der viel reist. Wer sich nicht rührt, wird um so tiefer der Berührte sein.

Der Ungerührte sieht, was er sieht, mit Herablassung. Er fühlt sich nicht zuständig für das von ihm Gesehene, Gedachte, Geträumte. Was immer sich ihm aufdrängt und in ihm sich großtun will, es betrifft ihn nicht. »Unsere Augen sehen den Sommer, unser Denken wohnt im Grab«, sagt er mit Baudelaire. Die Ungerührtheit wird zur Haut seiner Seele und umgibt sie wie der Neopren-Anzug den Taucher. Und er taucht durch all seine Wahrnehmung hindurch mit sturen aufgerissenen Augen, die weder staunen noch stöhnen, sondern in die Dinge hineinschwimmen wie die Fische ins Maul des Wals.

War etwa der Zauderer der Mann der Stunde? Der Zauderer ist jemand, der sich in Bedenken wiegt. In der Wiege seiner Bedenken schlummert wie ein Neugeborenes. Er träumt davon, die ganze Welt in ein Durch- und Aufatmen zu versetzen, in ein weltweites Zögern.

Seine Zeit ist die Bedenkzeit. Die Wellen des schnellen Geschehens verebben an seiner felsenfesten Unschlüssigkeit.

Er ist zum handelnden Menschen der diesen erst ermögli-
chende Gegenpol. Mister Dilatorio. Momentespalter. Weile-
strecker. Fermatenbäcker.

Wenn ich mich einreihen sollte, wo würde ich mich denn einreihen?

*

Die Kugel rauscht – der Schwarm der Stare in der Robinie, die
irgendwann ohne äußeren Reiz im Flattergewitter und ge-
schoßartig aus dem Baum stieben. Im Verborgenen des runden
Blätterschopfs schwatzen sie frei und idiotisch durcheinander – das ist der sichere Klang-Teppich ihrer kollektiven Fühlung und ihr Schwarm-Gelenk. Es bedarf keines vorgegebenen
Zeichens, damit sie alle auf einen Schlag plötzlich verstummen.

Der junge Gingkobaum ließ in einer Nacht alle seine gelben
Blätter fallen wie eine Ungenierte ihren Rock. Das Land liegt
wieder klar und nördlich rein, ausgefegt bis auf den letzten
Sommerstaub. Man wird bald wieder die langen Winterwege
auf den Weiden gehen.

V Menschenart, Bewußtsein, Verhalten

Als das eigentlich Anziehende an einem Menschen empfinde ich nicht das, was ich in seiner Motivik durchschauen kann, sondern das, was mich ständig von seiner inneren Verfassung, von dem, was in ihm eigentlich vorgeht, abzulenken versucht.

Was immer man Gewaltiges las über den Menschen, von Aischylos bis Melville, eines blieb immer unangetastet: die Gefangenschaft seiner Beweggründe. Das sich selbst erklärende Individuum kommt in der Dichtung nicht vor (und auch unsere Epoche scheint nun diesem Mentaltragelaphen endlich den Status historischer Naivität zuzuweisen: wie konnte man ernstlich glauben, sich die Seele aufklären zu dürfen und dabei etwas anderes zu erreichen, als ihr Leiden zu vermehren).

Aber ist es nicht so, daß jeder Mensch, der dir gegenübertritt, auch der wohltuendste, dich an deine Verluste und Niederlagen erinnert? Alles, was du nicht wurdest, nicht bist – in seinen Augen findest du es. In seinen Augen bist du niemals, wofür du dich unangeblickt hältst. Das mutet dir kein Baum und keine Blume zu. Ein solcher Blick beginnt in der Welt erst beim Hund.

Er kann keine Menschen lesen, er liest sie falsch. Einen Leisetreter, einen Schleimscheißer hält er für diskret und vornehm. Einen groben Klotz für einen Kerl, mit dem man Pferde stehlen kann. Er ist ein Analphabet der Physiognomien und Charaktere. Er liest nicht, er verbrämt. Der Anblick eines anderen Menschen zündet auf der Stelle die Illusion, der er sich hingibt. Wie jemand, der zwangsläufig vom Augenlicht des anderen geblendet würde. Oder jemand, dessen Hirn jede real-menschliche Gestalt unwillkürlich in die Schablone einer Animationsfigur umsetzte.

Früher hat man die unterschwellige Wirkung eines Menschen zusammengefaßt seine »Persönlichkeit« genannt. Heute versucht man das Vage, das so stark ist, genauer zu analysieren. Es ist bekannt genug, daß von einem Menschen, auf den es uns ankommt, Wellen und Schwingungen ausgehen, die die Bedeutung seiner Worte einschränken oder relativieren. Vorweg wird die Unlesbarkeit des Gegenüber eingestanden, und wir wissen noch nicht, welche der verfügbaren Sprachen der Entzifferung anzuwenden sich empfiehlt.

Erscheinung ist eine dichte erotische Hülle aus Sprechen und Aussehen, aus viel Bekanntem und wenigem Unbekannten. Ist all das, was jemand an Fluidum und Ausstrahlung erzeugt – freilich gemeinsam mit seinem andersgearteten Gegenüber erzeugt. Jedoch bringen die Wellen, mit denen einer auf den anderen einwirkt, letztlich nichts Gemeinsames hervor. Beide unterhalten ein Kräftefeld, das sie nicht zugleich schaffen und deuten können. Wenn nämlich das Verstehen beginnt, so verstehen sie einander nach den Gewohnheiten der herkömmlichen Psychologie und der semantischen Sinnfälligkeit – und das ist, als ob man Atomphysik nach den Regeln der Mechanik betriebe. Allmählich ahnt man, was *dahinterkommen* neuerlich heißt: hinter die Mauer des Verstehens.

Aber es ist ein müßiges Unterfangen, man kann die Person nicht in subpersonale Bewegungen oder Quantenmengen auflösen. Jedenfalls nicht in einer uns zugänglichen Sprache.

Das Dahinterkommen wird sich stets abrupt, epiphanisch, kurz: im Ereignis vollziehen.

Man bewegt sich zwischen abstoßenden und anziehenden Kräften. Das ist der ganze Lauf. Wie nun die Kräfte heißen, Ekel und Wollust, Fratze und Antlitz, das läßt sich im einzelnen genauer bestimmen.

Das, was die Philosophen ›den anderen‹, die Christen ›den Nächsten‹ nennen, ist im leiblichen Einzelfall oft eine schwere Zumutung. Seine Anwesenheit zeichnet sich durch ein Entgleiten von Eigenheit, durch ein unentwegtes Sich-selbst-in-Szene-Setzen aus. Man trifft so gut wie niemanden, der nicht ein Angeber seiner selbst und ein Überspieler von akuten Selbst-Mangelerscheinungen wäre. Das ganze Wesen des sogenannten anderen, mag es in Wahrheit sein, wie es will, man findet es nur als ein dargestelltes, es macht grundsätzlich zu viel Wesens von sich, ja, oft scheint es durch und durch aus Reklame und Verpackung zu bestehen. Die zur Schau gestellte Schwäche, die tönende Klage, die protzige Selbstversenkung ebenso wie der schwellende Angriffswille, die Beherztheit, das Geschick, sie entbieten ein und dieselbe Unverschämtheit, jedenfalls der suchenden, wartenden, sehnsüchtigen Seele. Und was sucht und erwartet sie sehnsüchtig? Den Menschen, der erst in Rücksicht auf sie, ebendiese Seele, seine Andersheit – zu seiner Andersheit fände. Die gemeinsame Hervorbringung eines Gegenübers und nicht die show, die gekonnte, fertige Manier, an der man nichts mehr ändern kann, sondern die man zu *beurteilen* gezwungen wird, wie irgendeine andere Ware, die man nicht selber hergestellt hat.

Den Menschen frei von Furcht und Zittern zu haben, ohne Größe und Fall (zu denen allein ihn seine Erbarmungswürdigkeit befähigte), ist dem modernen Leben längst selbstverständlich. Das rationale Verstehen überhebt sich zwar immer wieder an dem, was eigentlich mit dem Dämon auszumachen ist, dafür erreicht es, daß die meisten Gemüter bei einer durchgängig mittleren Gestimmtheit sich gesichert fühlen. Dabei sind dem seelischen Gehör gleichsam die Höhen abgeschnitten. Viel ist erschreckend neu nur deshalb, weil es aufgrund reduzierter Dimensionen des Empfangens und des Gedächtnisses so eingeschätzt wird. Manchmal aber überkommt's einen Hörenden, und er will noch einmal die Schwingung eines einst schon erreichten Empfindungsvermögens vernehmen, ist süchtig nach dem besseren Gehör – doch durchbricht er die zwingende Schwerhörigkeit nicht mehr.

Es ist überhaupt keine Frage, daß man glücklich und verzweifelt, ergriffen und erhellt leben kann *wie eh und je,* freilich nur außerhalb des herrschenden Kulturbegriffs. Was sich stärken muß, ist das Gesonderte. Das Allgemeine ist mächtig und schwächlich zugleich.

Wo sie am schönsten sind, in ihrer Vereinzelung, sehen die Menschen einander nicht.

Jede Verzweiflung, die man vor einem anderen Menschen zeigt, ist zum Vorwurf gegen ihn entleert.

Wir jagen mit unseren Schwächen und strafen wie Artemis denjenigen mit tödlicher Verachtung, vor dem wir uns eine empfindliche Blöße gaben.

Nähe von Geliebtem bleibt ein störrischer Widerspruch.

Im Grunde ging er voller Mißtrauen und voller Begierde zugleich zwischen den Menschen umher. Ja, wenn er es recht bedachte, war er sogar unablässig zwischen zwei Alarmglocken hin- und hergerannt.

Schwieg eine Weile das Mißtrauen, so schellte die Begierde. Ruhte sie aber vorübergehend, so ratterten die Signale des Argwohns. Nie fand er zum Schlaf der Nähe in Gegenwart eines anderen ...

Es gibt unter der einen Schädeldecke so viele Kulturen des Denkens, Empfindens und Wahrnehmens, wie es früher ungleiche Völker und Kulturen über den Erdball verstreut gab. Gleichzeitig ist es so, daß wir auf immer weniger Andersheit stoßen, sobald wir in die Fremde ziehen, wo in jedem beliebigen Winkel alle Muster von Bewußtsein, die wir fliehen wollten, ebenso gelten oder gerade hinbefördert wurden. Die vergleichende Wissenschaft der Religionen und Kulturen hat Ferne und Andersheit zum Thema der Vermittlung gemacht und sie mithin getilgt. Es ist heute für den neugierigen Ungläubigen oder kulturellen Synkretisten nicht schwer, sich nacheinander und probeweise in einen Hindu, einen Marxisten, einen theosophischen Spiritisten, ja selbst in die Denkgewohnheiten des Neandertalers zu versetzen. Glauben, Meinen, Empfinden und sonstige Mentalprodukte aller Herren Länder und Zeiten stehen einem intuitiven Tourismus offen. Theoretisch kann sich der einzelne sein inneres Kleid genauso wählen wie sein äußeres. Insofern hat das Individuum noch gar nicht begonnen, das Wählen wird zu seiner Entstehungskrise. Freilich, das Kleid der Empathie – es spielt keine Rolle – der Träger spielt darin keine Rolle. Einen solchen kann man umbauen und umkleiden wie man will: es wird nie ein *anderer* daraus werden.

Es gibt sogar in sich selbst verwickelte, sich selber nachstellende Menschen, deren Infamie sich zeitweise außer ihrer Kontrolle und über ihrem sonstigen Niveau befindet. Manche loben dich und freuen sich insgeheim, daß du auf ihr Lob hereinfällst. Schließlich haben sie das Gegenteil von dem gemeint, was sie sagten. Aber davon wissen sie selbst nichts. Sie verfolgen mit kaltem Blick, mit einem geradezu tierischen Lauern allein die Wirkung, die ihr falsches Lob auf dich nimmt. Daran könntest du leicht erkennen, wie sie dich verachten. Aber du merkst nicht, daß sie gar nicht loben, sondern eigentlich schmähen und dich bloß in die Falle eines Lobs schickten. Denn du bist natürlich eingenommen vom Lob, es scheint dir ein warmherziger Zuspruch zu sein, vielleicht weil du seiner dringend bedarfst. Du kannst dabei nicht kalt bleiben und wärst auch ein ärmliches, zerknittertes Herz, wenn du jedesmal sofort auf skeptische Distanz zu einem Menschen rücktest, der dich lobt. Solche Gemütsschurken, von denen es mehr als genug gibt, bilden sich eine unerhörte Überlegenheit ein. Dabei kennen sie die eigene Durchtriebenheit gar nicht. Sie geben sich keinerlei Rechenschaft von ihrer fiesen Schleicherei, ihrer eigentlichen Feigheit. Sie würden, von jemandem zur Rede gestellt, der ihr Loben unbegreiflich fände, unverfroren behaupten, der Betreffende hätte nur ein wenig genauer hinhören sollen und es wäre ihm der feine Unterton, die subtile Subversion des Lobs gewiß nicht verborgen geblieben.

Was für ein kleiner Fall: von einem Berühmten zu einem Berüchtigten! Etymologisch ein Nichts. Einige, die heute auf mich spucken, kamen früher gern zu Besuch, und einer sagte, als er in die Wohnung trat: Lassen Sie mich erst einmal tief durchatmen. Ich muß die ganze Atmosphäre in mich aufnehmen … Heute schreibt er in den Gazetten: Hängt ihn! … Natürlich nicht als erster, sondern nur im Gefolge der Meute. Das ist kein Schicksal, das gehört zur Farce der Menschenkenntnis. Für den Umgang mit den meisten bedarf es keinerlei Weisheit, sondern lediglich des Gleichmuts, einen bitteren Spaß ertragen zu können.

Da fiel er ihr auf einmal ins Wort: »Entschuldigen Sie, ich glaube, es fehlt mir an Menschenkenntnis. Es ist also möglich, daß ich Sie falsch einschätze. Ich bin nicht sehr vielen Menschen begegnet in meinem bisherigen Leben, ich meine, so, daß ich sie hätte studieren können. Ich habe schon während meiner Lehrzeit recht zurückgezogen gelebt. Sie hören es an meiner Wortwahl, vermute ich ... Jetzt, ein wenig in die Jahre gekommen, vermisse ich manchmal den sicheren Blick, den, wie ich beobachten konnte, andere Menschen auf ihr Gegenüber werfen und in dem all ihr Einschätzen des anderen momentan hell aufleuchtet – oder kalt abstrahlt, je nachdem. Ich entdecke nichts an Ihnen, das mich verwundern sollte. Oder mich besonders zutraulich oder besonders verdächtig stimmte. Ich würde auch nicht von Sympathie sprechen, die zwischen uns herrscht – Sie sicherlich auch nicht? –, aber noch viel weniger von Abneigung. Abneigung verspüre ich nicht im geringsten. Ihnen gegenüber. Aber das ganze Gegenüber ist mir doch nur schwer abschätzbar. Ich verstehe Sie, ich verstehe Ihre Worte, aber damit ist es ja nicht getan. Man muß sich ein Urteil bilden. Es gelingt mir nicht. Ich nehme Sie, wie Sie sind. Ich finde zu keinem Urteil. Sie dringen ungehindert durch die Poren in mich ein ... und durch andere Poren dringen Sie wieder hinaus. Ich verfolge keine Interessen, wenn ich Sie vor mir sehe. Sie verfolgen vermutlich welche. Wer weiß, welche ... Ich kann Sie nicht studieren. Ich habe es nicht gelernt.«

Die Eigenschaften. Wir *haben* Eigenschaften. Wir besitzen sie auf Lebenszeit. Das ist etwas, das mir im Grunde mißfällt. Wozu diese Belastung? Ich bin zum Beispiel geizig. Spricht so ein echter Geizkragen? Wohl kaum. Wer würde freimütig von sich behaupten, er sei geizig? Wer es ist, sagt von sich selbst, er sei von Natur aus sparsam veranlagt. Er gehe eben sehr haushälterisch mit seinen Mitteln um. Geiz ist von allen Lastern das uneingestandenste! Aber nur, weil wir ihn nie wieder loswerden. Warum muß ich mein Lebtag geizig sein? Ich habe noch andere Eigenschaften, zum Teil Folgeeigenschaften des Geizes, die mir mißfallen: ich kann nicht schwitzen. Ich bin so geizig, daß ich nicht einmal das Wasser aus meinen Poren lasse. Extrem geizig. Dafür friere ich schnell. Auch ein Nachteil. Eigenschaften. Wozu Eigenschaften? Was wir brauchen, wäre ein Pool differenter Eigenschaftsmerkmale, welcher der Allgemeinheit zur Verfügung stünde. Was wir brauchen, sind *einstweilige* Eigenschaften. Vorübergehende. Sie ausprobieren, auswählen, was man zu seinem Vorteil gerade benötigt. Angst, Mut, Güte, Verschlagenheit. Unter Umständen vorübergehend auch Geiz. Aber doch nicht für immer! Ein Leasing von Eigenschaften erhöhte die Anpassungschancen des Menschen. Er wäre für die Wechselfälle des Lebens besser gerüstet. Innerlich beweglicher als mit Besitzeigenschaften.

Das Urteilen ist der größte Leichtsinn des Gesellschaftsmenschen. Dauernd Urteile zu fällen ist seine verwerflichste Eigenschaft. Warum sagt sich niemand: ich tue einem Menschen, einer Sache, einem Kunstwerk Unrecht, wenn ich ein Urteil fälle – einfach weil *ich* es bin, der es fällt? Es bedarf nur einer geringen Wendung, der Sache, des Menschen, meiner eigenen Stimmung – und das Urteil ist der reine Schmäh, unhaltbar. Was ich mag oder was nicht, das sollte mich nicht ermächtigen, ein Urteil darüber zu fällen. Bei nicht wenigen besteht ihr gesamtes Personenprofil ausschließlich aus unverschämten Urteilsanmaßungen.

Von der Krankheit, sich in Urteilen zu ergehen, an der eigenen Urteilssucht zu zerbrechen, handelt schon Molières »Schule der Frauen«. Dies nicht mögen, jenes schnell noch in den Himmel heben. Er kann sich nicht genug tun damit, der Überalldabei! Noch sein Dissens (sein ganzer Stolz!) besteht durch und durch aus mehrheitsfähigem Geschmack. So bahnt sich der Zwergimperator den Weg durch die Vielfalt der Verköstigungen und Events, der Daumen geht hoch und runter wie ein verrückt gewordener Penis.

Das Urteilen, daß sie immerzu urteilen, ohne Zeit und Gelegenheit zum Nachfragen zu haben, urteilen in Sekundenschnelle, dazu werden die Massen in der Demokratie angehalten, darin werden sie trainiert und täglich fit gemacht. Das Urteilen ist ihr höchstes Privileg und sicherlich die wirksamste Verhinderung der bohrenden Nachfrage.

Weshalb redet man eiliger, als einem zumute ist, vor einem bestimmten Menschen? Weil diesem stets vor Einwand schon die Lippe zuckt. Die geübte Beschränktheit tut sich am liebsten hervor mit Kritik. Auch der Dümmste weiß, wie's ihn schmückt, nicht einverstanden zu sein. Durch die Klippschule der Kritik gezwängt, kommt also sein promptes Widerwort anstelle einer Antwort. Das Zeugnis solcher Reife zeigt im Bezweifeln immer eine Eins, im Befürworten eine Sechs. Im Ergänzen und Anknüpfen gehemmt, schmal und unbeweglich, im Widerspruch fest und souverän.

Wir haben ein Dutzend Schulen der Kritik besucht, doch nicht eine Schule der Nacht.

In der wir unter anderem hätten lernen können, daß unser Wissen einen undurchsichtigen Dunstkreis bildet, Teilchenstaub, in dem Beziehungsreichtum herrscht und nichts als Aufeinanderbezogenes wirkt. Und daß wir selbst nur torkelnde

Tanzfiguren sind am Band von weit entfernten Klängen, Verworrene von so viel Licht- und Schattenwechsel ... Und daß des Stürzenden Verlangsamung ein Sinken wird durch eine lange große Zeitenleere, in der das Sichtbare nur in einzelnen Bildern sehr vereinzelt abwärtsschwebt, mit Augenflecken auf der Haut, Ocellen, die die Raubvögel des Gewesenen abschrecken ... versiegelte Symbole, die dichte Verbindungsverwicklungen bergen. Großflocken des Geistes, fast Wolken, die da sacht und zerfallend fallen.

Ich habe meine Gedanken nie über die des anderen hinaus entfalten können. Ich habe nie über die Augen des anderen hinausdenken können. Ich bin klug mit den Klugen, stumpf mit den Stumpfen, verspielt mit den Verspielten.

Ich bin am allerwenigsten in der Lage, jemanden der Lüge zu überführen, da ich allzu gebannt in die Wahrheit seiner Gründe hineinstarre. Wie könnte ich sagen: jetzt spricht er falsch? Er sagt mir, wer er ist. Das geht durch Hoch und Tief, durch Falsch und Wahr, bei jedem.

Wir sehen Gründe, nichts als Gründe. Motive, berechtigte Interessen, tausend Glaubwürdigkeiten – das abgenagte Skelett einer Moral.

Deshalb muß man von der Erschöpfung sprechen, menschliche Sitten und Unsitten überhaupt noch zu betrachten. Von der Entfernung oder der Zurückgebliebenheit der moralischen Sphäre an sich. Von der Hinfälligkeit unserer Urteile über andere, von ihrer armseligen Bestechlichkeit und frivolen Anmaßung – solange der Urteilende sich nicht die Blöße einer standfesten Parteilichkeit zu geben vermag. Und wer wollte sich die wohl zubilligen? Wie oft hat man über jemanden ein endgültiges Verdikt gesprochen und mußte schon wenig später widerrufen oder bereuen; sei es, daß die betreffende Person uns unversehens mit besonderer Gewogenheit begegnete, sei es, daß wir unsere Selbstgerechtigkeit wieder einmal eines schweren Justizirrtums überführen konnten.

Verwerflicher aber als die Urteile, welche die intime Überempfindlichkeit fällt, sind die, die sich gesellschaftskritischer Überheblichkeit verdanken. Grausam, totalitär, ein großer Geistesschaden ist zum Beispiel der Gedankengang vom allgemein beschädigten Leben, das auch im kleinen nur Beschädigtes zuläßt. So ausweglos kann nur ein Gedankengang selber sein, niemals das offene Leben.

Erst die Befreiung von der Ananke-Idee, daß die jeweils ›bestehende‹ Ordnung – unser tägliches Leben – etwas übergänglich Schlechtes sei; die Befreiung von jeder Art gesellschaftlichen Jenseits, von politisierter Erwartungsmetaphysik, die jeden täglichen Gang mit unerfülltem Dasein beschwert – erst also die konsequente Restverweltlichung der Welt wird die wahre und endliche Aufklärung voranbringen. Das Jenseits zurück an seinen Platz!

Und wenn du unter Menschen gehst: sieh länger hin und hoffe kürzer.

Der Mensch der Ebene, so Kassner, sieht. Der Mensch der Enge beobachtet.

Die Welt von einem geprüften Wohnen her sehen wie Urvater Montaigne.

All die Menschen, die ich halb sah, halb war!

Ich komme mit dem Stumpfsinn in Berührung, und schon fühle ich den Stumpfsinn sich in mir ausbreiten … ich fühle sein Erwachen … Ich komme mit dem Künstler in Berührung und fühle in mir ein künstlerisches Begreifen der ganzen Welt ... ich komme mit dem Kind in Berührung, das seine Worte noch nicht sicher bildet, und schon verliere ich meine geläufige Sprechweise, die gewöhnlichsten Worte kommen mir abhanden. Zwar bin ich weder Affe, noch leide ich unter willenloser Echolalie ... oder vielleicht doch, nur in sublimer Form? Ist Stumpfsinn ursprünglich angelegt in mir, besitze ich ein unerwecktes Künstlertum, einen vorsprachlichen Geist? Wahrscheinlich nicht. Vielmehr schützt mich wohl eine Art intuitives Gewebe, das bestimmte Wesensmerkmale anderer, mit denen es in Berührung gerät, unverzüglich nachbildet und einer immunologischen Verarbeitung zuführt.

Das »falsche Leben« war bloß eine Fiktion des Philosophen. Das zerstörte hingegen, das von allen unter Wert gelebte, ist dies »Faktum einer unbeschreiblichen Traurigkeit«, wie es in einem Brief Nietzsches an Overbeck heißt. Von all den großen Entwürfen und Exzessen, von allem Aufbruch, aller Sehnsucht, von Übermut und Könnenslust, von der zeitlichen Allmächtigkeit des Menschen blieb am Ende dies Faktum einer unbeschreiblichen Traurigkeit, von dem der große Prophet nichts ahnen konnte.

Das eigentlich Komische wird man *in* den Menschen selbst nicht finden. Es wird ihnen immer von einem, der traurig auf sie hinblickt, angehängt oder eingegeben. Erst die Summe, die einer aus seinem ganz und gar unkomischen Verhalten zieht, kann ihn vor den eigenen Augen zu einer komischen Figur machen. Überhaupt: wenn man sich für die Summe interessiert, wenn man fragt, was ›unterm Strich‹ dabei herauskommt, dann mag es schnell komisch zugehen. Das normale Verhalten Schritt für Schritt ist in seiner Bedeutungslosigkeit eher etwas Trauriges. Es muß von einem anderen gesehen, es muß auf den

Kern seiner Unbegreiflichkeit hin durchschaut werden. Dann erst wird das Lachen so tief wie der Seufzer sein.

Zu jeder Zeit ist die Nacktheit des Menschen mit jeweils anderen Mitteln zu entdecken. Es gibt immer einen Existentialismus.

Wenn der Existentialismus nach dem Krieg den Menschen in die Freiheit stieß, so muß er heute gegen die frei-verfälschte Welt reexistentialisiert werden.

*

Wieder steht der Mond über milchweißen Wiesen. Aus den weichen Nebelbuchten strecken die Bäume ihr Nachtgerippe. Bei sinkendem Saft und fallendem Kleid, recken sie sich dürr unter den Sternen. Hier ist mein Posten. Wartender kann man nicht stehen. Aus diesem Nebel werden die Gefangenen meiner Träume eines Tages in Heerscharen gegen mein Haus vorrücken.

Das Ostlicht, die Rose im schamhaften Blau, das den Herbstmorgen verklärt. In den Wipfeln der Bäume hängen Fransen von zartem Rauch. So niedrig die Ferne, so seitlich der Morgen, als wär's ein Hebel, das Licht, und wollte den kakaobraunen Acker ein wenig lüpfen. Wie schön! Wie täglich verwandelt mein Feld, die Senke, gewichtlose Schale, in die ich den Blick tauche, bis er mir verschwimmt. Mit diesem Rauch über den buschigen Zweigen zieht auch von mir etwas davon, denn immer heftiger zieht an dem starren Gesicht, was es sieht. Und die Schönheit gibt nicht nach, sie läßt nicht locker …

VI Vom Gespräch: Schweigen, Hören, Fragen, Sprechen

Man redet, um einander zutunlich zu machen. Man weiß nie, was da lauert im Schweigen. In ihrem gültigen Tausch halten Worte besser die Stille zwischen zwei Menschen als ein Schweigen, in dem der Argwohn schwillt.

Man spricht nicht nur aus einem Grund, dem der Verständigung. Mindestens auch zum Zweck der gemeinsamen Stimmfühlung und der Grenzbestimmung. Wie der Gesang den Walen, das Klickgeräusch den Delphinen dazu dient, die Grenzen ihrer Umgebung abzutasten, so gibt es auch menschliche Sprache, die horcht, indem sie verlautet. In einzelnen Kunstwerken besitzen wir für immer verläßliche Echolote, die die Grenze des Menschen zur eisigen Stille ermitteln.

Man muß die feinsten Ausfransungen der Beiläufigkeit beachten sowie die Frage der tieferen Zerstreutheit jedes Menschen, jedes seine Existenz empfindenden Wesens! wenn man sich das Bewegungsbild eines Gesprächs wahrheitsgetreu ausmalen will. Einzig die Nanometrie der Gebärde oder des Gehabes vermag überhaupt zu nennenswerten Ergebnissen zu führen! Der Eifer des Ansetzens, das Verlieren des Gedankens, die Hoffnung, glaubwürdig zu sprechen … die schwindende Hoffnung … das Bewußtsein, völlig zusammenhanglos daherzureden … und das Bewußtsein, in ungeahnte Zusammenhänge mit wunderbar gelöster Zunge vorzustoßen ... solches Bedauern und solches Erstaunen, dicht auf dicht, im feinsten digitalen Wechsel ... *und all das kommt zum Ausdruck, wenn auch zum fast unmerklichen Ausdruck* ... erregt sein und im nächsten Augenblick vollkommen ermattet ...

Die geheime Glossometrie des Sprachlichen. Von den Tönen und Wendungen des alltäglichen Sprechens wird der heutige Dichter viel stärker beeinflußt, wenn nicht gar beherrscht, als daß er sie etwa bewußt und souverän verwendete. Bei einer geringfügigen Änderung der glossometrischen Einstellung wäre seine natürliche Umweltsprache nämlich die der Dichter aller Zeiten, eine Versammlung, ja Masse von hohen Geistern, die er doch besser hören und tiefer beherzigen sollte als die Töne seiner Familie oder der Medien. Die Mehrzahl der jetzigen Dichter aber lehnt die produktive Variante ab und bleibt uneingeschränkt jetztgeleitet, verlegt sämtliche Mühe auf das Synchronisieren und meidet das diachrone Milieu, um nicht die »eigene Sprache« zu gefährden. Denn wenn man in die Menge der Besonderen einkehrt, entsteht leicht ein Reden mit willkürlich fremden Zungen, wird aus der feinhörigen Glossometrie schnell die ekstatische Glossolalie, die gesetzlose.

Sich erkundigen. Wie geht es dir? Wo kommst du her? Was hast du erlebt? Jedes Gespräch beginnt aus Nicht-Wissen. Jeder, auch der Vertrauteste, kommt aus der Fremde zu dir. Er wird erblickt und erachtet. Er wird aus Gründen der beiderseitigen Vorsicht befragt.

Das schöne Gespräch will das Gemeinsame erkunden. Es sucht nach den Quellen der gegenseitigen Bekräftigung. Das Prinzip des Wider-Worts, des fleißigen Einwands ist nur für kleine Geister belebend. Etwas freiere Köpfe unterhalten sich ornamental. Sie flechten Gespräche. Sie sind großzügig mit der Bestätigung, zurückhaltend mit dem Kontrageben. Das Zwiegespräch ist kein kunstvoller Dialog. Es ist offene Komposition ohne Ziel und Absicht. Es wird von Rhythmen, Wellen, Reizen hingetragen, von nächstem Widerhall, wie sie nirgends sonst in der Geselligkeit vorkommen. Schweigen, Hören, Fragen, Sprechen. Verschiedene Arten der Stille können entstehen: das aktive Schweigen während des Zuhörens. Aber auch das gemeinsame Schweigen, eine der halsbrecherischsten Übungen, die im Gegenüber vollführt werden.

Gewöhnlich erfahren wir das Schweigen *vor*einander – das zeitweilige Nachsinnen, die kleine Abwesenheit, die Verlegenheitspause. Das Schweigen *mit*einander hingegen wird meist gefürchtet wie ein black hole in der Menschensphäre. Alle Masseteilchen von Argwohn und Unsicherheit werden mobilisiert, die Gedanken geraten ins Schwerefeld einer geballten Befangenheit. Gefürchtet wird dabei vielleicht nicht so sehr das Ende der Kommunikation als vielmehr der Sturz ins blinde Vertrauen. Das wahrhaft gemeinsame Schweigen käme wohl der mystischen Erfahrung des anderen gleich, wäre reine Verständigung, ohne den anderen zu denken noch ihn zu fürchten oder zu kritisieren. Sich versenken auf den Grund des Ja-Worts, das man oben mit dem Lächeln, dem Auge schon gab, wenn auch auf Widerruf. Solche Stille erlaubt gerade noch, daß einer den anderen von der Seite ansieht, aber nicht mehr, daß sich ihre Blicke kreuzen. Dies würde beunruhigen. Der Anblick ist einender als das Wort, aber entgegnender als Schweigen. Geeintes Schweigen sieht nicht.

In den Steinbrüchen von Syrakus predigte Paulus angeblich drei Tage lang. Man muß sich nicht den salbungsvollen Redner vorstellen, sondern einen am Fels sich festkrallenden, der ringt um die Gnade des Worts.

»Auch wenn ich ein Idiot bin in der Rede (ἰδιώτησ τῷ λόγω), bin ich's doch nicht in der Erkenntnis. Das ist euch ja allgemein bekannt.« 2 Kor 11,6

Überhaupt ahnt man nichts von der Wort-Gewalt des Stammlers und kennt nicht mehr die Erschütterung, die von stockender Rede in die Menge getragen wird. Und wer sich der glossalen Verhaltungen des anfänglichsten aller Redner bewußt ist, hört noch in den steinernen Geboten den behinderten Verkünder, Moses, der stotterte.

Er habe zeitlebens gezittert bei gewissen Stößen zu Beginn eines sprachlichen Rumorens. So seien ihm niemals ein schöner Stil, sondern nur Notate eines Vorbebens entstanden. Er sei deshalb nichts als ein Balbutiant ... ein abrupt Sprechender, ein Hinkender auf Mitteilungswegen, gerate schon ins Zittern beim Scharren der Syntaxen im Untergrund, von denen niemals eine unversehrt seinen Mund verlasse. Ein Erleben des Lebens, das keinen schönen Stil, sondern nur Notate der Erregung zulasse. Ein Balbutiant eben, der, obzwar er nicht wirklich stottere, doch in ständigem Aufruhr sich verhasple. Der in seinem Ungeschick immerzu gegen eine von Geschicklichkeit strotzende Welt anzusprechen wage und dabei gegen die Ordnung der Rede verstoße, deren Wächter nicht beachten, daß leicht leben ein Attribut der Unsterblichen ist und leicht sprechen erst recht nur im Elysium geschenkt wird.

Wir trafen uns mit dem klugen H. im italienischen Restaurant, und schnell folgte auf die alltäglichen Erkundigungen der gesunde, entschlackende Klatsch und auf ihn das gehobene Gespräch. Hiervon mußte man bald den Eindruck gewinnen, daß die denkenden Gedächtnisse heute oft auch die zerfahrensten sind, ja, daß sie ihr Denken allein noch im quälenden Zustand einer *Gedankenflucht* erhalten, also immer nur verlieren können. Wieviel schnelle Urteile stoßen sie doch aus in kürzester Zeit, wieviele geachtete Namen, mit denen sie bloß spielen und reizen und glänzen. Indessen wird von diesen bedrängten Köpfen so gut wie überhaupt keine Frage mehr gestellt; mit panischer Gewandtheit meiden sie die Schutzlosigkeit, in die sich der fragende Mensch begibt.

Niemand hat das Netzwerk/Nervensystem des Gesprächs – einschließlich des pan-artigen Erschreckens: Ach, Sie denken ja dasselbe wie ich?! Aglaija zum Fürsten – besser erfaßt als Dostojewski im »Idioten«. Der kontingente Dialog, die unberechenbaren Reaktionen und nicht ganz passenden Antworten. Der Fürst bringt das Radarsystem der logischen Ortung von Aussage und Replik durcheinander. Er hört das Widerlegte im Kern jeder Behauptung.

Myschkin wäre nichts ohne Gesellschaft. Er macht sie. Seine Unschuld, seine gesellschaftsnahe, aber nicht einvernehmliche Anwesenheit, seine Jesus-Similitudo ist ihr heimlicher Attraktor und untergründiger Impulsgeber. Ein Geistessplitter der Herrlichkeit steckt im Idioten. Aus allem, was er sammelt und sortiert, ragt gehißt und ungesprochen das Wort heraus: »Es gibt nur das Staunen und das Ungeschick.« Denn so widerfährt's ihm: vom Empfangen zum Sich-Verhalten. Er nimmt eine übermäßige Fülle in sich auf – und beim Wiedergeben, schon beim Beherzigen, verhaspelt er sich.

Je vertrauter oder privater ein Gespräch, um so häufiger verheddern wir uns in Widersprüche und Unklarheiten. Wir spüren unmittelbar, wie es geschieht, es läßt sich gar nicht vermeiden. Nicht weil wir besonders zerfahren oder nachlässig wären, sondern weil uns die Hoffnung reizt, der andere habe ein Ganzes von uns vor Augen, wenigstens aber ein Phantom davon, in dem sich alle unsere abwegigen Bemerkungen, Widersprüche und Gurgeleien ganz von selbst zu einer reicheren, besseren Ordnung verbänden.

Ich müßte sofort das Gespräch mit einem Freund abbrechen, der mich auf einen Widerspruch aufmerksam macht. Wozu braucht er auf einmal etwas Gereimtes? Biete ich ihm nicht, verhohlen oder unverhohlen, meine ganze Art? Wenn er nicht mehr fähig ist, die ganze und eine Rede meiner Person zu berücksichtigen, in der es keine Trennung zwischen maskierten und eigentlichen, verfehlten und wahren Äußerungen geben kann, so wird mir seine Gesellschaft schnell überflüssig.

Gewiß ist meine Ungeselligkeit an die übertriebene Sehnsucht gebunden, die ich für das Zwiegespräch hege, eine Sehnsucht im übrigen, die es weder stillt noch unbefriedigt läßt, sondern in seinem Verlauf ständig verbraucht und erneuert.

Jenseits des anderen tappe ich in kosmischem Dunkel. Für ihn bin ich Ich geworden. Für ihn gewinne ich blitzschnell Helligkeit, baue meine scheinbar festen Überzeugungen auf, die ich bei mir allein nie gehegt hätte, nur um ihm zu begegnen, vielleicht ihn zu reizen oder zu amüsieren. Auf jeden Fall möchte ich mit ihm spielen, wie junge Hunde es tun. Was er mir von der Welt berichtet, nehme ich ernst, obgleich sie mich *außer ihm* nicht sonderlich interessiert. Doch besitze ich genügend provisorische Anschauungen dieser Welt, die sich so oder andersherum schnell aufbereiten und ins Treffen führen lassen. Ich tue dem Gegenüber, damit es mir bleibt, alles zuliebe. Nur eines darf es nie erfahren, daß es alles, was es hört, sieht und erfährt von mir, ohne seine Anwesenheit nicht gäbe.

Das viele Reden, das langsam versiegt. Sie haben sich um Seele und Sehen geredet. Sie haben den ganzen Atem der Sprache ausgehaucht, sie haben ihn verbraucht. Der Hauch, gottgegeben, Menschensprache, verbraucht, verpufft, vergeudet. Nach der Beschwörung wurde das Wort Gesetz. Nach dem Gesetz wurde das Wort Gespräch. Nach dem Gespräch wurde das Wort Kommunikation. Nach der Kommunikation wurde das Wort – ausgestoßen aus der menschlichen Gemeinschaft. Sinnlos irrt es nun von Mund zu Mund und läßt uns zurück in einer unberufbaren Welt. Ewiger, armer Wanderer ... Wir vergehen in Ausgesprochenheit.

Da hörte er Mann und Frau reden hinter sich. Zwei Junge, die sich kaum kannten. Es schienen nur zwei zu sein, aber wie viele waren es wirklich? So wie sie redeten, hörte man den ganzen Markt tönen. Sie sprachen eigentlich nicht, sie schalteten sich ein in die laufende Sprache.

Sie sprachen nicht, sie tauschten Schibbolethe der Befindlichkeit. Panikfloskeln und fastfeel-Emphase. »Irgendwie finde ich das schizophren.« Sie sandten sich Zeitzeichen. »Was mir Madonna gibt, kann mir Klaus Hoffman gar nicht geben.« Sie wollten voneinander nicht wissen, wer sie sind, sondern wann sie sind. »Ich finde irgendwie, daß der ein Chaot ist.« Sie sprachen nicht, ihre Stimmen wurden bewegt wie Puppen an den Schnüren einer Zentralrede. Gleichsam als bestünde Sprache nur noch als volksweite Absprache darüber, was verständlich und sagbar wäre. Sie sprachen nicht, sie streiften durch die verlassene Öde des ausgesprochenen Sprechens. Einsam und allgemein, zwei aussichtslos sich ansehende Irgendwies, und zwischen ihnen ein soziales Geräusch, durch das sie sich nicht näherkamen. Und manchmal, kaum bemerklich, ein Versuch, ein Drang – doch die Sprache, wenn sie sie wirklich brauchten, wich zurück wie das Wasser unter dem Kinn des Tantalos.

Es ist alles ausgesprochen. Nehmen wir den Deckel und schlie-ßen das Gefäß unserer Rede. Du wirst sehen, wir werden un-sere Schönheit wiedererlangen.

Die wenigen, die noch vor Furcht und Mitleid zittern kön-nen, debattieren nicht. Der Debattierende ist nicht erschreck-bar. Welche dramatischen Vorfälle auch immer, der Gleich-mut der Besprechung wird sie unvermeidlich entdramatisieren und erträglich machen. Sie sprechen wohlbegründet von den größten Erschütterungen – ohne die geringste Erschütterung in ihrer Sprache wiederzugeben, fast teilnahmslos, weil die Förm-lichkeit der Diskurse sie von einem wilderen Bewußtsein ab-schirmt.

Angst des Lebens im Sinne des späten Schelling, der wuß-te, »daß der Grundstoff alles Lebens und Daseins eben das Schreckliche ist«, diese Angst des Lebens ist, nachdem die künstlerisch-panischen Reservoires erschöpft sind, ganz nach außen getreten. Wir hängen an dem Schrecklichen, das an-dere, etwa mit den Nachrichten des Tages, uns liefern. Wir lit-ten unter Entzugserscheinungen, wenn es ausbliebe. Es ist der Stoff, den jeder regelmäßig benötigt, um cool zu sein, denn im Zentrum der Gestimmtheit eines medialisierten Lebens befin-det sich leider nichts anderes als dieses alberne Wort, das zu-gleich ein blutiges ist, denn es bedarf der Schrecken und Qua-len anderer, um sich zu bewähren.

»Was reden Sie da?!« Schrei einer Abkehr.

Diese Nachbarn hatten genügt, und er stand baff und ver-loren, jäh vor einer heillos verständigten Welt. Wäre es nur Unsinn! dachte er. Aber es war keiner. Es gab keinen Unsinn mehr. Nur Unterverständigung. Weit unter dem Wesen des Menschen waren sie heillos verständigt.

Alle redeten sie und hörten es nicht. Aus dem losentbrannten Gerede wuchs ein Feuerball, rundrasend, dessen Wirbel jedes noch haftende Wort ausriß. Reden wälzte über alles hinweg, versengte die Verbindungen, bis alle Leitungen und Stränge ineinanderverschmorten und ein einziger schwarzer Redeklumpen entstand. Ausgesprochen war die sprachliche Erde. Schlacke. Nie wieder Rohstoff. Ungestalt.

Ich sehe zwischen einem Schau-Gespräch und einem Schau-Prozeß nur graduelle Unterschiede in der Vorführung von Denunzierten. Wer sich bei einer privaten Unterhaltung von Millionen Unbeteiligter begaffen läßt, verletzt die Würde und das Wunder des Zwiegesprächs, der Rede von Angesicht zu Angesicht, und sollte mit einem lebenslangen Entzug der Intimsphäre bestraft werden. Das Regime der telekratischen Öffentlichkeit ist die unblutigste Gewaltherrschaft und zugleich der umfassendste Totalitarismus der Geschichte. Es braucht keine Köpfe rollen zu lassen, es macht sie überflüssig. Es kennt keine Untertanen und keine Feinde. Es kennt nur Mitwirkende, Systemkonforme. Folglich merkt niemand mehr, daß die Macht des Einverständnisses ihn mißbraucht, ausbeutet, bis zur Menschenunkenntlichkeit verstümmelt. Es herrscht der Drill des Vorübergehenden, gegen den keine Instanz der Erde sich noch auflehnen kann. Dieser wird im wesentlichen mit »Schnitten« ermöglicht; aber die Schnitte haben entgegen dem Wortsinn nichts Trennendes, sie bringen es vielmehr zustande, daß eine unendliche Kette der Berührungen entsteht, daß letztlich alles mit allem in Berührung gerät.

Es befremdet uns, privat zu sein. Das Intime selbst gehört nach draußen, und Heimlichkeiten sind der Stoff für Talkshow oder Interview. Denn nur der helle Schein der Öffentlichkeit bringt uns den anderen Menschen wirklich nah. Wollen wir dagegen im stillen zu Haus jemandem etwas sagen, so fühlen wir uns plötzlich in einer engen Höhle gefangen. »Nicht zu zweit« steht warnend über ihrem Eingang. Man fürchtet sich vor dem anderen in dieser finsteren Unöffentlichkeit.

Wozu noch reden? Hatten nicht alle längst ausgeredet und standen nur noch als leere Nachtöner ihrer selbst vor den Mikrophonen? Das allgemeine Gewissen, übervoll der Eventualität, übergewiß dessen, was sich ereignen könnte, knisterte wie zerfallender Schaum auf den Abwässern der Rede und Widerrede. Und diese waren längst machtlos geworden, am allerwenigsten fähig zur Abwendung von Unheil, denn sie selbst waren ein Vorschub der Zerstörung und des Heillosen.

Auch wenn es nur ein tropfendes Rinnsal ist – fallende Wasser sind alle geschwätzig.

Besonders Brunnenspiele erzählen mit ihrem unvorsichtigen Geplätscher lauter Bagatellen von der großen Wasserfahrt, die sie nicht kennen. Denn der dunkle schwere Fluß bricht sein Schweigen nicht.

Zuhören ist eine schöne Unterwerfung und die einzig würdige. Doch die wenigsten wissen das. Man kann ja heute erzählen, was man will, man kann sein Innerstes preisgeben, es wird nur dazu führen, daß neben dir ein anderer beständig mit dem Kopf nickt, immer unruhiger dich und vor allem sich selbst bestätigt, kaum mehr deiner Worte achtet und nur darauf brennt, dir einzuwenden, daß er dasselbe, aber haargenau dasselbe auch schon erlebt habe ... Schweigen wir also.

Tiefer als das Gespräch verbindet der lange Gang Seite an Seite. Seite an Seite reicht tiefer als Aug in Aug. Weltoffen nebeneinander oder weltlos gegenüber, ins Unendliche gespiegelt.

Der gemiedene Anblick sichert Vertrauen. Der unscheue Anblick provoziert nach einer Weile die Konfrontation. Aug in Aug wird dann Stirn gegen Stirn.

*

Als ich nach den Plagen der Nacht in den Sonnenschein hinaustrat, um durch die Rosen zur Außendusche zu gehen, betört von der Lichtung meines Orts, dankbar für die Gnade, hier zu sein und von solchen Morgenstunden empfangen zu werden, da bildete sich die seltsam tröstliche Einsicht: Wohin du auch blickst, hast du den Garten und das weite Land. Nirgends ist es der Ehrgeiz, der diese Schönheit und Freiheit hervorbringt. Sieh dies als Lohn für deine Arbeit, als wäre sie hierin abgeschlossen. Jedenfalls diesen Lohn vergrößerst du mit keinem weiteren Wort. Du-da-draußen hast etwas, das nur aus Säumen besteht und keinen eigenen Namen besitzt. Denn an die Stelle der Sehnsucht ist nun das unermüdliche Staunen über das Dargebotene getreten.

Wie die Störche so schön landen in Bögen und Runden, den Paragleitern ein Ebenbild, niedergehen auf dem frisch geschnittenen Acker, nachdem sie über viele Kilometer hörten, daß der Mähdrescher seit dem Mittag mit kornfressender Walze den Boden bearbeitet. Keine Furcht vor diesen Ungetümen haben sie und weichen erst in letzter Minute aus. Es ist unmöglich, ein Tier tiergemäß zu verstehen, man muß es in eine Fabel versetzen. Die Tiere geben uns eben immer zuviel zu verstehen, immer etwas mehr zu wissen, als es um sie, wenn man genau sein wollte, zu wissen gibt.

VII Kommunikation, Gegenkommunikation

Dürfte ich das Unwort des Zeitalters bestimmen, so käme nur eines infrage: kommunizieren. Ein Autor kommuniziert nicht mit seinem Leser. Er sucht ihn zu verführen, zu amüsieren, zu provozieren, zu beleben. Welch einen Reichtum an (noch lebendigen) inneren Bewegungen und entsprechenden Ausdrücken verschlingt ein solch brutales Müllschluckerwort! Mann und Frau kommunizieren nicht miteinander. Die vielfältigen Rätsel, die sie einander aufgeben, fänden ihre schalste Lösung, sobald dieser nichtige Begriff zwischen sie tritt. Ein Katholik, der meint, er kommuniziere mit Gott, gehört auf der Stelle exkommuniziert. Zu Gott betet man, und man unterhält nicht, sondern man empfängt die Heilige Kommunion.

All unsere glücklichen und vergeblichen Versuche, uns mit der Welt zu verständigen, uns zu berühren und zu beeinflussen, die ganze Artenvielfalt unserer Regungen und Absichten fallen der Ödnis und der Monotonie eines soziotechnischen Kurzbegriffs zum Opfer. Damit leisten wir dem Nichtssagenden Vorschub, das unsere Sprache mit großem Appetit auffrißt.

Niemand ist der Wahrnehmung größer beraubt worden, nicht durch Kirche, nicht durch Krieg, als wir matt Bestrahlten, die wir jetzt noch denken wollen und sehen wollen und können es nur im Aufschein-Abblitz, einsame Voyeure, deren Welt-Bild vom Schnitt beherrscht wird wie die Eine-Mark-Peep-Show von der Schlitzblende. Hätte Mörike einmal zwischen sechs TV-Kanälen hin und her geschaltet, immer auf der Suche nach was Neuem! die Skala der Kurzwellensender auf- und abgefahren, nie wäre ihm eine *entwickelte* Form geglückt … Dagegen mag sich, wer jetzt schreibt, künstlich abschließen und es anders haben wollen, die Wahrheit seiner Schreibbedingung bleibt es aber doch. Die Tüchtigkeit der Moden, der Blicke, der Räusche und wie es sich beschleunigt, wie's sich überschlägt, aussichtslos steht da der Wunschbeladene gegen Sucht und Sog und möchte den eiligen Nebeln noch einmal die *Gestalt* abringen, die aller Sehnsucht wert … Aber nein, hinter der Uhr die Strömung, die Blut-Spur des Vergessens, das Fading: da, wo der Seinskopf unfaßlich sich erhebt, schrecklich blickt und wieder abtaucht, da ist jetzt noch das Unsere.

Die Moderne geht keineswegs mit deren Parodie oder Postmoderne zu Ende, sondern sie verschwindet im Bruch mit der Poesie unseres Denkens insgesamt. Mit der Ablösung der Reflexion durch ein technisch-informatorisches Wissen, dem Wissen mit der geringsten geschichtlichen Ekstatik und dem universellsten Anspruch.

Eine wehrhafte poetische Vereinigung. Rechtfertigung der Kunst als Zentrum der Gegenkommunikation.

Der Dichter als Unterbrecher der Kommunikation. Der Spalt, die Unterbrechung spricht.

Der Dichter als Anachoret in der Wüste der Kommunikation.
    Die Verbindungen haben das Verbundensein jäh unterbrochen.

600 Millionen Netz-Autoren brauchen kein Buch – sie füllen Rückstände von Schon-Geschriebenem in ein Unbuch. Von Massenbewegungen fasziniert, unterschlägt der intellektuelle Götzendienst vor dem Populären die banale Erfahrung, daß diese Anrufung, immer der Quote nach, stete Anpassung nach unten verlangt.

Wir anderen müssen neue unzugängliche Gärten bauen! Zurück zur Avantgarde!

Das natürliche Bedürfnis gegenüber dem alles inkludierenden System geht nach dem ausgewählten Zirkel. Man halluziniert in der Schwemme die Weihen des George-Bunds. Gewiß ohne den Stern, ohne Geschichtsprophetie. Der Typus Meister und Führer ließe sich ohnehin nicht wiederbeleben, sowenig wie das paternale Familienoberhaupt oder der Reitergeneneral. Den Führer gibt es nur noch als schräge Figur – in einem abwegigen Staat oder einer paranoiden religiösen Sekte. Ein geistiges Myzel indessen, eine untergründige Verbundenheit, ein ausschließendes Prinzip wäre wohl dienlich der Abwehr anmaßender Dürftigkeit.

Nicht feind der Demokratie, jedoch der Demokratisierung sämtlicher Lebensbereiche, feind dem demokratischen Integralismus.

Gibt es ein Bewußtsein jenseits des medialen? Der Befreiung von der Verengung, den Konventionen der »bürgerlichen Klasse« widmeten sich viele Künstler seit der vorletzten Jahrhundertwende. Ein ebenso universelles Projekt wäre nun die Auflehnung gegen die ungeheure Erniedrigung des Menschen durch eine totalitäre Unterhaltungsindustrie. Hier aber hat sich die Intelligenz nach kurzem Zögern zur Kollaboration entschlossen. Man kann es auch eine ironische Mitläuferschaft nennen.

Beim Zapping innerhalb von weniger als einer Minute: »Die erste Ehe brachte mir acht Selbstmordversuche ein« ... »Würden Sie einen Hoden opfern, um das Auge Ihres Kindes zu retten?« ... »Wenn mehr als achtzehn Zentimeter in den Muttermund stoßen, ist das für die Frau nicht immer angenehm.« Deformationen, Kuriositäten wurden zu allen Zeiten zur Schau gestellt, die Travestie läuft neben dem zeremoniellen Schauspiel der Macht einher, das Volk erfreut sich der herrschenden Ordnung, wenn es möglichst viele öffentliche Hinrichtungen verfolgen darf. Freilich ist heute das Volk für seinen Nomos und seine Normalität selbst zuständig, und es steht zu befürchten, daß das Virus des Ungeheimen jene Menschenwürde schlimmer und tiefer antastet, als es nach dem Verfassungsartikel ahnbar ist.

Wir stehen eigentlich dauernd am Abfertigungsschalter irgendeiner Airline, befinden uns allerwege unter Hooligans, Sextouristen, ins Handy bramarbasierenden Maklern und Beratern und den traurigen Rittern sozialer Vorteilsbeschaffung. Wir sind überall mit von der Partie, wo es von innerer Ausgeräumtheit nur so dröhnt – und stellen gleichwohl noch kritische Erwägungen darüber an. Ein letztes Mittel, sich zu unterscheiden! Sich darüber hinwegzutäuschen, wie weit das Untere schon nach oben reicht. Wie absurd ist es, über diese im Stumpfsinn Versumpften noch eine Erwägung anzustellen! Es herrscht in Wahrheit zwischen den Erwägenden und den Versumpften keinerlei Verbindung mehr – sondern nur Kommunikation. Läßt also die Masse den einzelnen wirklich ungeschoren, wie noch Hans Freyer meinte? Der Stumpfsinn steigt durch die Kapillare geteilter Interessen, Verrichtungen, Plätze und durchzieht in Spuren jede Intelligenz.

Alles was die Leute sind, was sie sein möchten, woran sie leiden und womit sie sich herumschlagen, wird ihnen von früh bis spät im Bild vorgeführt, sie sehen es von fern. Sie wohnen unaufhörlich einem unverbindlichen Tua res agitur bei, sie besitzen nicht einen einzigen geheimen Winkel mehr, in dem ihr Bild oder nur ein schmaler Streifen ihres Schicksals verborgen und ungespiegelt bliebe. Ihr eigenes Leben ist allgemein bekannt, durchleuchtet und abgehandelt. Es ist für sie nicht mehr zu unterscheiden, ob sie sich auf dem Bildschirm oder vor ihm befinden. Die elektronische Fassung von Platons Höhle unterscheidet sich von der ursprünglichen durch ihre Endgültigkeit, Unumkehrbarkeit, Befreiungslosigkeit. Die wenigen, die dem Totalverschluß von Licht und Schatten entkommen, versuchen den Berg oberhalb der Höhle zu bezwingen und verderben in der Mittagsglut.

Die Konsensivitäten von heute berühren sich mit den Baconschen idola fori – Idolen des Markts (Bruchstücke einer »vorurteilsvollen Sinnesart«). Sie entstanden seit jeher aus engem Beieinander und dem Gemeinschaftsdrang des menschlichen Geschlechts. Ihr Bindemittel sind die Übereinstimmungsklischees. Die Ausgeburten der Fühlungnahme gesellen sich denen, die der Schlaf der Vernunft gebiert.

Der Evolutionsbiologie entlehnt, gilt die Bezeichnung *Mem* – eigentlich eine Art kulturelles Pendant zum Gen – im Internet inzwischen für Gedankenrezepte, die sich durch Kommunikation weit verbreiten und viele Ähnliches denken lassen. Netz-Schwärme sind keine konsumistische Masse, sondern lassen in korrelierten Prozessen dominante Leitsysteme entstehen, die im Kern dieselbe Botschaft verbreiten – in Meinungen, Vorlieben, Verdammungen und Direktiven. Sie wählen dann Ethan Ripkowiz aus Rumänien zum berühmtesten Weltbürger, weil er in einem Kurzvideo bewiesen hat, daß sich sein Gesicht durch Auflegen heißer Mangoblätter in ein Birkenastloch verwandelt. Und wenn er später bekennt, daß es sich bei seinem ungeschnittenen Filmchen um ein fake gehandelt hat, so wird er noch berühmter.

Seid umschlungen, Millionen, hielt man die längste Zeit für eine gewagte menschenselige Hyperbel, bis sich zeigte, daß sie die Zukunft der Facebook-Freundschaften, das Alle-Welt-Gefühl des Stubenhockers besang. Darin sind alte Einsamkeit und alte Geselligkeit gleichermaßen verloren. »Eine über die Welt verstreute Dynastie von Einsiedlern hat die Erdoberfläche umgewandelt.« (J. L. Borges in ›Tlön, Uqbar, Orbis Tertius‹)

Was und wer wurde nicht schon zum Leviathan ernannt? Lange bevor dieser seinen machtvollsten Umriß, die Gestalt der medialen Öffentlichkeit annahm, der totalitären Unverborgenheit des Lebens. Unbezwingliche, unregulierbare Kraft, die alles beherrscht, gängelt, sich genehm macht, verzehrt und ausspeit. Nichts bei sich behält, nichts lernt und niemals bereut, welche Deformationen und Zerstörungen sie auch ausrichten mag.

Daß das Tiefste nicht verbreitet werde, das Gebot des Pythagoras, mag weniger aus einer esoterischen als anthropologischen Vorsicht herrühren. Nur eine konzentrierte und verschwiegene Gesellschaft, verborgen in den Massen, könnte diese vor massenhafter Info-Demenz bewahren. Die Exklusion erhält nicht nur das Wissen wissenswert, sie dient zugleich dem Wohl und Bedürfnis aller, weil sie davor bewahrt, daß ein Gemeingut schließlich nur noch aus Halb- und Unverstandenem besteht.

Ohne Innensteuerung bewegen wir uns reizgegängelt, eng beieinander, abhängig von chemotaktischen und vibrativen Signalen wie die Ameisen.

Die große Zunahme an surrealer, mediengestützter Phantasie hat bis heute keine künstlerische Gegenwelt heraufbeschworen (die Schärfe des *einen* Bilds, der Tanz im streng begrenzten Bewegungsraum). Es gibt offenbar in der ästhetischen Sphäre nichts Gegnerisches mehr, sondern nur noch konsensitive Kräfte, die es drängt, sich dem Selben zu verbinden.

Der Geist stirbt bekanntlich eher an zuviel Kommunikation als an zuwenig. Valéry war der reflektierteste Mensch seiner Zeit nicht aufgrund eines unablässig regen »geistigen Austauschs«, sondern aufgrund der eiskalten Isolation seines Denkens. Aber Poesie und Reflexion hat er nicht vereinen können? Das gelingt nirgends. Das Gedicht überwindet jeden Scharfsinn und läßt Denken aus sich heraufkommen. Dies aufkommende Denken aber kann man nicht fassen wie einen Gedanken.

Das Werten und Herausheben, ja sogar das Kanonisieren nimmt in dem Maße an Bedeutung zu, als sich die Werke in der Blogosphäre aufzulösen drohen. Dies All ist erfüllt von jedermanns erbrochenem Alltag. Das Logbuch einer weltweiten Mitteilungsinkontinenz macht alle Bücher gleich. Was heißt da noch: die »Gegenöffentlichkeit«? Die Gegen-Öffentlichkeit wäre der unauffindbare Autor; ein Status, den die altchinesischen Dichter und Gelehrten kultivierten. Ihm, dem Auswärtigen in der Berghütte, danken wir eine Literatur der Betrachtungen, deren Geschichte bei uns sehr viel später mit Montaigne beginnt.

Die Ghouls, die Massen der lebenden Toten mit ihren schaurigen Gelüsten, schreiten in breiter Front voran, besudeln eine »reservierte Schönheit« des Lebens nach der anderen. Ihr wirksamstes Zersetzungsferment ist das unaufhörliche Geschwätz, dafür entwickeln sie immer neue technische Verbreitungs- und Verschlingmethoden. Und so dient eine brennende Leselampe in der Nacht immer noch als beste Abschreckung dieser allzu lebenden Toten.

*

Oft laufe ich hinaus in den Sturm und steige auf den kleinen Tafelberg, um richtig gegriffen und gerüttelt zu werden. Dort bin ich ungeschützt der Ausschauhaltende und blicke – ich darf sagen – über *meine* Felder, Brüche, Hügel. Sie gehören zu mir, auch wenn sie mir selbstverständlich nicht gehören. Niemand sonst sieht sie, kein Dörfler spaziert in diese weite Landschaft hinaus. Mit wem könnte ich also den Raum teilen als mit dem Ankommenden, der dort unten geduckt sich näherte und der ich vor dem Ausschauhalten selber war?

Noch ist der Wald nicht wieder da. Vor seiner ersten großen Offensive tritt der Frühling auf der Stelle. Nur die Buchen von mittlerer Höhe sind schon ausgeschlagen. In diesen Höhen flirrt eine rötlichbraune Tönung von Knospen und Stippsen. Die alten Äste umhüllt ein junger verklärender Dunst. Auf meinem langen Gang über schön gewundene Holzfällerwege habe ich in den Lichtungen die ersten Kraniche aufgeschreckt, die sich trötend und grölend beschwerten. Der Trittschall des Menschen scheint sie über den Waldboden auf mehrere hundert Meter zu warnen.

VIII   Technik, Medien, Künstlichkeit

Was findet denn gegenwärtig statt? Ich will Ihnen sagen, was gegenwärtig stattfindet. Die Ausgießung des heiligen Menschengeistes in die Maschine. Die Maschinen beleben sich. Die Dinge emanzipieren sich von uns. Davon konnten Sie auf diesen beunruhigenden Zeichnungen einen Eindruck gewinnen. Maschinenmenschen! Nein, was sage ich: vollkommen neue unbekannte Kreaturen!

Das künstliche Fenster. Die rasenden Züge der nächsten Zukunft werden Panoramascheiben haben, auf denen der Reisende eine elektronisch aufbereitete Auswahl aus der Landschaft, die er durchquert, betrachten kann. Eine stufenlose Verlangsamung der Ansicht kann er selbst regulieren. Er kann auch wählen, in welcher Entfernung er etwas zu sehen wünscht, ob von sehr nah, in der Totale oder in anderem Format. Er kann zudem Spielszenen aus der Geschichte der Landschaft oder der Städte, die er durchpfeilt, einmischen; oder auch sich die Landschaft in einem früheren Erdzeitalter vorführen lassen, in dem Mastodon und Mammut weiden. Er kann im Extremfall einen einzigen Blick in die Landschaft in so viele Schichten zerteilen, daß bei ihrer Betrachtung die gesamte Strecke seiner Reise zurückgelegt wird.

Du mußt dein Leben ändern? Es genügt, ein paar verbrauchte Module auszuwechseln.

Die alten Bausteine des Erschreckens verarbeiten die neue Qualität des Schreckens nicht mehr.

Wir leben erst dann in der ödesten aller Welten, wenn die Zeit, die kommt, nichts anderes bringt als die Bestätigung von Prognosen und den Nachvollzug all dessen, was wir als virtuelles Erlebnis, als Event bereits ausgekostet haben.

In ihm kämpfte Marinetti gegen Ruskin. Der Maschinenbewunderer gegen den Maschinenverächter, der Sturmläufer gegen den Überlieferer. Im Aufwiegeln gegenläufiger Empfindungen suchte er sein verlorenes Interesse durch den interessanten Affekt zu ersetzen.

Daher meinen die einen, die Maschine wär wie ein Dämon, der nach und nach das Menschenwesen benähme. Jeder Roboter ein Vampir, ein Nachzehrer. Nein, sagen die anderen: das Zeug ist und bleibt immer nur ein Schalt-Werk im Menschenbetrieb. Im Gegenteil, je feiner und umschlüssiger es tätig wird, um so klarer kann sich der Mensch seiner wahren Bedürfnisse und seiner Freiheit bewußt werden. Wir sind Meister nur immer unserer nächsten Gefahr.

Wie kann es sein, ich bitte dich, daß du dem Diogenes anhängst und gleichzeitig dem Dädalos den größten Respekt zollst? Also dem Bedürfnislosen wie dem Ingenieur, nach Fortschritt strebenden, huldigst? Du, der sich zufrieden gibt mit dem, was ist – gerade noch ist! –, bist Freund auch der ehrgeizigen Entwicklungen in Wissenschaft und Technik.

Antwort: Nun, ich mache alles mit, benutze das Handy mit Androidsystem, Blu-Ray-Beamer, Navigationsgerät und High-end-Verstärker, jede elektronische, informationstechnische Neuerung reizt mich zum Kauf, ich lese die Zeitung auf dem Tablet. Aber ich weigere mich, das menschliche Schicksal in den Revolutionen des Komforts sich erfüllen zu sehen.

Im übrigen ist nicht zu leugnen, daß diese neuen digitalen Verfahren jede Erinnerung an den »Realismus« unserer erzählerischen Vorfahren behindern oder sogar schon gelöscht haben. Es fällt mir von Mal zu Mal schwerer, der alten linearen Narrationsform zu folgen, der Geschichte eines Romans. Mein assimilierter Text ist daher das gedrängte Segment, mein Echo der Abschnitt, der nicht in einer Folge, sondern in einer untergründigen (»vernetzten«) Verbindung zu allen übrigen Segmenten steht, die miteinander am Ende ein simultanes Tableau und keinen Verlauf ergeben. Mein digitales Maß die Minutie, Fingerabdruck meiner Zeit und Weile. Die Kleinigkeit, die unverkennbar macht.

Der Gedanke, den ich am meisten hasse: daß die Ähnlichen, die Menschenähnlichen es schaffen werden. Daß eine technische Geistigkeit, sehr hochstehend, sehr sublim, alles ablösen wird, was der Mensch mit Würde als sein Dilemma durch die Jahrtausende schleppte. Was ihm Anlaß zu Trost und Verzweiflung, zum Nachdenken und zur Besinnungslosigkeit bot. Die Unglücklichen sind dann alle umsonst unglücklich gewesen. Nicht Auflösung, sondern Ablösung ohne Rest, ohne Mangel oder Mangelgefühle zu hinterlassen.

Der technologische Eifer ist, wie es scheint, unser ultimativer Enthusiasmus. Er wäre zweifellos nur durch die Emergenz (unverhoffte Stiftung) eines anderen Enthusiasmus einzuschränken, nicht etwa durch einen quasireligiösen Gegeneifer (man lese im Manifest des Una-Bombers). Das, was fehlt, muß sich aus sich selber sammeln und wird aufstehen, um sich eine Bahn zu brechen. So wie man erst von tausend Zangen der Abstraktion und Theorie gequetscht und gepeinigt werden muß, um am Ende eine schöne leibliche Chiffre hervorzubringen.

Eigentlich sind ja die Techniken immer zarter geworden und nur ihre Nutzer immer gröber.

Bloß ein elektronischer Hauch, und das Bild, die Schrift erscheinen.

Ebenfalls ein Hauch, der zarte Zug, den die schöne Unbekannte hinterläßt, wenn sie an dir vorbeigeht, wenn sie für immer versäumt ist.

Ungeklärte Zartheit – überall versteckt, in der Achselhöhle der sorglosen Hure, in der leichten Verbeugung eines Wissenschaftlers vor seinem Hausmeister. Das Nebenbei und das Vorbei sind ihre Portale.

Wenn also Zartheit noch einmal die Welt besuchte, die Sinne betörte und auch die Schreiberseelen, Zartheit als ein letztes erotisches Weltalter. Herbe Zartheit, kühle Zartheit. (Man lese zur Einführung die ersten Seiten von Kawabatas »Schneeland«.)

Man kann den Hauch einer Kräfteveränderung in der Maßeinheit Pictonewton messen. Das sind ein Billionstel Newton, und ein Newton ist die Maßeinheit für den Kraftaufwand, mit dem man ein 1 kg pro Sekunde in Bewegung setzt.

Ein Pictonewton entspricht zum Beispiel der Kraft, die der gebündelte Lichtkegel einer gewöhnlichen Taschenlampe auf eine angestrahlte Fläche ausübt. Mit welcher Kraft drückt denn mein Schatten auf die Wand?

So werden die Messungen der Technik immer feiner und die des Feingeistes immer gröber.

Der Falter, strahlend blau, hat nicht ein einziges Farbmolekül auf seiner Oberfläche. Seine Lockfarbe wird allein vom Licht und einer feinen photonischen Kristallstruktur auf seinen Flügeln erzeugt. Bildet nicht die denkende Oberfläche ein ebensolches technisches Wunderwerk, ein Empfangsrelais, das ohne *Licht* keinerlei Lockstoff absondert?

Die Welt war bis jetzt nur ein lebloser Kloß und harrte des Worldwideweb-Demiurgen. Erst wenn man ihren Leib mit genügend Gefäßbahnen, Informationskanälen durchzieht, wird sie die Augen aufschlagen. Nicht die »Gesellschaft«, nicht Menschen drängt es zur Revolution ihrer Beziehungen, sondern der neueste Stand der Technik, irgendein Spitzenprodukt ihrer selbstbezüglichen Entwicklung, verlangt sie von ihnen. Die Gesellschaft paßt sich nur noch an, verliert und gewinnt dabei, verändert ihr zwischenmenschliches, bald auch ihr elementares Verstehen des Menschen.

Der Sieg des gekonnten Griffs über die tastenden Versuche. Nur das Können zu können ist eine Form des Absurden. Die ewig inkomplette Ergänzung: eine Findung bringt ein Problem, das die nächste Findung herbeiführt, um es zu beseitigen. Die ständig sich selbst korrigierende Technologie. Wer kontrolliert die Sicherheitssysteme eines computergesteuerten Flugzeugs, die *embedded systems*? Natürlich eine speziell für dieses Problem entwickelte sicherheitsüberwachende Software, die ein paar junge Ingenieure aus dem Saarland programmierten. Das Absurde, das ist der Fluch des Angerichteten, das seine Vervollständigung nur im Unendlichen erreicht.

Es steckt im Angerichteten zuviel Entelechie, zuviel Gesetz, das sich erfüllen will und nach dem sich das ergänzungsbedürftige Leben unbarmherzig entwickelt. Wäre der Rasse bestimmt ein Genügen wie jedem Tier, ein geistiger Instinkt, dann machte sie sich weniger lächerlich.

Indem wir die Maschinen der integrierten Schaltkreise erfanden und bauten, die Computer, Datenbänke, Superspeicher – wurden wir nicht insgeheim von der Idee geleitet, daß die entscheidende kulturelle Leistung unseres Zeitalters darin bestehen müsse, Summe zu ziehen, eine unermeßliche Sammlung, ein Meta-Archiv, ein Riesengedächtnis des menschlichen Wissens zu schaffen, um uns selbst gleichzeitig von diesem zu verabschieden, unsere subjektive Teilhabe daran zu verlieren?

Endet etwa die Geschichte der Einfühlung (neuerdings vornehm *Empathie* genannt) im Wechselspiel der neuro-kommunikativen Übertragungen? Wird es schon bald kein Ich mehr geben, das sich in ein anderes versetzt, weil bereits einer von des anderen Speicher gefüllt ist und sich nährt? Wovon das »Wie wir alle« immer größer und immer mächtiger wird in jedem.

Ach, wir werden die Philosophie noch singen hören! Sobald Neugier und Interesse gänzlich sich verlieren an die Technik der Kognition, werden die Gedankenwelten zurückbleiben als verführerische Melodien. Man muß einmal hören, wie sirenenhaft jetzt schon viel vom einst Gedachten klingt.

Diese Kommunikationsorgane, denen wir mehr angehören, als daß sie uns gehörten, stellen eine Ordnung von vermögenderer Intelligenz dar als selbst die härteste Denker-Faust, der genialste Umstürzler sie besäße. Hier haben wir ein Stück vom Über-Menschen, recht unansehnlich zwar, mehr von kybernetischer als von kerygmatischer Magie. Aber Einfluß darauf gewinnt nur das erkennende, erachtende Bewußtsein, kaum noch das widerstreitende, gegensätzliche. Die Dinge, die wir angerichtet haben, diktieren uns die Intelligenz ihres Zusammenhangs, die wir noch nicht besitzen.

Wohl stellen die Schaltungen der Mikroelektronik ursprünglich eine vereinfachte (Teil-)Nachahmung der menschlichen Gehirnarbeit dar, und in speziellen Fähigkeiten übertreffen sie diese bei weitem, etwa durch die Geschwindigkeit, mit der sie komplizierte Berechnungen ausführen können. Der Mensch, seit seinem Auftauchen vor dreißigtausend Jahren gezwungen, immer was Besseres zu erfinden, als er selbst von Natur aus an sich hatte, mußte zugleich auch erleben, daß dies Bessere ihn zurückwies; so wie die Industriemaschine die menschlichen Hände zurückwies, was auf lange Sicht zur genetischen Verkümmerung dieses Organs führen wird (und sich vorerst nur im Ungeschick, in der psychosozialen Schüchternheit andeutet: nicht wissen, wohin mit den Händen ...). Von daher muß man wohl annehmen, daß die Gedächtnismaschine auf den Ebenen, auf denen sie Vollkommenheit besitzt, uns ebenfalls zurückweisen wird und der Regression unserer Erinnerungsfähigkeit Vorschub leistet. Es ist ja eine irrige Annahme, daß das von sturen Aufgaben entlastete Organ deshalb besser und gesünder dran wäre und sich um so erfolgreicher auf ›wesentliche Fragestellungen‹ konzentrieren könne. Das Gedächtnis kennt doch im Grunde gar nichts Überflüssiges. Die Fülle und der Reichtum an divergenten Operationen und Informationen sind doch die eigentliche *Bewegung*, die seine Energie erzeugen, und noch die sture Zählarbeit ist letztlich nicht umsonst getan; alles Selbstgetane vermehrt, aktiviert und stärkt das Gedächtnis. Nur der totale Konsument erinnert sich nicht. Jene Maschine also, die in Teilen eine Auslagerung des menschlichen Hirns darstellt, wird sich möglicherweise schneller zu dessen Verkümmerung auswirken, als die den Körper entlastenden Maschinen zu speziellen Krankheiten der Organe der Seele beitrugen.

Wie verblaßt meine Bibliothek! Weil ich sie nicht pflege und für ihren Ausbau sorge? Weil ich ihr nicht mehr traue? Kein Zweifel, daß Bücher mir immer grauer und abgestandener erscheinen. Eine eigene Bibliothek mit ins 21. Jahrhundert nehmen? Etwas so Unhandliches, Unförmiges wie der erste Computer, der seinerzeit ein großes Zimmer füllte. Nichts hält das Schwinden der sinnlichen Anziehungskraft auf, das Bücher hinzunehmen haben. Ein lang ersehntes Werk endlich selbst in Händen halten, dies Königsgefühl des Gelehrten, des Neugierigen ganz allgemein, wie könnte es überleben, wenn ich mir zumindest den ›Fund‹ als solchen, wenn auch ohne seinen schönen Körper, über Datennetze jederzeit verschaffen kann? Die Funktionslust, daß das klappt, ist an die Stelle des Begehrens für das Buch getreten.

Heute lebt, was einst auf festen Füßen stand, weiter ohne Boden in den Lüften, in den Luftspiegelungen. Der Große Schwund, der immer durch den Körper aller geht, löst auch den Leib des Buchs von seinem Geist. Der Große Schwund ergreift zuerst die Anziehungskraft, die von der *Gestalt* der Dinge ausgeht.

Ich brauche indessen den sinnlichen Gegenstand Buch in meinen Händen, sobald ich darin Texte lange lesen und entziffern will. Zu solchem gehört auf authentische Weise das Buch. Für rasches Lesen und einmaliges Zurkenntnisnehmen stehen passendere Medien zur Verfügung.

Die Zukunft behält uns vor den molekularen Leser, der die Buchseiten scheinbar blitzschnell überliest, tatsächlich sie aber auf neurostimulativem Weg sich einscannt. Vielleicht ist es nur der Stil, den er abtastet, vielleicht etwas noch Geheimnisvolleres, das die Schrift uns altgedienten Entzifferern ewig vorenthielt? Vielleicht ist er ein Wortwurzelleser, der jedem Wort sprachgeschichtlich auf den Grund schaut? Jedenfalls geht für ihn eine bisher unentdeckte Wirkung von dem »Pharmakon«

Lesen aus, das seinem Schwelgen neue Nahrung verschafft. Offensichtlich liest er nicht mehr aus Gründen der Weltverarbeitung, des Weltersatzes oder irgendeiner Entrückung, sondern ausschließlich um die hirneigene Produktion wohltuender Botenstoffe anzuregen.

Die großen Maschinen unseres Jahrhunderts: das Auto, das Fernsehen, die Datenverarbeitung haben zuallererst etwas dem Menschen *Benehmendes* (wie Ernst Jünger schon sehr früh am Blick des Autofahrers beobachtet hat) – die Benommenheit im Antlitz des nicht mehr fantasierenden, nicht mehr sich erinnernden Fernsehzuschauers angesichts des ungeheuerlichen Archivs von ubiquitärer Gegenwart, angesichts des wahren Terminals des kulturellen Gedächtnisses: der Endstation der sinnlichen Wahrnehmung. In der narzißtischen Beachtung, die der Macher seinem Erzeugnis widmet, verliebt in sein scheinbares Ebenbild, formt der Computer die behelfsmäßige, statische, beschränkte Art seiner Intelligenz zurück in den menschlichen Geist.

Im Spiel der Spiele indessen gewinnen weder Tod noch Leben, sondern allein der künstliche Gesell. Nicht Aufbruch, nicht Erinnerung oder Wiederkehr, jenseits von früh und spät, von Schein und Sein: Künstlichkeit und die Module einer unverbrauchbaren Permanenz, Verschleiß gleich null, sind aus einem erschöpften Schauspielertum hervorgegangen, eine begabte Ewigkeit, die freilich nur aus unendlich wiederholbaren weltlichen Sekunden besteht. Dagegen werden sich mancherlei Abweichungen und Andersheiten zu behaupten suchen, doch die Maschine, der *Akrolog,* wird sie alle an die Kette nehmen. Der technische Kult frißt auf Dauer jede Regung von Differenz. Noch einmal begegnet uns das Große Tier des Platon, das schon war: der Staat, das Soziale, die Ideologie. Jetzt hockt es als das Ganze in der Künstlichkeit ... und wir können uns seinen *nächsten* Ort nicht einmal mehr vorstellen! Unerfindlich, wohin es jetzt noch weiterwandern könnte.

(Wie sehr hatte er daran glauben wollen, wie stark war er dem Zwang verfallen zur Zwangsidee, die einend immer weiterwandert ...!)

Der Akrolog: die Rede vom überspannenden Zelt der Netze. Vom uns alle Übertreffenden. Vom Klippenvorsprung, von schwindelnder Höhe.

Für F. G. Jünger zeigte die »Perfektion der Technik« noch die Tendenz, einen Endstand zu erreichen. Er ahnte noch nicht, daß die Technik bald über die Maschine hinausgehen und Konvergenzprogramme mit dem Leben selbst entwickeln würde – Bionik, Biotechnologie scheinen ihr eine neue Ausdehnung in eine grenzenlose Introvertiertheit zu ermöglichen. Als wäre das geheime Gleichgewicht erst bei Ermittlung des mittleren Wesens erreichbar: die endgültige Konstanz des genmanipulierenden und des genmanipulierten, des bioiden und des biologischen Modells.

Auch hier ist das einzige Gegenüber der gewaltsame Strich durch die Rechnung. Reck-Malleczewen zitiert das von Ortega angeführte Wort Hermann Weyls, nach dem das Vergessen des technischen Wissens nur für den Zeitraum einer Generation genügte, um jeglichen Fortschritt zum Erliegen zu bringen ... Es genügte vielleicht schon, wenn es plötzlich in Konkurrenz zu etwas Neuartigem, einem emergenten Phänomen der Kulturgeschichte träte, das alle Aufmerksamkeit fesselte und ein genuines Desinteresse am technischen Fortschritt zur Folge hätte. Der Geist mag sich nicht damit abfinden, daß alles fatal auf genau die Verhältnisse hinausläuft, die sich bereits als unumgänglich abzeichnen. Nichts zu sehen nach vorne hin als gleiche Fläche mit erweiterten Modellen ...

Wo blieb die Moral der Technikkritik? Wer spräche noch von der Selbstzerstörung der technischen Zivilisation (à la Günther Anders) anstatt gleich des gesamten Planeten? Spätestens mit der rettenden Version der ökotechnischen Wiederbegegnung mit den Vorsokratikern, mit den Elementen, Wind, Feuer (Sonne), Erde – ist eine eschatologische Beruhigung eingetreten. Außerdem wirkt zu dick aufgetragen die Untergangs-Vision, wenn es lediglich um eine Verquickung von Sach- und Meinungszwängen in Bereichen geht, die mit rationalisierbarer Furcht einerseits und dämonisierbaren Fakten andererseits operieren wie etwa bei den bekannten Klima- oder Atomkraft-Szenarien. Als Gesinnung vernutzt, als Gefühl erschöpft, paßt Untergang in keine herrschende Stimmung. Anhaltend hingegen sein Zauber in den Simulationen zahlloser Spiele und Filme. Als Untergang noch ein Gedicht war, lagen dem Dichter letzte Spuren von Ragnarök im Blut. Die immerzu simulierte Apokalypse löscht jede Tiefenahnung von ihr.

Die obwaltenden Komplexitäten, Netzwerke, Systeme sind auf einmal weit entfernt von jenen kafkaschen Labyrinthen und Zwangsgefügen, den Gefängnissen des Menschengeistes, dem ganzen Reservoir an fanatischen Angstszenarien, das die Entwicklung der modernen Technik begleitet hat. Die neue Ära der Systeme hat dieses Reservoir verbraucht, genutzt, miteingebaut. Man bedient sich ihrer im Spiel, im Wissen-wie. Die Angst ist nicht mehr an das parallele Hochleistungssystem der Paranoia gekoppelt. Sie rutscht ein wenig unter ihr Niveau, tritt jetzt stumpf, entkräftet, lethargisch in Erscheinung. Die computerisierte Verschaltung der Welt zu einem geschlossenen Informationssystem beraubt die Paranoia einer ihrer zentralen Ängste und Einbildungen. Sie ist im übrigen durchaus nicht einem Wahngespinst nachgestaltet, sondern vielmehr dem neuronalem Schaltwerk des Gehirns, bildet mithin wie alle Technik eine weitere Außenlagerung eines menschlichen Organs. Wahn und Paranoia sind für unsere Verhältnisse nicht einmal mehr metaphernfähig. Das real Komplexe zu verstehen in der Konformität von Natur und Technik, im Biotop einer Sumpfwiese wie im hochintegrierten Halbleiterkreis, es zu verstehen und sich zugleich abhängig darin und davon zu bewegen, ohne den größten Schaden anzurichten, das wird die nächste große Anstrengung des Begriffs, die wir zu leisten haben. Mit dem Ziel, irgendwann unsere *Angemessenheit* zu erreichen, zu erkennen und zu erhalten.

Es ist alles da. Selbst die kompliziertesten, großartigsten Maschinen, die je noch gebaut werden, sind bereits da, seit Urzeiten entwickelt. Wir ahmen nur nach, was wir in unseren Organen vorfinden. Es ist hier eben so, daß alle Zukunft Auffüllzukunft ist. Der Igel der Technik ist längst am Ziel, bevor sich der Hase des »Gestells«, der Vergegenständlichung und der Ausleibung auf den Weg macht.

Die Technik konstruiert immer organischer und konvergiert am Ende mit der Natur – auf die Gefahr hin, auch dem Zyklus des Aussterbens überanwortet zu werden.

Für einen engagierten Anachronisten gibt es nichts Interessanteres, als sich mit den großen technischen Neuerungen unserer Tage zu beschäftigen. Wir könnten uns zum Beispiel einen optischen Rechner vorführen lassen, der mit Lichtgeschwindigkeit mehrere Paralleloperationen durchführt. Wir könnten uns sodann in das Labor eines Molekularbiologen begeben, um dort festzustellen, daß man die Chimäre, von der wir damals träumten, nun tatsächlich herstellen kann. Die Riesenmaus existiert, und bald werden wir dem leibhaftigen Tragelaphen begegnen. Wie man überhaupt den Eindruck gewinnt, daß diese emsige, zukunftsbesessene Wissenschaft im großen und ganzen von Ideen und Fantasien aus unserem guten 19. Jahrhundert lebt; und eigentlich nicht sehr viel mehr unternimmt, als nach und nach alle Erfindungen der fantastischen Literatur mit kindischem und epigonalem Ehrgeiz in die Tat umzusetzen. Was folglich einerseits zur Krise und Verödung dieser Literaturgattung führt, zum anderen nicht wenigen Menschen den Verdacht aufzwingt, der ganze Fortschritt im Zeitalter der Hochvernunft bestünde im wesentlichen in einer Art Praxiszauber, insofern man sich jeder Halluzination, die dem Geist gefährlich werden könnte, dadurch erwehrt, daß man sie in die nüchterne Wirklichkeit verdrängt und ihr dort ein wahngetreues Ebenbild errichtet.

Ein Mensch läßt sich heute von innen nach außen leichter umgestalten als eine Schaufensterdekoration.

Wir beziehen, was uns fehlt, in freier Wahl von unseren ausgelagerten Strukturen. Nicht nur Exoskelette gibt's, die unsere verkümmerten Bewegungen von außen stützen und verstärken. Auch fürs lahmende Gemüt finden sich Korsette. Was wir bauten, springt für uns ein. Die Wiederkehr von Leib und Seele wäre ein Programm und eine Krise, für die es an vitalem Grund und Bedürfnis mangelte.

Die modularen oder Kombi-Menschen unterscheiden nicht mehr zwischen Gefühl und Gefühlssimulationen. Es gibt neben dem eingebildeten Kranken nun auch den eingebildeten Verliebten, den eingebildeten Zornesmutigen, den eingebildeten Guten und Gerechten etc. Sie sind es nicht, sie bilden sich's nur ein.

Man sieht Gesichter, die anfangen, in Fassungslosigkeit zu machen, ein menschliches Erstaunen vorzutäuschen, das sie nicht besitzen. Und solche, die vorgeben zu glauben und nur in leerer Opulenz Riten des Glaubens wie Kulissen gegeneinander verschieben, in dieser Opulenz von allem – Geld, Geschmacksachen, Drogen, Sinn, Lust und Management.

Erreicht wurde eine Höchstzahl an kramenden Menschen, in Schubladen, in Bankschließfächern, unter Werkbänken, Teppichen und Autositzen. Und schließlich wurde im Netz unentwegt gekramt. Vor allem aber kramten die Menschen einer im anderen. Man suchte nicht mehr. Man wühlte. Man befingerte das Nächste wie das Fernste. Wer wühlt, mischt alles neu.

Das zeitbewegende Wesen, der *trickster* dieser Periode, war ein Fabelwesen, eine Erfindung vom Großen Mischer. Sie fanden am Ende nicht mehr aus der ungeheuren Vermengung heraus. Diabolos, der alte Durcheinanderwerfer, selbst wäre nie so weit gelangt! ... Walpole. Dante. Wagner, gossip, sex, game. Pseudo-Dionysius, Sufi und Tolkien. Pfingsten und John of Patmos. Die ganze Welt der gebrechlichen Geschicklichkeit, die Welt unter dem Fluch der Wahllosigkeit ... alles noch einmal, das ganze Füllhorn des Bewußtseins ausgeschüttet, nun aber jede Bewandtnis mit der Vorsilbe »Cyber« versehen, die schon nah an Zauber klingt.

Die meisten Neuerungen betreffen den Komfort und führen bei den Menschen zu einem Zugewinn an Kaltschnäuzigkeit.

Wer sich an technischen Neuerungen berauscht, ist ein Schwachkopf. Wer sich ihrer zu bedienen versteht, ist ein Alltagsmensch, aus dem noch einmal etwas Besonderes werden könnte, wie zu allen Zeiten. Der Bewegungsraum eines Menschen muß zu fünf Achteln anachronistisch sein und darf nur zu drei Achteln aus Unübersehbarem bestehen. Die Dichtung muß sogar zu sieben Achteln anachronistisch sein, oder sogar ein Antidoton gegenüber der Neuerung, die uns immer etwas benimmt an orientierungbietender Vergangenheit. Den Anachronisten kann es nur als einen Voranstürmenden der Erinnerung geben, ein verbitterter Anachronist ist eine Zipfelmütze. Der Anachronist war seit jeher der bessere Deutsche. Die Romantiker lebten vom Mittelalter, die Zerrissenen Hölderlin, Nietzsche vom deutschen Griechentum. Anachronisten aber auch Hölderlin, Keller, Heidegger, Jünger – die, in Zeitwidrigkeit gefaßt, zu überzeitlich großen Entwürfen gelangten. Anachronisten sind weder die Epigonen noch die sich unter ihrer Zeit Hinwegduckenden – sie sind immer die ungestümen Widersacher. Man kann in die Einsamkeit nur gehen als in eine unerhörte Offensive.

Es sind längst nicht mehr Herausforderungen des Daseins oder gefährdeten Daseins, die zu technischen Neuerungen im Alltag, nicht einmal in der Medizin führen – es ist der autonome Komplettierungsdrang dieser Techniken selbst, der Hunger des Erfundenen nach mehr Erfindung, der Wirkungskreis der Reflexivität, die diese Fortschritte fern von Not und Bedarf vorantreiben. Das Dasein ist längst übermeistert. Die Technologien der Erleichterung sind dabei oft selbst die Ursache für neue Gefahren, deren Beseitigung wiederum ihre Innovationsleistung erhöht.

Vielleicht in einer künftig federleichten Kombi-Welt, in der *die Dinge unter sich* die Ordnung regeln, tauchen letzte Menschen frisch recycelt auf. Ihr Blick, vom Gestrüpp befreit und neu gefaßt: ein winziges Panel im Nanometerformat ersetzt das nackte Schauen und das ideelle Auge gleichermaßen. Und diese Letzten sind nun klein von Wuchs, denn an ihnen und um sie herum ist alles kleiner geworden, und fortwährend kleiner werdend.

Es ist kaum möglich, sich das ganze Ausmaß an Künstlichkeit vorzustellen, in die »der alte Adam« Zug um Zug entlassen wird. Eine Utopie bildet sich indes nicht mehr aus Vorstellungswelten, eine Utopie wäre es vielmehr, all das Neue, das diesem Adam die Wesensart zu rauben droht, verkraften zu können und dabei gegen alle Anfechtungen dennoch der Alte zu bleiben. Im Gegebenen liegt genügend Vorstellungswelt. Also richtet sich das Bedürfnis nicht nach mehr Vorstellungskraft, sondern nach größerer Verkraftenskraft.

Auf meinen Stadtgängen möchte ich jeden Entgegenkommenden umgestalten nach meinem Wunschbild von einem Entgegenkommenden. Ich stelle mir vor, daß ein Nanochip in meinem Blick, ein morphendes Teil, mir den anderen anders entwirft, als er ist. Mit einem solchen den Realmenschen gestaltenden Implantat wäre eine Menge Zorn und Abscheu, ja, wäre die spontane Diskriminierung aus der Welt geschafft. Aus wenigen Merkmalen und Umrissen ergänzte der kunstbewußte Regulator die bestmögliche Erscheinung eines jeden.

Diese medialisierten Menschen werden eines Tages überhaupt nur noch eine Membran sein, durchlässig für Nachrichten aus einem interpersonalen Raum, der sich über Zeiten und Völker erstreckt.

Wird man nicht auch die Moral noch digitalisieren, so daß wir Gut und Böse nicht mehr in Großformaten, sondern in feinsten Trennschärfen, mit engsten, raschesten Entscheidungsstößen sondieren?

Wege, die aus der Vergangenheit zu uns führen, verschüttete, asphaltierte oder mit Asche bestreute: hier wäre es von Nutzen, jede Richtung in Wegscheiden zu unterteilen. Heimat gut – Xenophobie schlecht. Hier muß man im vermeintlich Einen die Gabelung zwischen Gut und Böse freilegen.

In den Gleichnissen leben. Ameisen der Deutung sein.

In der Geschichte der »Selbstauslegung des abendländischen Menschen« (Gerhard Nebel) ist dieser an den Punkt seiner Selbstauslagerung gelangt. Sprache der Gene, Sprache der Betriebssysteme, Sprache des Geldes und der Haute Couture sind Verständigungen nur mit und zwischen den Dingen, Informationen. Sprachen, die den Verstummten der Selbstauslegung isolieren, sie deuten nichts.

Ein solcher Verstummter, vielleicht gänzlich entleerter Mann begegnet also dem technothymen Geschöpf, das der humanen Selbstentäußerung oder Kenosis seine Existenz verdankt. Einem Replikanten, der, nach der Übernahme nun reich beseelt, seinerseits dem Geschwächten neuen Geist einhaucht. Der Selbstkußknall erweckt ihn zu neuem Leben.

Kenosis, Leerwerdung, Entäußerung, durch die der Menschensohn sich der göttlichen Allmacht begab, Knechtsgestalt annahm, Kenosis also nun nachgeahmt vom Menschen, dem Maschinensohn, der – auf seine Menschlichkeit verzichtend – sich unter die Dinge begibt. Etwa um sie von ihrer Dinglichkeit zu erlösen? Begibt sich unter das Holz, die Perlenschnur und alle Siliciumverbindungen. Um ihrerwillen ist »er, der reich war, arm geworden.« So nach 2 Kor 8,9

Natürlich konnte Nietzsche lediglich eine Attrappe, eine Maske Gottes für tot erklären. Natürlich war der Mensch bereits ein Maschinenkomplize, bevor die Nanoboter in seine Zellen eindrangen. Natürlich war er thymisch (also in seiner Lebenskraft) längst erledigt, bevor er genetisch mutierte. Und war sein ausgeblasenes Innenleben die Voraussetzung für den unbegrenzten Erfolg alles Machbaren.

Die Technik tröstet den abendländischen Menschen für das schwere Schicksal seines untröstlichen Denkens. Sie überträgt eine Art kindlicher Funktionslust auf seinen Verstand.

Das »Netz« als Fiktion des Einen und Ganzen trägt in sich ein großes und heilloses Durcheinander, in das es potentiell die ganze Welt stürzen könnte. Ein Diabolicum, wie vom Durcheinanderwerfer selbst erschaffen. Da wälzt sich ein Ganzes um, ein Pseudo-Alles, in dem nichts mehr zu unterscheiden ist, weder wahr von falsch noch Faktum von Fiktion, noch heute von gestern und morgen. Als wäre das Werk von Borges fortgeschrieben worden von Millionen Kleinteufeln des zernagten Alphabets, die (vorläufig) in Blogs oder Tweets sich verbreiten. Aber was! Hier gibt es kein Dagegen mehr. Nur der Idiot verdammt's und ruft sein Wehe über diese mit der seinen konkurrierende Verwirrung. Raus aus dem Schlund, mit allen verbunden zu sein!

Während die Spinne sieht, doch nicht weiß, wie sie ihr Netz webt, können wir kaum überblicken, was wir erweben, in welcher Feinheit der Bezüge wir jagen und leben. Und ob nicht unser Gebild, das so fragile, noch schneller verweht als die Luft selbst und ob es irgendwo auf- oder zwischenhängt und ob es Figur hat und wem, wem erkennbar?

Mit jedem Augenaufschlag steigt die Unwissenheit, und das sonnenklare, erobernde Wissen steigt auf der Leiter der Unwissenheit empor, die sich um jede genommene Sprosse doppelt nach oben verjüngt.

Wo ist das Herz, wenn der Organismus in ein Vielfaches von Kreis- und Netzläufen, von Komplexen, Systemen und

Untersystemen, ›sich selbst organisierenden‹, aufgelöst wird? Wissenschaft und Technik haben ihre kybernetischen Leitbilder bis in die feinsten Darstellungen von Blut und Nerv, Geist und Enzym getragen – aber das Herz, das Herz?

Das Herz ist nie vom Ganzen ein Teil.

Wessen Herz dann? Sind wir eines anderen Mitte? Wem schlagen wir?

Jünger und Teilhard, wenn nichts sonst, teilten die Überzeugung: das Ende übergibt uns der Vergeistigung. Das Bewußtsein der Menschheit transzendiert wie das des einzelnen: es entweicht in die Noosphäre, es versammelt sich im Punkt Omega, was in Äonen nicht untergehen kann.

Sie ahnten beide nicht, daß auf informationstechnischem Weg (des Großen Speichers, der universalen Cloud) dies Ziel »unter der Hand« schon auf Erden erreicht werden könnte.

Zuviel Hirn, zuviel Bewußtsein ist in die Dinge getreten. Wir können sie nie wieder allein lassen. Der Geist, um mehr als ihr Wärter, nämlich ihr Meister zu sein, müßte technischer und metaphysischer zugleich werden. Nicht im Widerstand gegen sein technisches Zeug, sondern in Koevolution mit ihm versucht er seine Souveränität zu bewahren. Nicht die Höllenphantasmagorie des Kulturkritikers, sondern die Weisheit des Technikers empfinge uns dann am Ende des langen Wandels. Dort, nahe der Vereinigung, lehrt man die *Technosophie*.

Von wieviel und wie tiefem Verruf müßte sich Technik befreien, um im Denken endlich mit dem Menschen zusammenzurücken!

Wäre es nicht schon anders, wenn die Kurven der zunehmenden Geschwindigkeit abflachen, wenn ein statisches

Reich *vollendeter* Technologie sich in der Ferne abzeichnete? In den Wissensmodellen der Ökologie als Erbin der Idee des Ganzen liegt eine andere Witterung, als sie die Heideggerschen »Machenschaften« besaßen. Sie kann nicht auf den Rechner zur Darstellung von unübersehbarem Zusammenhang verzichten. Die Netzwerk-Maschine ist hier bereits ein philosophisches Gerät.

In ihrer romantischen Periode überbietet sich die Technik an Sanftmut und Feingefühl. Entfernt die Schlote aus den Himmeln, läßt die Telegrafenmasten in den Wiesen und Tälern verschwinden und ersetzt sie durch unterirdische Glasfiber-Kabel. Heilt die Landschaft, verschönt die Städte, die Fabriken selbst werden kunstschön, sie nimmt alles zurück, was sie an Brutalität, Krankheit und Häßlichkeit früher einmal in die Welt gesetzt hat.

Die künstliche Welt macht uns schließlich zweifelhaft, was zum Menschlich-Elementaren gehört. Niemand besitzt auch nur eine blasse Vorstellung davon, was dieser evolutionäre Konstruktivismus eigentlich sucht oder will. Nichts geschieht hier nach einem zweckbestimmten Plan. Vielleicht steht gar am Ende aller Künstlichkeit der wahre, der gattungsgemäße, der bestangepaßte Mensch – ein im Reich der Systeme mitversichertes Geschöpf, das sein inneres organisches Funktionieren nachgebildet und ins Äußere getragen hat. So daß erst der vollkommen artifizielle Mensch zu seiner Natur gelangt wäre. Wenn nämlich das prometheische Programm (ohne vorher zu verunglücken) abgewickelt ist, der Mensch alles gemacht hat, *was* er ist, und durch alles Gemachte erkennt, *wer* er ist – das Mit-Geschöpf –, wäre dann nicht erst die pax natura erreicht?

An die Stelle der Freiheit des Bewußtseins träte dann die vielbedingte Koexistenz von Werk und Geist, die Naturgesetzlichkeit von artifiziellem und biologischem Leben, die Systemharmonie von Organ und Apparat.

Die natürlichen Lebensgrundlagen mögen durch künstliche ersetzt werden. Die Zerstörung der Natur macht den Menschen zweifellos erfinderisch. Zerstört man aber das anschauliche Vermögen, so wird ihm jeglicher Schönheitssinn geraubt.

Aber nein! Auch Maschinen, Fraktale, virtuelle Räume beanspruchen den Schönheitssinn und zeugen adäquat, zeugen lebhaft von Vielfalt und Reichtum der Formen, welche die der verschwundenen Natur bei weitem übertreffen! Die Sinne werden nicht abgestumpft, sie werden im Gegenteil feiner und wendiger, die Artistik des Bewußtseins nimmt zu.

Alles ist künstlich und künstlich erzeugbar. Träume, Kinder, Weltbilder. An die schöpferische Naturwidrigkeit ist der Mensch gefesselt. In Wahrheit ist seine Geschichte ein unaufhörliches Programm der Verkünstlichung. Nicht eine Pflanze im Garten, wie Gott sie schuf. Alles gezüchtet, bearbeitet, veredelt. Genmanipuliert. Nun denn: veredeln wir uns! Kristallisieren wir, technifizieren, artifizialisieren wir das Beste vom Menschen und bewahren es so vor seinem geschichtlichen Untergang!

Möglich, daß sie Edle erschaffen werden, deren Leben nicht mehr von äußeren Eindrücken, geschichtlichen Lagen etc. abhängt, sondern allein von inneren Vorspiegelungen und Stimulationen. Ein hermetisches, erhöhtes, zeitentbundenes Erleben, das sich ungerührt und ohne Widerspiegelung durch Ödnis und Chaos, Schrott und Ramsch seinen Weg bahnt.

Das erfolgreiche Leben verlangt ausschließlich nach Neuerungen, die seinen Komfort erhöhen. Es ist im übrigen stolz darauf, von keines Gedankens Blässe mehr angekränkelt zu sein. Philosophiefrei von der Wiege bis zur Bahre – so könnte eigentlich seine Eigenwerbung lauten. Alles *light,* nur die Erleichterung selbst durchgreifend und umfassend. Nichts erlitten, nur gehopst.

Diese leichtere Welt scheint jedenfalls vom verwöhnten Teil der Menschheit inzwischen mit dem Dasein gleichgesetzt zu werden. Sie zieht derart in ihren Bann, daß für die meisten das Leben zu einer einzigen und erfolgreichen Distanzierung von Existenz werden konnte.

Und bedingen sie sich nicht gegenseitig – das Nachlassen von Existenz und die Perfektion der Existenzprothesen?

In einer erleichterten Welt sucht jedes Teil, das nicht mehr genügend Leistung erbringt, nach einem künstlichen Verstärker und Unterstützer. Die sozial Schwachen brauchen Sozialhelfer, die familienfernen Mütter brauchen Mutterschaftshilfe, der gehemmte Urlauber braucht Urlaubshilfe. Längst besitzen wir eine Vielzahl von *Enhance-Techniken,* die nicht nur die degenerativen Prozesse des Körpers, sondern so gut wie jeden Belang des menschlichen Daseins ausgleichen, der vom großen Nachlassen betroffen ist. Bald wird man sich auch an die unnötigsten Maßnahmen, um die natürlichen Anlagen zu übertreffen, derart gewöhnt haben, daß man sie für seine zweite Natur hält und nie wieder darauf verzichten kann.

Und tatsächlich wird der Enhance-gestützte Mann den naturbelassenen in vielem beschämen, wie der gedopte Sportler den, der nur den körpereigenen Hormonen vertraut.

Automaten und wandelnde Schutzsysteme – in der Maske von weißen gesichtslosen Menschengesichtern – begleiteten wie Schutzengel die Leute und griffen ihnen in den Arm, hinderten sie daran, wieder einmal etwas bedrohlich Falsches zu tun. Sie waren die aus Enhance-Programmen hervorgegangenen Anstandsdamen der maschinenmagischen Epoche, in der die Menschen ihre natürlichen Fähigkeiten und Instinkte weitgehend eingebüßt hatten und nur mit Hilfe künstlicher Ersatz- und Verstärkungsmaßnahmen überleben konnten.

Mitunter liest man in einer Geschichte der technischen Erfindungen: Die Chinesen besaßen wohl die Mittel, ihre Entdeckung zur praktischen Anwendung zu bringen. Doch sie ließen die Sache auf sich beruhen. Welch ein unscheinbarer Satz, und welche Macht, Unheil abzuwenden, steckt in ihm! Der schiere Gegen-Satz zur furchtlosen Neugier der Neuzeit. Er deutet doch auf einen konzeptuellen Sicherheitsvorbehalt im menschlichen Wissensdrang, der nicht erst von der abendländischen Kirche in Erinnerung gerufen werden mußte.

Curiositas, die wissenschaftliche Neugierde, wurde von Augustin als Todsünde gebrandmarkt. Manchmal beginnt man zu begreifen, daß dies in hellster Vorsicht und zur Bewahrung des Lebens geschah. Niemand hatte bislang auf Erden eine größere Macht, dem Wissen Grenzen zu setzen, als der Glaube und seine Institutionen. Wir reiten seit langem nur auf der negativen Interpretation dieser Macht herum. Wenn man alle Organisationen, Regierungen, Räte und Kommissionen zusammennimmt, die heute Grenzen setzen wollen gegen die Zerstörung der Lebenswelt, so bilden sie ein macht- und hilfloses Institutionengewimmel verglichen mit der einfachen Weisung der Kirche: nicht weiter!

Wir sind die Letzten, die noch den alten Menschen kannten, wie er gegrätscht in Natur und Geschichte vor uns stand oder sich nur mühsam und skrupulös fortbewegte, von Glück und Sorge gezeichnet. Den Nachfolgenden wird der Immediatzugang zum Menschen versperrt sein durch einen Schleier von virtuellen Vermittlungen. Wenn nicht große Wetter über ihn kommen, wird dieser Nachfolger nie wieder aus der Schattenwelt seiner durchdringenden Verkünstlichungen hervortreten.

Nur der mythische Mensch lebte einst naturgemäß, naturhörig, naturergeben im Sinne eines Gleichgewichts, das wir späten Analytiker mit dem komplexen Bewußtsein und der überinstrumentierten Technologie, also auf dem Weg der höchsten Künstlichkeit, wiedererstreben. Während aber das erste Gleichgewicht sich in der Einheit von Lernen und Ehrfurcht erhielt, hilft uns kein sakrales Gesetz, die Grenzen unserer Befugnisse einzuhalten.

Nur als die Allerkünstlichsten sollten wir überleben, fast bewußtlos unseren Frieden mit der Erde finden? Und unsere letzte Bindung: das reine Spiel der Regeln? Soviel Zeit, Geschichte, Wissen, Kunst und Seele, und alles löst sich auf in absichtslose Ordnung, in technischen Instinkt? Hierzu nur ein Achselzukken und ein gemurmelter Spruch: ›Es ist alles nur da, um überwunden zu werden.‹

Die rastlose Erweiterung aller Technik tendiert dahin, unseren Status unwandelbar zu machen. Umkehr und Abbruch des Unternehmens scheinen aus eigenen (menschlichen) Kräften nicht mehr möglich. Eine gewaltige Industrie der Korrekturen und Verschonungen sondiert, verbessert, immunisiert das sich bildende Gebilde und richtet es nach dem alten vermessenen Ziel der Aufklärung: Furcht und Zittern aus der menschlichen Existenz für immer zu verbannen.

Wollt ihr das totale Engineering?
    Kein Demagoge, kein Potentat, der so fragen könnte, auch das Volk sich selber nicht. Nur Gottes eigener Donner könnte es brüllen.

Das Virus, das mit einem Schlag sämtliche elektronischen Speicher leert, von denen das jetzige Leben auf der Erde abhängt, und die Valérysche Mikrobe, die alles Papier auf Erden binnen kurzem vernichten wird, unterscheiden sich epochal in der Geschwindigkeit ihres Zugriffs. Auch wechselten wir vorm Auftritt der Mikrobe rechtzeitig das Medium, vom Papier zum papierlosen Speicher. Wohin aber die Bestände retten vor der Bedrohung durch das elektronisch allmächtige Virus?

Man muß inzwischen auch die Gene imaginärer Kleinstlebewesen, reiner Phantasiegeschöpfe fürchten, da ihre Mutation ins Reale nicht unwahrscheinlich ist. Diese neuen biopoetischen Feinde der Menschheit gilt es unter höchsten Sicherheitsvorkehrungen in einem abgesonderten Imaginarium einzusperren und wachsam zu studieren. Das Phantastische hat den Bereich gefahrloser Literatur seit langem verlassen, es zieht vielfältig auf der Suche nach nützlichen Idioten umher, die es in die Techniken der Kommunikation wie auch in die rationalen Bahnen der wissenschaftlichen Diskurse einschleusen.

Als Fulgurist hingegen glaube ich an den Blitz, der uns irgendwann dazwischenfährt, das heilig Unvorhersehbare.

Das Netz zerreißt nur der Blitz.

*

Weit ins schneebedeckte Land zu blicken an einem Wintermorgen, das zieht hinüber ins Ununterscheidbare. Eigentlich gibt es nichts, das mich hier noch zum guten alten Unterscheiden anhielte. Mit Ausnahme vielleicht der superfeinen Unterschiede, die mir um so besser gefallen, als sie nicht leicht zu ordnen sind. Sie zeigen sich vermehrt nun dort, wo die nimbischen oder nebligen Dinge – ganz im Wortsinn der venus cir-cumdata nimbo – eine Rolle spielen. Gleichwertig rangieren sie nun mit den realen oder materiellen. Umrißlos sind sie und nicht zu verwechseln mit den virtuellen. Alles was sich zeigt aus Rauch und Dunst, aus schleirigem Gewölk oder auch ganz unsichtbar bleibt wie das Fluidum.

Der weiße Korallenwald. Eine Temperatur von minus fünfzehn Grad hat uns ein glaziales künstliches Paradies beschert. Fun-kelnde Stille, Zauber der Leblosigkeit. In der Sonne schwirren winzige Eispartikel, Glitzerspreu neugieriger Atome, die sich zum Demonstrationsmodell vergrößern, um einmal mit blo-ßem Auge gesehen, in Augenschein genommen zu werden.

IX   Kunst, Religion, Philosophie

Man erfreut sich auch eines Kunstwerks, das nichts als die Verzweiflung des Künstlers ausdrückt. Es hat doch, eben als Kunstwerk, ein schönes Gesicht. Jeder gutgewachsene Satz, den ein
tiefer Pessimist niederschreibt, bejaht als solcher die Welt. Er
hat etwas gefaßt – und die Erkenntnis des Elends strahlt wie
ein Diamant. Die Freude, die das Kunstschöne auslöst, ist im
Grunde lauterer als die religiöse Freude. Sie steht vielleicht zu
ihr in Konkurrenz. Die religiöse Freude ist vom Glauben abhängig und braucht letztlich kein Objekt. Umgekehrt ist die
Freude am Kunstschönen nicht denkbar ohne Objekt, wenn
auch ebensowenig ohne Transzendenz. Immer aber ist sie ein
Stück Daseinsfreude, die zwischen Gegenstand und Zustand
nicht unterscheidet.

Was ruft ihr nach der Religion! Ihr wißt nicht, welche Damm-
brüche ihr vorbereitet, welch Unheil sie über die meisten bringen wird …! Denn wahrhaftig, sie bringt nicht den einfältigen
Friedensengel, den euch die Kirchenfunktionäre versprechen
und der doch nur einer unter vielen fürchterlichen ist. »Die
Wirklichkeit der Religion ist das Entsetzen des Menschen vor
sich selbst … Ein religiöser Mensch sein heißt ein zerrissener,
ein unharmonischer, ein unfriedlicher Mensch sein … eines
Menschen Religion ist die ganze Entdeckung seiner Unerlöst-
heit.« (Karl Barth, Der Römerbrief)

Das Grauen Gott. Schon Kierkegaard spottete der Pasto-
ren, die Gott in Süßigkeit und Mondschein tauchen. (Heute

würde man sagen: Eine protestantische Predigt, das ist in den meisten Fällen, als spräche ein Materialprüfer vom TÜV über den Heiligen Gral.)

»So jagt Gott, der geliebt werden will, mit Hilfe von *Unruhe* nach dem Menschen ...

Das Christentum ist die intensivst-stärkste, die größtmögliche Unruhe, es läßt sich keine größere denken, es will (so wirkte ja Christi Leben) das Menschendasein beunruhigen vom tiefsten Grund aus, alles sprengen, alles brechen ... Wo einer Christ werden soll, da muß Unruhe sein; und wo einer Christ geworden, da wird Unruhe.« (Kierkegaard, Tagebücher 1834–55)

Das Vertrauen in ein umfassendes Gesehenwerden gründet in der Einheit Gottes, der Eines sieht, in dieser losen, wilden Spreu, die wir vor Ihm ausbreiten im Wind, längst von der Ähre, der Frucht getrennt. Wir wissen, daß Er nicht das Zerstreute, daß Er vielmehr das eine Gesicht, das entscheidende, zählende Merkmal, das Geliebte erkennt. Ohne diese Gewißheit, Erkannte zu sein, hielten wir uns keine Sekunde aufrecht. Ein Aufgerichtetsein zum Erkanntwerden ...

Wir brauchen keine Aufklärung, sondern hin und wieder einen starken Lichteinfall. Und etwas Sinn für fernes Licht.

Weshalb sich das Licht zur Aufklärung verminderte, die Aufklärung zum hellen Kopf, der helle Kopf zum matten Schein der Monitore, diese Universalgeschichte des Dimmens erkläre mir einer!

Wir brauchen keine weitere Aufklärung mehr. Wir sind aufgeklärt bis zur innersten Zerrüttung.

Lessings »Aggiornamento«, sein Bestreben, die christliche Heilsbotschaft dem Zeitalter der Fortschrittsideen anzupassen, führte zwangsläufig über Hilfskonstruktionen der Moraltheologie und Geschichtsphilosophie. Für die »Erziehung des Menschengeschlechts«, deren Entwurf er in hundert Paragraphen während seines letzten Lebensjahrs niederlegt, hat die *Zweckmäßigkeit* der Religion eine stärkere Bedeutung als ihre Metaphysik. Das »neue ewige Evangelium«, das er uns prophezeit, erfüllt sich dereinst in der sittlichen Vollkommenheit des Menschen, der dann der Erlösung im Grunde nicht mehr bedarf und auch der beiden Teile der Heiligen Schrift nicht mehr. Hier streift Lessings Theologie die Grenze zur weltlichen Heilslehre, hier wird er bei falscher Auslegung zum Wegbereiter jener Glaubenssurrogate, die man später Ideologien nennt. Es gehört zu unseren gesinnungskritischen Gemeinplätzen, darauf hinzuweisen, daß religiös motivierte Vollkommenheitsphantasien die Tendenz haben, zu politischem Unheil zu führen. Man kann auch sagen: Heilsgewißheit, welche der Kontrolle durch ein unbekanntes und zu fürchtendes Jenseits entbehrt, hat im schlimmsten der uns bekannten Fälle mit Staatsterror geendet, im glimpflichsten mit dem tiefen Ungenügen einer moralischen Selbstverwaltung, mit der wir uns heute herumschlagen.

Man muß wieder Hamann lesen, um zu lernen, daß Geist aus Rissen und Sprüngen entweicht, daß alle klärenden kleinen Sprachmeister Langweiler sind ... daß man sich jede Minute vergessen kann ... daß Leidenschaft, Drang, Affekt höchste Güter des Lebens, der Religion – und des Stils sind, paulinischer Glaubenssturm, augustinische Selbstdurchdringung ...

Ohne Hamann kein Deutsch. Ohne den Dunklen vom Norden kein Licht ... In der einen Minute sehe ich den ganzen strahlenden Aufbau, die innere festgefügte Idealarchitektur der Werte und Schönheitsbegriffe, die ganze unnatürliche Hierarchie, die heilsam und allerorten verborgen wirkt – und in der nächsten Minute erkenne ich ebenso freudig die Wunderwerke der fließenden unschlüssigen Formen und zweifelhaften Absichten, den unabsehbaren Reichtum der Auflösung, das unendliche Gelöstsein, dessen Herrlichkeit sich darin offenbart, daß kein einziges Menschen-Bewußtsein ihrer Herr werden kann. So, scheint es, wird unsere Begeisterung stets zwischen zwei Unbedingtheiten hin und her geworfen: verstehen zu wollen und nichtverstehen zu wollen.

Begierig, das Gemacht-wie jeder Unbegreiflichkeit in Erfahrung zu bringen, kam er doch in einem schnell zum Schluß: Gott ist Gott. Und kein Gedanke. Die endlosen metaphorischen Versuche, das Numinose einzuberaumen in unsere Sprache grenzen ans Lächerliche oder an Asebie. ER gehört nicht in einen paradoxen Gedanken hinein. ER wäre dort ein Wörtchen bloß. Ein Scharnier zwischen Gescheitheit und Geist. Ein open-end-Effekt der Immanenz. Und dies sind die geheimen Blasphemien selbst der ehrwürdigsten Kirchenväter!

In Ermangelung von Einfalt bedarf es der höchsten Vorsicht, von der Allmacht Worte zu machen, aber kaum der philosophischen Spitzfindigkeit und ihres unruhigen Auf- und Abtrippelns vor einer versperrten Beweisführung. Wie beispielsweise der mit Hochrechnungen spekulierende »nüchterne« Valéry es vorführt. In seinen atheistischen Erkundungen beobachtet man den Umschlag von verbissener Skepsis in lästige Naivität. Vom Absoluten gleitet der Scharfsinn ab wie die Messerspitze auf der Glaskugel. Hier ist dieser Geist nicht inspiriert, sondern schräg, zutiefst unangemessen. Bei einem Mann wie Valéry läuft das geradezu auf einen stilistischen Gottesbeweis hinaus. Was der wagemutigste und sicherste Denker so unbeholfen verfehlt, das muß anwesend sein, das muß es geben. Und sieh, wie es ihn züchtigt, diesen gewaltigen Verstand!

Woher rührte aber, daß Flüche, obszöne Entblößungen ihn neuerdings zusammenzucken ließen? Als hätte die Seele eigens eine zusätzliche Membran gebildet, nur damit er neue Verletzungen spürte und etwas von allen Seiten furchtbar wurde, was bisher kaum bemerkt wurde oder als belanglos empfunden. Eine »Angst vor Profanierung« (Jünger) setzte doch einen Schutzraum des Heiligen voraus, für den der westliche Privat- oder Sozialmensch in seinem heutigen Leben kein ernsthaftes Gefühl besitzt – es sei denn, er wäre bereits vom Gedächtnis berührt, der Zeitenwolke, die aus der Gemeinschaft der Betriebsamen nach und nach eine Schar von Ausschau Haltenden formt.

Es gibt einen Ekel vor der billigen Blasphemie, nicht zuletzt wenn diese, ungeachtet ihrer längst vernutzten Kraft, in sogenannten Kunstwerken immer noch als kritisches Potential eingesetzt wird, bloß um dem subversiven Konformismus zur Erheiterung zu dienen. Der Ekel vor Blasphemie ist zugleich einer vor der Bequemlichkeit der Häresiarchen, vor allem aber ein ästhetischer Reflex, Rückschlag der vertriebenen Scheu, sich mit allen Sinnen an eine autonome Weltlichkeit zu hängen. Ihn begleitet daher das Gefühl weniger einer moralischen als einer sinnlichen Bestrafung, die zuweilen als abrupte, anfallsartige Zuschnürung des Geistes und der Lenden erlitten wird. So als kehrte selbständig und isoliert die *Angst* vor Entweihung zurück in ein sonst restlos entweihtes Leben.

Der seltsame Metabolismus der Leidenschaft, der in der Berührung mit Ideen sich vollzieht, mag jener theo-zoologischen Lücke entspringen, die der Mensch nur notdürftig und letztlich fehlangepaßt ausfüllt. Aber wüßte man nicht gern Genaueres über die Biochemie einer speziellen Geistes- und Lebensverengung, die den Glauben zu Glaubensfanatismus werden läßt? Welches Verhältnis von inhibierenden zu erregenden Kräften im Hormonsystem bei akutem Gesinnungsrausch?

Was ist dabei, verdammt noch mal, der geheime Attraktor, der ein Individuum, gerade wenn es Religion besitzt, in die Gemeinschaft des blinden Hasses zieht?

Welches Suchtverhalten liegt vor, welche selbsterzeugten Inebrianzien sind nötig, um Irrglaube, politischen oder ideologischen Eifer auf Dauer als eine Form gesteigerten Daseins zu empfinden?

Man kann natürlich immer sagen: ohne *blinde* Überzeugung keine Kraft, um die Welt zu verändern. Der Irrglaube verändert die Welt, bessere Einsicht würde sie lähmen und verderben lassen.

Die Wahrheit geht einher mit körperlicher Schwäche, Apathie und Stoizismus.

Gegenüber der Allmacht bleibt dem Menschen nur die Wahl zwischen zwei Verhaltensweisen: gehorchen oder vergessen. Alle übrigen Bemühungen seines Geistes sind zum Scheitern verurteilt. Er macht sich in jedem Fall zum Dummen.

Er selbst hatte sich nie gefragt, nie fragen können, ob er an die christlichen Wunder glaube (zur *Frage* fehlte ihm die Einfalt des Vorbehalts). Er hatte sie stets für das Anschwellen im Strom der großen Verwandlung gehalten, ja, für Verwandlungen eben. Und da er sich auch nicht fragen konnte, ob er einer Musik, die ihn bereits davontrug, traue oder nicht, kam er nie dazu, die christlichen Verwandlungen in Zweifel zu ziehen.

Große Gemälde lehren: der Mensch sei noch von andersher beleuchtet als nur von Mensch zu Mensch.

Vor großen Gemälden, den stillen, fließt beim Betrachten das Spülicht lumpiger Bilder ab, mit denen wir täglich besudelt werden. Die Werke reinigen uns von ganzen Strömen visuellen Schunds.

Morandi und andere konnten jeden Tag dasselbe sehen und dabei immer weiter kommen, die Strecke war nicht absehbar, Vollendung nicht in Sicht, da die Dinge immer durchscheinender wurden bis auf den letzten lichten Tag, da man sie noch erkennt.

Es gibt so viele große Werke der Kunst, aber nur sehr wenige Menschen, die sich rein halten für ihren Einfluß. Die Läuterung der Ansprechbarkeit bedarf vieler Stunden, in denen du nicht sprichst. Was man tatsächlich schulen kann, ist empfänglicher zu werden.

Wenn es ein poetisches Etwas ist, so kann man aus ihm gar nicht genug herauslesen, und hineinlesen ist ganz unmöglich, sowenig wie man beim Betrachten eines Bergkristalls von seinem Augenlicht Strahlen hineintun kann.

Wieviel Dichtung und Philosophie verdanken sich dem Zweifel, ob dies alles hier, Leben und Greifbares, nicht ein Traum sei! Es ist eine universale poetische Reflexion. Ließe sich eines Tages, evolutionsbedingt, dieser Zweifel mit Endgültigkeit beseitigen, verfügten wir also auf einer nächsten Entwicklungs-

stufe über ein härteres und paßgenaueres Bewußtsein, so ver-
lören wir mit der kognitiven Unsicherheit nicht nur ein weiteres Geheimnis, sondern womöglich den Zugang zu jeglicher
Unwirklichkeit, die älter ist als virtuelle Räume.

Was kümmert mich die Weltsicht eines Philosophen, solange
sie nicht wurzelt in poetischer Materie?
    Eine Ansicht muß so schön sein wie eine Aussicht.
    Nichts mag stimmen, wenn nur die Stimmung überzeugt.

Aristoteles: »Und da wahrscheinlich jede Kunst und jede Philosophie nach Möglichkeit oftmals erfunden und wieder verloren wurde, so können diese Ansichten gleichsam deren Reste
(leipsana) sein, die sich bis heute erhalten haben.« Übrigbleib-
sel, Überlebsel, Zurückgelassenes, leípo, zurückgelassen werden.

    Je lesender, um so loser – der ganze Mann selbst nicht mehr
als ein zerknülltes Papier, das sich auf dem Hofplatz von zuk-
kenden Winden in jede Richtung treiben läßt. Jedem Anstoß
aus den Lektüren gebe ich nach, vor allem, wenn er aus unabsehbaren Sätzen dichter Gedichte kommt. Dort springt Licht
aus dem Gleis des Sinns und zieht davon in einer Tangente, die
nirgends endet.

Eine Philosophie, die nicht das Gedicht freigibt, es entläßt wie
einen Nachen, der über den Grenzfluß zieht, ist nicht wirklich
in sich gekehrt und vernimmt die uralte Einheit von Magie
und Gedanke, von Rhythmus und Sinn nicht mehr. Darin begegnet der Dichter dem Philosophen: Gedankenschönheit, die
weder mit Plausibilität noch mit gefälliger Stilkunst etwas zu
tun hat, sondern aus einer stärkeren Anmutung der Sprache
hervortritt. Es geschieht jedesmal etwas wie Schrecken und

Reinigung, wo in der Sprache tief genug abgeteuft und ein verborgenes Vorkommen erreicht wird. Wenn es nach Leopold Ziegler das Los des Sängers und Dichters ist, Erstgeschlagener unter den Menschen zu sein, teilte es Heidegger mit ihm. Sinnlich anstrengend kann es mitunter werden, wenn beim Holen und Fördern Sprache lediglich zur Herkunft entstellt erscheint. Wenn also der Tastsinn des Verstehens, der gestaltbedürftig ist wie die hohle Hand, statt das Profil eines gutgemachten Tischs zu umfahren, ins Lager der rohen Bretter verwiesen wird.

Es gebe zu viel Literatur und zu wenig Glaube an den Buchstaben, zitiert ihn Adorno im »Jargon der Eigentlichkeit« und läßt sich ein paar unruhige Scherze durchgehen über einen Mann, von dem er nur zu genau wußte, daß er in einer Kultur, die sich längst übersprochen hatte, als letzter das Sagen behielt. Heidegger warnte vor der Irrfahrt durch die Weltgelehrsamkeit, vor turbo und dispersio. Vor dem, was nach der Zersplitterung von Aufklärung, nach der explosiven Vermehrung an Sachkunde schließlich als ›Entropie‹ einer Kultur zu befürchten sei.

Von Adorno stammen Kritiker ab, Heidegger zog Dichter an. Char, Celan und Nachfolgende. Bei dem Frankfurter die Schönheit der Reflexion, die ein heilloses Erkennen wettmachen konnte. Glanz der schlußfordernden mehr als der schlußfolgernden Sätze. Bei dem Alemannen das schwere Sprechen des Angedenkens, unter dem »Zuruf« des verborgenen, nie aufhörenden Anfangs. Da nun konkurrieren miteinander: die entlastenden und die stiftenden Kräfte der Sprache.

Weltanschaulicher Optimismus hat kaum einen Denker und nur einige wenige Dichter hervorgebracht. Pessimismus die meisten. Die größten Entwürfe freilich entstanden jenseits von beiden.

Naiv bleibt noch das entwickeltste Bewußtsein, sofern es nackt und außerhalb des Kunstwerks sich ausspricht. Höchstes Bewußtsein kann nur im Kunstwerk gezeugt, gerettet, bewahrt und umwälzend erneuert werden. Implicatio schafft – das Ausgesprochene entläßt. Das Eingefaltete behält und behält sich.

Ein Buch ist eine Verschlossenheit, sieht aus wie eine kleine Schatulle, die man öffnet – aber man tritt ein in die Verschlossenheit. Ein Buch war immer das komprimierte Zimmer, in dem man es las. Der beste Leser war nie der, der über ein Buch redete, sondern der seine Verschlossenheit teilte.

Das Buch – das einzige Wesen, vor dem der heutige Mensch noch den Blick niederschlägt, niederschlagen muß! Alles Höhere sonst wird geradeaus besehen, ohne Scham und Scheu!

Es gibt Emotionen, die existieren nurmehr durch das Buch. Was zum Beispiel ›Ehre‹ bedeutet, in einem glaubwürdigen Sinn und Pathos des Wortes, können wir in unseren Verhältnissen nicht mehr erfahren. Aber im Medium der Erregungen, in die uns etwa die Lektüre von Kleists »Marquise von O...« versetzt, füllt sich das leere, entfallene Wort plötzlich mit seinem ganzen sozialen und lebensgefährlichen Ernst, so daß wir gerne selber wieder ›Ehre‹ sagten; aber das wäre lächerlich, es paßt ja nirgendwo dazu. Einen solchen abrupten Zuwachs von Gedächtnis kann letztlich nur das Buch ermöglichen. Es setzt das strikte, ungestörte Alleinsein mit dem abwesenden Autor und die stimmlose Ein-Mann-Sprache des Erzählens voraus. Es setzt voraus, daß wir den Text als etwas Übriggebliebenes, als Originalfundstück, als Rest auflesen. Während die sogenannten darstellenden Künste, Theater und Film, im Umgang mit dem Text, sein Geheimnis als Rest niemals akzeptieren kön-

nen, sondern ihn auffüllen mit vielen fragwürdigen Mittler-
schaften, bis ein komplettes rauschendes Präsens hergestellt
ist. Vollfüllte Erscheinung, Gesichter, Körper, Stimmen, *Schauspieler* – die uns mit ihren fernsehdurchspülten Köpfen, mit
ihren Autofahrerbeinen vormachen wollen, wie Cäsar ging! In
Anwesenheit dieser Menschen kann man sich nicht erinnern,
sie löschen die Schrift, das diachrone Verlangen.

Die Literatur nach dem Seelenraub ist allemal bloß interessant,
doch folgerichtig an keiner einzigen Stelle mehr anagogisch.
Sie führt niemals aufwärts, nicht einmal über sich hinaus.

Wir haben die Bücher der Offenbarung gelesen wie Do-it-
yourself-Anweisungen. Wir haben die Weissagungen geplün-
dert und alles hinuntergezerrt, was uns eigentlich hinaufziehen
sollte. Eins nach dem andern selbst in die Hand genommen,
nachgebaut, selbstgemacht. Heilsgeschichte vergesellschaftet.
Endzeit erfolgreich militarisiert.

Abstieg des religiösen Stoffs in den Weltbetrieb. Und bildet dort mit den Vernünften ein unschönes Gemenge. Wie ließen aber diese Geister je sich wieder scheiden? Es gibt wohl
den Drang des Menschen, den rohem Klumpen wieder auszu-
werfen, den Glaubensstoff zu isolieren und wieder gegenüber
zu haben: das Ganz Andere.

Marcion: »Es gibt einen guten Gott, ein einziges Erstes Prinzip,
eine einzige, namenlose Macht; dieser eine Gott und dieses
einzige Prinzip kümmert sich nicht um die Dinge, die in dieser
Welt geschehen.« Daher befinden wir uns vor Gott in der Geschehenslosigkeit.

Wie aber der Physiker, was die Welt zusammenhält, im Unsichtbaren findet, so muß doch der Historiker, was die Welt bewegt, in der Geschehenslosigkeit suchen.

Es ist lachhaft, ohne Glaube zu leben. Daher sind wir voreinander die lachhaftesten Kreaturen geworden, und unser höchstes Wissen hat nicht verhindert, daß wir uns selbst für den Auswurf eines schallenden Gottesgelächters halten.

Obgleich ein entschiedener Anhänger Blakes, möchte ich doch nicht soweit gehen wie der große Mystiker und andere Glaubenseiferer und die Natur selbst als etwas von Grund auf Schlechtes und Verdorbenes, nämlich als den gefallenen Garten Gottes ansehen. Das wäre, angesichts unserer heiklen Lage, des guten Reaktionären wohl etwas zuviel und könnte am Ende dem unfrommen Hausen in der Natur noch zur Rechtfertigung dienen. Woran ich aber auf diesem Umschweif erinnern möchte, ist, daß der Mensch nicht nur ein soziales, sondern ebensowohl ein metaphysisches Wesen ist, denn dies, so scheint mir, haben wir seit langem einfach unterschlagen. Am dringendsten erforderlich ist jetzt der Schutz unserer Umwelt und natürlichen Lebensgrundlage. Vergessen wir darüber aber nicht, daß wir nicht minder nötig eines Bewußtseinsschutzes bedürfen, nein, nicht mehr bloß eines Schutzes, sondern schon einer großen Gesundung, einer gehörigen Reinwaschung, um uns den Quellen und Zuflüssen der großen Kulturen wieder anzuschließen und Stärkung aus ihnen zu erfahren. Zugehörigkeit. Die Zerstörung von Interesse und Gedächtnis – die niemand gewollt hat, die aber der maßlosen Selbstbespiegelung und Vergötzung der Gesellschaftsherrschaft zwangsläufig nachfolgen mußte –, sie wirkt sich genauso lebensbedrohend aus wie die Verderbnis von Luft, Wasser, Boden und Nahrung. Man bedenke auch immer: unbeschädigt durch unser Hausen blieb allein von allen Elementen das mächtigste: das Feuer; mit ihm schließt das Erdkapitel der Welt.

Auf seinem gesellschaftlichen Weg wird sich der Mensch niemals hinreichend verstehen lernen; er wird stets nur seinen weiteren Nutzen ausfindig machen. Ohne Wissen um die Natur, seine Abhängigkeit und seine Teilhabe wird dieses außerordentliche Wesen immer größeren Schaden anrichten, es wird zunichte machen und dabei zunichte gehen. Denn Unwissenheit, so heißt es in den gnostischen Evangelien, ist schlimmer als die Sünde. Sie macht uns zu »Geschöpfen der Vergessenheit«, und ihnen ist die sichere Selbstzerstörung beschieden. »Wenn einer nicht den Ursprung des Feuers versteht, wird er darin brennen, weil er seine Wurzeln nicht kennt. Wenn einer nicht zuerst das Wasser versteht, weiß er gar nichts. Wenn einer nicht den Ursprung des Winds, der bläst, versteht, wird er mit dem Wind dahingehen. Wenn einer nicht den Ursprung des Leibes, den er trägt, versteht, wird er mit ihm vergehen. Wer nicht versteht, wie er kam, wird nicht verstehen, wie er gehen wird ...«

Und ich sage, von heute aus, noch dazu: wenn einer »Schmetterling« nicht mit »Seele« übersetzen kann, so wird er nicht zur Einheit mit der Natur zurückfinden. Er bleibt wie ein Grashalm, abgeknickt zur Lebensmitte, dessen Spitze lose über seiner Wurzel schwingt. Denn ohne Mythe und Metapher ist unser zentrales Organ, der Herzkopf, der Bewußtseinstraum, oder nennen Sie es, wie Sie mögen, nicht angeschlossen an die Ordnung des Lebendigen. Sie bilden den eigentlichen symbiotischen Nährschlund, durch den wir mit Äther und Erde, Tier und Strauch verbunden sind. So aufs Engste zusammenwirkend erscheint mir dies, daß ich fast sagen möchte: Mit der Wiederkehr der Erinnerung werden auch die Wasser wieder klar.

Credo ut intelligam – nicht nur besteht zwischen Glaube und Wissenschaft kein letzter Widerspruch, denn Glaube und Erkennen sind im selben Menschengeist und nur in diesem angelegt; auch kann Wissenschaft niemals Geheimnisse an sich verplaudern oder gar lösen. Sie ist ihrem ganzen Bau und Streben nach in unseren zentralen, einzigen Auftrag gegeben: Zeuge des Alls zu sein, das unbeobachtet nicht existieren könnte. Das begonnen wurde, um gesehen zu werden. So wie zur Schöpferkraft Gottes seine Offenbarung gehört. Oder wie, umgekehrt, das Auge sich nicht gebildet hätte ohne den Widerstand – den heimlichen Attraktor der Verborgenheit.

Vielleicht wird hin und wieder ein Erwachsener durch das Weltalter des Glaubens gläubig gestimmt. Nicht der Sinn fürs Immerwährende, für Transzendenz ist ursprünglich in ihm angelegt. Das Zeitlose *denkt* sich der Erwachsene, das Kind aber glaubt an die uralte Geschichte. Das Beste am Glauben wird daher stets der Kinderglaube bleiben. Latenzgeschichte der Frömmigkeit. Nicht Buchstabe, sondern impact. Nicht Auslegung, sondern Wunder und Schauder. Umgekehrt spielen die raffinierten Auslegungen, die das Unwahrscheinliche respektieren und es mit Gelehrsamkeit unentwegt einspeicheln, um es Erwachsenen verdaulich zu machen, oftmals nur mit sich selbst – angesichts des Mysteriums bewegt sich der Kundigste, ohne es zu merken, hilflos wie ein Kind.

Für Cioran sind Gott und Engel und Teufel oft nicht mehr als Denkprobestücke, um sie auf den Menschen zu wenden. »Das Mißgeschick des Engels«, sagt er, »kommt daher, daß er sich nicht anzustrengen braucht, um zum Ruhm zu gelangen.« Der Ruhm ist aber an sich kein Problem für den Engel. Cioran nimmt das Heilige nur als das Über-Menschliche an, sieht darin die besseren, höheren Konditionen des Menschseins erfüllt. Hier denkt der Philosoph wie ein Kind, das ohne Schauder den Engel zu sich herunterbestellt. Die Erde ist gleichermaßen bevölkert von Engeln, Teufeln und Göttern. Wahrscheinlich sind wir nicht allein. Zumindest Abkömmlinge der himmlischen und höllischen Horden durchkreuzen unsere Brust, unser Gemeinwesen. Könnte es nicht sein, daß uns bald eine neue allegorische Lust packte? Eine Lust zur großartigen Inkarnation, zur Fleischwerdung der vielen ausgeträumten Ideen unserer jüngeren Geschichte. Man kann doch nicht soviel denken und so abstrakt sich ausstrecken, wie wir es getan haben im wissenschaftlichen Zeitalter, ohne daß am Ende wieder etwas Ganzes, ein Balg, ein neuer Leib aus der Idee, aus Nebel und Licht, sich uns entgegenwölbte … der wunderbare Rücken der Psychoanalyse, die Brüste des sozialen Wohlstands, die gekreuzten Schenkel von Ökonomie und Ökologie, der Falkenblick des Neurobiologen, die Arme des Untergangs.

Swedenborgs Engel: zwei, die auf Erden einander geliebt haben, bilden im Himmel einen einzigen Engel.

Innovationen im Religiösen sind ebenso unmöglich wie die Vermehrung des Unendlichen. Auch kann es eine »neue« Einsamkeit nicht geben. Hier ist der Rückgriff jedem Fortschritt voraus. Die Einsicht in die Gestalt der Wiederkehr oder in Kreisläufe konnte nirgends den Flug des Zeitpfeils aussetzen, zuletzt nicht einmal mehr in der Quantenmechanik, die Gesetze irreversibler Prozesse gelten für universal. Daher sind wir auch nicht in den Grundfesten unseres Fortschrittsglaubens zu erschüttern. Neben dem Gläubigen und dem Skeptiker darf der Fortschrittsagnostiker nicht fehlen. In seinem Weltbild regiert das Auf und Ab, die blobs and hops, die Hupfer und Tupfer, die Blasen im Fumarolenschlamm, die unregelmäßig

da und dort sich blähen und zerplatzen, ohne daß es zum großen Beben kommt. Sie markieren die wechselnden Bewegungs-
zentren einer umfassenden *Ständigkeit*.

Man wird schließlich zwischen den schönen und den zweck-
mäßigen Ideen sich nicht entscheiden müssen. Keineswegs
bestimmt allein der empirische Gehalt den Nutzwert einer
Idee. Die mystische Vorstellung, daß das Kind im Mutterleib
durch ein Licht in alle Enden der Welt blickt, braucht nicht vor
der medizinischen Embryologie zurückzuweichen. Die Schönheit einer Idee ist für Seele und Geist ebenso nützlich wie die
rationale Erkenntnis für den Umgang mit dem Organismus.
Beide sind gleichermaßen geeignet, Leben zu achten und zu
erhalten.

Auch die Frage des Anfangs wird eine Frage des Glaubens sein: lebensnotwendige Beibehaltung einer gedanklichen
Wohltat, so wie Blake noch die Erde als Scheibe weiterhin
dachte, wider besseres Wissen, weil dies seinem Geist und seinem Herzen nützte.

Schließlich: der vom Immerwährenden verschluckte Anfang. ER ließ geschehen, irgendwann. Doch der Glaube weiß
tiefer: wir bedürfen des Anfangs, der Geist bedarf dieser Gewißheit und wäre nicht lebensfähig, wenn sie nicht wenigstens als
Mythos erhalten bliebe.

Will einer etwas gläubig und rational zugleich wissen, so
wird er zu spüren bekommen, daß beides nicht auf *eine* Wurzel
zurückzuführen ist, sondern daß – gegen die Lehre der Moni-
sten – uns zwei Prinzipien ursprünglich eingegeben sind. Das
Eine, das Einzige, das Zweitlose gibt es nur im Wissen des Glaubens. Dem analytischen Wissen kann es nicht in Aussicht stehen. Das Vielfältige strebt keiner Lösung entgegen. Man hält
angeblich auch in der Teilchenphysik die Suche nach der ›Einheit der Natur‹ nicht mehr für sinnvoll. Das Mannigfaltige war
von Anbeginn, es ist irreduzibel. Einfachheit ist ein Traum,

den das hoch Entfaltete träumt, der Traum der Blüte von ihrer Frühe als Same, aber der Same ist nicht einfach. Was das ganze Gesetz des Werdens auf engstem genetischem Raum, ingefaltet, in sich eingeschrieben trägt, kann nicht ›einfach‹ sein.

Das Ende bleibt immer ein Mythologem. Und stets ist es total und einmalig im Horizont seiner Gläubigen, ganz gleich, ob es als Naturkatastrophe, Götterdämmerung, Weltbildsturz oder Terracid auftaucht. Die Kraft der Tatsächlichkeit ändert kaum etwas an der uralten Stimmung. Enden läßt sich nicht restlos säkularisieren. Auch nicht mit den letzten Finessen der aufgeklärten Vernunft. Im Gegenteil, der Glaube an die totale Politisierbarkeit unseres Geschicks, an die Technizität und Machbarkeit des Nicht-Endens ist Aufklärung bis zur Verblendung.

Wie Senancour bin ich der Meinung, daß die Unterdrückung religiösen Empfindens ein großes Unglück für die Geschichte der menschlichen Vernunft darstellt.

Über beinahe alles ist mit dem intelligenten Zeitgenossen zu reden, nur nicht über ein metaphysisches Problem. Man spürt allgemein eine Scheu, über derlei zu sprechen, die nicht ganz geheuer ist. Fluchend, blasphemisch, tabuverletzend darf man sich jederzeit auslassen. Aber die ernste Überzeugung stößt ab und macht verlegen wie eine üble Zote. Die satirische Intelligenz hat hier ihre Schamgrenze.

Blasphemie – längst nach dem Kampf –, ohne daß der Höhner noch die Bürde des Bestreitens, des Aufbegehrens hätte tragen müssen, ist nicht nur ein Zeichen von eitler Feigheit, sondern auch ein Vorzeichen der Unmenschlichkeit. Achtung vor dem Menschen setzt eine Erfahrung von Ehrfurcht voraus, die man nicht allein im Angesicht des Menschen gewinnt.

Mit dem Reflexions- oder Selbstbewußtsein hat die Geschichte der Arten bekanntlich eine Stufe jenseits der biologischen Evolution erreicht. Und darin, in seiner Ichheit, ist wiederum ein unentwegter Aufstieg, die *anagogische* Begabung des Menschen angelegt, falls wir diesen Begriff aus der Lehre der Kirchenväter einmal hierher verschleppen dürfen. Sie hatten vier Bedeutungsebenen der Heiligen Schrift unterschieden und deren letzte eben den hinaufführenden Sinn genannt. Der hinaufführende Sinn nimmt nicht nur an allen unseren fünf Sinnen teil, an allem was erschüttert, beglückt, betört, sondern er beginnt bereits mit der einzigartigen Fähigkeit des Menschen, sich selbst zu denken, zu glauben, zu hoffen, also mit Zukunft zu rechnen und mit der Gewißheit des Todes. Mehr als Selbstbewußtsein wird auch die nachmenschliche Züchtung nicht erlangen. Solange ein Wesen über Selbstbewußtsein verfügt, wird in seinem Denken sein Glaube verwurzelt sein. Und es wird beide nicht voneinander isolieren können. Es ist ihm unmöglich, seinen Glauben zu denken. Es ist ihm ebenso unmöglich, an sein Denken zu glauben. Insofern ist es undenkbar, nicht zu glauben. Wenn mein Denken unentwegter Aufstieg, hinaufführender Sinn ist, dann wirkt darauf mein Glaube ein. Lediglich kann eine Begabung gegen die andere verkümmern oder zeitweilig verstummen.

Wie Hölderlin die Religion rettete vor den Totenvögeln der Aufklärung, vor ihren begreifenden Krallen, und zurückführte in die Sphäre des »unendlicheren« (jawohl!) Lebens, so ist sie wieder und wieder zu retten, solange das menschliche Ingenium reicht.

Schlimm ist die theologische Stumpfheit in den Kreisen der herrschenden Intelligenz, trotz Benjamin, Scholem, Bloch. Natürlich ist sie eine Folge der Ausmerzung, Verödung religiösen Verstehens insgesamt. Schlimmer wäre allerdings: die »Ausschlachtung des theologischen Denkpotentials« als intellektuelle Modeströmung.

Wie leicht findet man zurück in eine runde Welt! Man begibt sich in die Klang-Geborgenheit eines Trakl-Gedichts. Jeden Vers prägt die Scheu vor Aufriß und vor Öffnung und vor Offenheit. Jede Zeile eine lautlos sich schließende, vom Nachtwind zugewehte Tür. Abgeschiedenheit, ein Universum. Die opake Kugel des Gedichts ist nicht die Kugel des Magiers, des Hellsehers, sondern die Kugel des dunklen Klangs. Der ganze Park besteht nur aus flüsternden Zwei. Und einem Brunnenmund, aus dem das Vergessen rinnt. Der Schatten spielt noch, spielt weiter in der reinen Finsternis.

Wahrscheinlich war Proust unter den Menschen einer der dankbarsten.

Er hat das Gewesene nicht einfach unter Schluchzern begraben sein lassen. Er hat sich gesagt, ein solch wunderbares Geschenk, gelebt zu haben, läßt sich nicht stumm kassieren. Man muß es in allen Einzelheiten festhalten, Revue passieren lassen, es wiederum sichten, rekapitulieren, um sich erst richtig zu wundern. Er hat etwas getan, was jeder von uns tun müßte, um nicht am Einmaligen (des Lebens) zu krepieren.

Wo kann man heiter sein und wohlverständigt? Nur jenseits der Ideome, der kranken Ideen, nur draußen in der absichtslosen Menschlichkeit der Kunst, in der befreundeten Fremde der Musik, wo in angemessener Entfernung das Gute und das Böse ihren Ausgleich finden?

Wahrscheinlich. Hier, alltäglich, führen wir ein mozartvergessenes Dasein. Obgleich doch die Musik da ist, unter uns weilt und nirgendwo sonst das Menschlich-Erlösende so nah ist. Nicht jene ›unaussprechliche Heiterkeit‹ in Todesnähe, sondern die Heiterkeit nach einer schweren Prüfung, langen Düsternis. Wenn plötzlich all der Krempel der Erfahrungen so wohl sortiert ist, daß sie sinnvoll-leicht zu tragen sind.

Vielleicht siebenunddreißig, vielleicht aber auch siebenundsechzig Mal, wer weiß, werde ich im Leben Beethovens Tripelkonzert gehört haben. Immer zufällig, immer im Radio. Die Interpreten wechseln, die Noten ändern sich nicht, das Leben vergeht unter immer denselben Harmoniefolgen, wechselnden Stimmführungen der drei Solisten, Aufschwüngen, Zärtlichkeiten und feierlichem Finale *Rondo alla Polacca*. Die Musik, die mich früher nur begleitete und vorwärtsführte, spricht nun von Mal zu Mal ein wenig deutlicher von einem mir begrenzten Zeit-Raum ihrer Wiederholbarkeit.

Man könnte das Repertoire schließen und fortan nur noch aus dem Repertoire schöpfen.

Die Innovationen beträfen dann lediglich die verschiedenen Formen des Zugriffs auf den Speicher. Alles Gerettete. Der Künstler ein Lagerist. Hält die Teile frisch und gebrauchsfähig.

Das *Repertoire* – erst in der Musik, dann später auch in der Literatur. Irgendwann den Schlußstrich ziehen und die Wiederkehr (stete Zunahme) des Meistgeliebten als Lebenszyklus erfahren. (Das Repertoire zentraler Gedanken schließt man, oft berufsbedingt, schon sehr viel früher ab.) Man kann sein Repertoire erweitern, sich unermüdlich Neuem aufschließen, oder man hat die Grenzen seiner Vorlieben entdeckt und überläßt das Begrenzte den Krisen und Glücksfällen des Lebens, den vielen Veränderlichkeiten der Stimmung und Aufmerksamkeit. Die Wiederbegegnungen mit den immer gleichen Musikstücken, den »unvergänglichen«, beleben den Hörenden in seiner Geschichte, holen dies und jenes herauf, was keine gedachte

Erinnerung je erwischte. Und wie alle Wiederkehr, ob zufällig oder geregelt, bilden sie einen Rhythmus, der dem One-Way zum Tod entgegenstrebt.

Das einfache, geschwinde Lied, Seitenthema im Kopfsatz von Mendelssohns Oktett; so geneigt, gesellschaftlich vereint; dienend-glücklich; verschwommen auf- und vorwärts, und wenn nur ein herrlicher Gruß! Das Einigende nebenher geflüstert-gespendet. Nur die Musik kann von himmlischer Gesellschaft reden.

Der berühmteste Maler der Mingzeit von Blumen und Vögeln, Xu Wei, der Verrückte, setzte unter eine Querrolle mit fast informellen Tuschzeichnungen sein Motto: ›Die Freude an Wolken und Nebeln.‹

Der Maler Zhu Da verzog sich in seine Hütte, heftete das Schriftzeichen *ya* (stumm) an die Tür und sprach seitdem nicht mehr. (Sein Vater litt unter angeborener Stummheit.) Später nahm er viele Beinamen an. Der Sprachlose nannte nur mehr sich selber. Mit unzähligen Worten, Namen, Zeichen versah er die eigne lautlose Person. Unter anderem nannte er sich *Bada shanren*, was mit ›Eremit der Acht Himmelsrichtungen‹ übersetzt wird. Viele seiner Werke schuf er im Weinrausch.

Man glaubte an die Stufenleiter der Kunst, welche das Tao beherzigt. Niedrigste Stufe: *neng* wirklichkeitsnah. Zweite Stufe: *miao* wundersam. Dritte Stufe: *shen* göttlich. Letztes: *i* untramelled. Grenzenlos frei, unirdisch, urentbunden. Nur noch vom Nichts in die Zucht genommen.

Aber wozu darüber reden? Leben wir nicht schon lange ›menschenwürdig‹ ohne Religion? Und demnächst gewiß auch ohne Kunst. Ohne Philosophie. Ohne Kritik. Ebenso menschenwürdig. Und vielleicht, wenn alles eingerichtet ist, auch einmal ohne Wissenschaft. Dann wären in der Tat alle Zweifel beseitigt. Die Sache spielte sich nur noch zwischen Meßfühlern und Sensoren, zwischen Wohlfahrt und Raumfahrt ab. Was wissen wir, zu welchen Erleichterungen seiner selbst das Humanum fähig ist? Die rettende Wahrheit mag im vollendet Bedeutungslosen liegen, in der schönen Schwebe der Selbstvergessenheit. Im Zeitalter der Arglosigkeit. Restlose Einkehr in die Zuhandenheit. Die ›mechanisierten Versteinerungen‹ (M. Weber).

Wenn machtvolle Ordnungen ein Übermaß an Neuem hervorbringen, dann müssen sie mit dem Widerstand, mit den geheimen Einflüssen der Dichter rechnen, die, wie David Jones sagt, »an etwas Geliebtes erinnern«. Anamnesis, nichts sonst, ist ihre Kunst und ihre Pflicht. Sie suchen die Asyle da und dort, suchen Unverletzliches. Unverletzliches Einst, das auf der langen Wanderung, auf der Suche nach Wohlsein verloren und vergessen wurde: Dichtung, Land, das nie faßlich, aber doch da ist, bewohnbar, fruchtbar, unverseucht, lebenschützend, lebenspendend. Ziel. Asyl.

Es gibt eine neue, klar markierte Trennlinie, die zwischen dem (abfällig so genannten) »Metaphysischen« und allen übrigen bunten Kunstfreuden unserer Tage verläuft. Hier genügt der Geruch, man braucht gar nicht erst hinzusehen, die Verdammung folgt auf dem Fuß, gleichgültig übrigens, ob es sich um einen Film von Kieslowski, eine Aufführung mit Edith Clever oder eine Oper von Stockhausen handelt. »Das mystische Wabern«, »der hohe Ton« (der nur deshalb stetig an Höhe gewinnt, weil das Niveau der Berichterstatter seine endgültige Niederung noch immer nicht erreichte), sie markieren gegenwärtig die einzige Grenze, die noch feste Parteiung schafft und antagonistische Qualität besitzt. In dem Moment, da eine Sprache bereit ist für das Unvermittelbare, für An-spruch und An-klang, wird sie unverzüglich auf den erbitterten Widerstand der Kommunikationsangestellten stoßen. Doch daß diese Bereitschaft, diese Öffnung nicht mit gefälliger Ironie und sprachlicher Geschicklichkeit zu bestreiten ist, müßte sich eigentlich von selbst verstehen. Ich vergesse aber, daß ich es nur mit Neuerscheinungs-Exegeten zu tun habe, die den Namen Hamann oder Franz von Baader oder Hugo Ball vielleicht gar nicht zur deutschen Literatur zählen. Ich aber bin ihr Medium, durch mich leben sie und leben besser als im Hauche gelegentlicher Gedenkartikel zu Geburts- und Todestagen.

Man muß niemanden Zerstörung lehren. Die Künste, die den Müll der Welt zu spiegeln vorgeben, vermehren ihn nur. Den Kunstbegriff gilt es auf Brennpunktgröße zu verengen.

Verkommenheit und Verwüstung menschlicher Verhältnisse waren eine Zeitlang zum selbstgefälligen Thema der Bühnen und Galerien geworden, sie wurden satt daran. Kein Wunder, daß diese beharrlich diagnostizierte Verkommenheit von ihrem ästhetischen Nachvollzug kaum zu unterscheiden war. Die Künstler-Gnostiker sprechen vor der Hand von der Niedrigkeit politischer Machenschaften, unter der Hand aber davon, daß niemand zu etwas Höherem als den Verhältnissen aufblicken kann, da nun einmal das Aufblicken an sich verlernt wurde. Auch ein fernes Leuchten am Horizont steigt ja letztlich von den Müllfeldern auf, niemand sollte zweifeln, daß es vom Schwelbrand der Abfälle stammt.

Die niedrigste Spielart des Gnostizismus, die Erkenntnis vom Weltmüllhaufen, erhebt für manche dessen ästhetische Nachbildung in der Rang eines schöpferischen Werks. Die Kunst, vornehmlich der Bühne, wühlt lüstern mit im Dreck der Welt – was sie im übrigen zu allen Zeiten hätte tun können, wäre sie nicht eigentlich zu dessen Überwindung angetreten.

Wir haben glänzende Fortschritte beim Manipulieren unserer Erregbarkeit gemacht. Droge und schnelle Musik beeinflussen den sensitiven, nicht den emotionalen Bereich unserer Empfindungen. Auch das schmächtigste Gemüt läßt sich im Nu in Ekstase versetzen. Extreme Beschleunigung, schwere Langsamkeit, die sehr kurzen und die sehr breiten Metren, die uns erhitzen oder kontemplativ stimmen, machen eher unempfänglich für den Sog und die Steigerung der dramatischen Form. Sie lassen uns wenig spüren vom »aufsteigenden Nackenhaar«, vom Affekt der Überwältigung, dem Menschen seit jeher einzig im Theater begegnen konnten und unbedingt wollten, den sie mit ungefährem Begriff Furcht und Mitleid nannten, Erschütterung, von dem finalen Schauder eben, der Überschreitung partieller Erregungen zum Pathos der Beteiligung.

Vom Pathos wissen wir heute nur, daß es eine Menge hohles Pathos gibt. Dennoch muß die alte Sache noch einmal neu verhandelt werden. Nach dem Abzug der Weltverbesserer, nach dem Verblassen endzeitlicher Visionen, bleibt von der ganzen moralischen Anstalt vorerst nur ein Nutzen übrig: das Training der Empfindungskraft. Mehr als mein Gefühlsleben kann ich im Theater nicht verbessern.

Der ästhetische Urfehler ist der Plurimi-Faktor: das Hohe zugunsten des Breiten abzuwerten. Das Untere zur obersten Interessensphäre zu machen. Das Breite zur Spitze zu erklären. Inzwischen paktiert auch die Kunst liebedienerisch mit Quote und breitem Publikum.

Kaum einer, der Verbreitung nicht für Erhöhung hielte. Er müßte denn schon seiner Erfolge überdrüssig sein und aus pu rem Snobismus die Überzeugung hegen: die Frage des Niveaus wird in Zukunft wieder von der Begrenzung des Zugänglichen abhängen.

Kunst ist nicht für alle da. Dies sollte durchaus nicht ihr unfreiwilliges Schicksal sein, sondern formbewußt ihrem Entstehungsgrund eingegeben.

In der Kunst sind wir häufig genug Abtrünnige unserer besten Gelöbnisse und Programme. Vielleicht ist es gerade die abgelenkte, die nicht verbrauchte Kraft des Revolutionärs, die Büchner zu einem Autor von so hoher Beginnfähigkeit werden ließ. Der Dichter der zwei Jahre, mit den vier Werken, die vier Mutter-Werke, Erstprägungen in der deutschen Literaturgeschichte werden sollten. Viermal auch Neubeginn und Wechsel in der eigenen Diktion. Das faktenmontierte geschichtliche Schauspiel; die Bewußtseinsnovelle; das hermetische Spiel (unter der Berücksichtigung, daß es, anders als seine romantischen Vorbilder, zum Theatergenre wurde); schließlich das Unterklasse-Drama. Vier Prototypen zugleich der Vergeblichkeit: schwarz die Geschichte, verloren das Ich, leer das Spiel, unrettbar der andere. Ungeheure Vorstöße in Gebiete ohne Trost. Auf der Ebene dieses frühen Nihilismus lastet das Gewicht eines eben erst gesunkenen Himmels. Er hat noch nichts von der rüden Fraglosigkeit, mit der wir uns unter der Senkrechten hinwegstehlen. Niemand spricht metaphysischer als der, dem Gott sich jäh in der Umkehrung offenbart, in Abgrund, Wunde und Leere. Mit schwerer Versonnenheit spricht Woyzeck, mit zerstörter Frömmigkeit. Büchners Atheismus ist wie ein negatives Erweckungserlebnis, er wird wie ein Hieb, eine Verletzung empfangen.

Man darf sich eingestehen, daß man trotz aller Wissensvermehrung von seinen Mitmenschen heute keinen Deut mehr in Erfahrung bringt, als schon ein Tschechow, ein Musil oder Flaubert zu ihrer Zeit beobachtet haben. Nur daß in dieser selben Sphäre (des geselligen Menschen) der empfindliche Beobachter/Erdulder inzwischen mit seinem Gegenstand ein gemeinsames Feld der flüchtigsten Vibrationen und Schattierungen aufbaut, dessen exakte Beschreibung alle charakteristischen Grenzen einer Person auflösen muß. Doch bleibt die Menschenkenntnis der früheren Künstler unübertroffen, und jeder weiß, daß ihrem Blick nichts Helleres hinzuzufügen ist, gewisse Differenzierungen nicht feiner, gewisse Schwingungen nicht genauer erfaßt werden können, sondern daß alles noch Feinere, noch Genauere eben an ein technisches, an ein lebloses Bemerken grenzte – an das *Kleinliche*, das sowohl für das Wort wie den Blick des Menschen ein Unheil ist.

Wie viele haben Kafka gelesen in ihrer Jugend und sind dann doch Unterstaatssekretäre oder Bankfilialleiter geworden, die kaum mehr ein Buch zur Hand nehmen! Heute verstünden sie vielleicht gerade noch ihr jugendliches Verstehen dieser Texte – sie erinnerten sich an das Lektüre-Erlebnis wie an irgendeine andere goldene Unbesonnenheit aus ihren Jugendtagen. Wie schnell, wie spurlos verschwindet aus dem Leben der meisten, was sie einst gelesen haben! Aber zogen nicht alle diese Bücher mit Sirenenkräften an den einzelnen? Ja, sie wollten sie verführen, abhängig, ohnmächtig machen, und so geschah es auch mit jedem, der sie las. Doch wenig später schien's, als wär er bloß ein wenig unterhalten worden, nur für einen ganz kurzen Zeitraum seines Selbstbewußtseins beraubt, seines platten Tatendrangs. Die große Literatur scheint daher nur auf diejenigen eine ihrem Rang entsprechende Wirkung zu haben, die schon früh von ihr vollständig entmachtet und unfähig wurden, irgend etwas beruflich zu betreiben, das nicht in Abhängigkeit zu ihr verblieb. Sie gehört einem kleinen Haufen von Berufsliteraten, eingeschworenen Ohnmächtigen.

Wenn Valéry sagt, Mallarmé hat mich getroffen ... also: er habe in dieser Begegnung einen Schlag empfangen, so war das nur möglich, weil ihn zahllose andere, ebenfalls großartige Dichter lediglich gestreift, manchmal angestoßen oder aus dem Konzept gebracht hatten – nur dieser eine hatte ihn getroffen.

Wenn wir heute von allem und jedem betroffen sind, müßten wir von Rechts wegen vor Schlägen schwanken und taumeln. In Wahrheit hat uns aber nie der eine Schlag getroffen, um bei allen anderen ehrlicherweise von Gestreiftwerden zu sprechen. Unsere pathetische Unredlichkeit trägt das Ihre dazu bei, daß wir längst unempfänglich sind für den einen, der trifft.

*

Wie kann nur der Sturm so rasen? Wo noch kein schwerer Sommer steht, den er vertreiben müßte. Die Wolken zerfetzt er, jagt ihre Schatten über die Wiese. Jedes Gras wird Fluß unter dem Wind, fließt hangaufwärts in schlängelnden Schnellen. Windstille, ein Oasentraum. Und der sommerbleiche Fuchs schnürt durch seine Furt.

Unter der Sturmgeburt des Sommers gingen wir zum Schwimmen im Weiher. Und dann über Stunden froh durch die Felder. Den Gesichtskreis schritten wir wieder aus: soviel Weg, wie ich von meinem Tisch erblicken kann. Und im Getreide lag die rotentzündete Flechte des Mohns, das feurige Ekzem, auf der grünen Haut der jungen Gerste. Der Flimmer wehender Grannen streifte die Hand unterwegs wie ein junges, borstiges Tier.

Auch sahen wir den scheuen und seltenen Schwarzstorch aufsteigen aus dem aschgrauen Geäst ertrunkener Bäume im Luch.

Bleich wie das Schnauzhaar eines greisen Hunds liegt das Strohgras in der Senke, und bleich steht der Himmel darüber. Wie mit Engelssegeln steigt ein Bussard herab, mit steilen Schwingen greift er den Maulwurf oder die Maus. In den hängenden Fängen krallt er die Beute, torkelt im Niederflug über den Boden, um sie abseits vom Fangplatz zu schlagen. Täglich das kleine Schauspiel natürlichen Tötens vor Augen und täglich die Vorsicht des Fuchses, wenn er, die Rute spindelgerade in die Höhe gestreckt, nach kurzem Trippelschritt zurücklauscht, was sich regt, ob Feind, ob Beute. Denn Scheu und Gier sind gleich hell. Und wie man täglich schärfer mit ihm späht und heller mit ihm wittert!

X   Liebe, Sexus, Mann und Frau

Liebe, auch die stärkste, braucht ein Vorbild.

Paolo und Francesca saßen einst unter einem Baum im Garten und lasen die Geschichte von Lancelot und Ginevra. »Und als wir von ihrem ersten Kuß lasen, schauten wir uns an und lasen an dem Tag nicht mehr weiter.« So bei Dante. Die große Kette des Kusses. Ohne Kuß, die Synekdoche, das Bild der Vereinigung, bestünde zu ihr nicht immerwährende Bereitschaft. Besäße die Menschenrasse nur den Vorgang der ›natürlichen‹ Vereinigung, wäre sie längst ausgestorben. In unzähligen Fällen wäre mangels Vorbild nicht genügend Begierde vorhanden. Der Kuß als stummes Weitersagen des Schöpfungsauftrags.

Der Kuß sucht nach der Quelle des Lächelns.

Eines der weiblichsten Selbstgefühle überhaupt – ein Doing Gender höchsten Grads – spricht Dona Proëza aus in Claudels »Seidenem Schuh«, wenn sie vom geliebten, fernen Rodrigo sagt: »Es war schön, für ihn eine Frau zu sein.«

Liebenden ohne die Kraft, einer dem anderen sich zu unterwerfen, fehlt das Animalische einer großen Leidenschaft. Unterwerfung? Mein Gott, wir sind doch nicht beim Militär! So etwas kennt die Beziehung zwischen mündigen Liebenden nicht. Hier wie überall sonst gehorcht man dem Benimm der Selbständigkeit.

Ich will ihn noch einmal beschwören, bevor es zu spät ist, diesen Aufenthalt, ein Mann vor einer Frau, an der er nicht vorbeikommt. Noch einmal der einzigen Gewalt huldigen, die unter Menschen menschlich ist – nämlich unter zweien, die sich nicht lassen. In ihrer Asozialität, in ihrer Höhle voller Schreie und Flüstern. Knochenarbeit der Hörigkeit, der Zugehörigkeit. Das ist, wenn man sein Hören und sein ganzes Knechtgewicht von Gott und der Welt abwendet und einem Gleichen zu. Sich lieben, bis es zu Ungeschehenem wird und wieder zum ersten Mal beginnt. Wege des Mannes, Stunden der Frau.

Je tiefer sie weiß, ihr Objekt verfehlt zu haben, umso leidenschaftlicher steigert sich Liebe.

Die Unumrissenheit der anima im Mann wird auf die Frau projiziert, macht sie zur femme introuvée, die ewig anzieht. Manche Frauen vollziehen unbewußt diesen Prozeß und verhalten sich sogar ihm entsprechend, indem sie ihr Erscheinen zu hüten verstehen. »Sie bleiben ein Bild, um nicht zu ernüchtern, um unserem inneren Bild der femme introuvée zu begegnen.« (Michael Landmann)

Die schönsten Frauen waren immer die mit Verachtung begabten. Ihr aufrechter Leib zeigte den Verlauf einer Grenzlinie. Ein Trennstrich umriß ihre Figur, an dem der niedrige Geschmack, der billige Geist, die gewöhnlichen Übergriffe der Zeit abprallten.

Mir schien, die beiden Liebenden benutzten die meisten ihrer Worte als Paßworte, mit denen sie einander als zugehörig und ungefährlich, mit denen einer als des anderen Eingeweihter sich auswies.

Die erotische Version der Unschärfebestimmung lautet: Es ist unmöglich zu lieben und gleichzeitig die Zeit-Stelle innerhalb der (begrenzten) Dauer einer Liebe exakt zu bestimmen.

Ein Erotiker ist das Gegenteil des Eroberers, der Anti-Don-Juan schlechthin. Er ist grundsätzlich: unterlegen. Immer bereit, einem anderen Menschen, und nicht nur dessen weiblicher Erscheinung, gänzlich zu verfallen. Sein sinnlicher Wille ist niemals darauf gerichtet, frei zu sein, sondern ausschließlich darauf, sich gefangen nehmen zu lassen.

Proust (Wiedergefundene, 307) zitiert ein großartiges Wort La Bruyères: »Männer wollen oft lieben, ohne zu wissen, wie ihnen dies glücken könnte, sie suchen eine Niederlage, erleben sie aber nicht und bleiben sozusagen wider Willen frei.«
    Die Unfähigkeit zur Niederlage hat also die meisten so ungebunden frei gemacht – und hat so viel Liebe auf der Welt verhindert!

Keine andere Form des gewöhnlichen Scheiterns, weder Krankheit noch Ruin oder Versagen im Beruf, findet einen solch tiefen grausamen Widerhall im Unbewußten wie die Trennung. Sie rührt unmittelbar an den Ursprung aller Angst und weckt ihn auf. Sie greift mit einem Griff so tief, wie überhaupt Leben in uns reicht.

Warum ist sie gegangen? Was habe ich ihr getan? Es bereitet mir fast theologische Qualen, daß ich es nicht wissen *kann* … Ich selber bin der ganze Grund und krieg ihn nicht zu fassen.

Den Sinn eines wissenschaftlichen Versuchs enthüllt erst sein Scheitern. Die Kraft, die eine Liebesbeziehung bewegt hat, kommt erst im Bruch zur größten Wirkung. Eine Frau, die die Trennung einleitet, bedient sich gleichsam der naturwissenschaftlichen Methode, indem sie die Liebe als langwierige Verkettung von Irrtümern entlarvt, keinerlei Metaphysik, also auch kein früheres Glück mehr anerkennt und in jedem verbindenden Element den Rostfraß der Verblendung nachweist.

Der Fall ist nicht selten, daß eine Frau in eine Verbindung, aus der sie mit aller Kraft herauskommen möchte, nach einem langen zähen Schlußkampf, plötzlich erschöpft, wiedereinwilligt. Ich sage: wiedereinwilligt, und nicht, daß sie einer Bequemlichkeit nachgibt oder es einfach mit sich geschehen läßt. Es ist vielmehr so, daß sich auf der äußersten Schwelle der Lossagung und Erschöpfung aus unerklärlichen Gründen der überzeugte Wille erhebt, es noch einmal zu versuchen.

Der Mann, der verlassen werden sollte und seitdem mit allen, auch mit verbrecherischen Mitteln darum kämpfte, die Liebe seiner Frau wiederzugewinnen, steht plötzlich, völlig überrumpelt, vor dem happy end.

Wie sehen aber die ersten Tage nach der Rückkehr aus? Wie fällt das wahre Drama der abrupten Sehnsuchtserfüllung einerseits, der tiefen Sehnsuchtsentkräftung andererseits aus?

Ich würde es gerne wissen. Ich kann es mir aber nicht ausmalen. Das Begehren für eine solche Situation ist derart groß, die Situation selbst erscheint derart ideal, daß ich sie mir nicht auf anschauliche Weise vorstellen kann. Der letzte Fang der Hoffnung ist nicht mal mehr ein Bild, kein bißchen Geschichte, nur noch ein emphatischer Gedanke.

Es heißt, Lazarus habe von der Stunde seiner Auferstehung an nichts anderes gekannt als ein wahnsinniges Grauen vor dem Tod – und die Wiedervereinigten? Wie werden sie in der wissenden Furcht vor der Trennung zusammenleben?

1960 und seine Filme. »L'Avventura«, Antonioni. Die Liebe in Schwarzweiß war alles, was dem Nichtstun Leben verlieh. Sie ereignete sich im Wechsel der Paare, doch nur an bestimmten vakuösen, ausgegrenzten Orten. Aber es wurde noch nicht Liebe *gemacht,* der Zuschauer geriet nicht unter die Schnitte-Kaskade eines gefilmten Beischlafs. Es war die Zeit, als Haut, Lippen, Bein und Auge die Sache noch unter sich ausmachten. Als Nacktheit noch einen erkennenden Blick wert war. Als Liebe, mit einem Wort, in der Blüte ihrer Verlorenheit stand, »existentialistisch« war, d. h. außer ihr nichts anderes vom Dasein. Denn es gab kein Leben außerhalb der sensuellen Verführung, auch keine Geschichte, keinen Handelsplatz – nur Atmosphäre, Nebelhülle.

Das oberste Gebot der Liebe ist Reinheit. Die Reinheit, an nichts anderes zu denken. Sie verzweigt sich in die Reinheit der nackten Schulter, der Achselhöhle, der schlanken Hände, des langen Beins. In letzter Konsequenz – Liebe in der Eiseskälte, in der sie nicht ist und sich keimlos erhält. Wie alles Tiefgekühlte unseres Lebens, vom Sperma bis zur Leiche.

Der Sexus, der uns zuerst in Kostüm und Maske begegnete, in frühen Filmen, figuriert und in ganzer Gestalt, hat die Hüllen des Erscheinens abgeworfen, nicht nur in den späteren Filmen. Wer hätte geahnt, daß er unter wirklichen Menschen so selten *in Erscheinung* tritt? Die uns in Scharen aus U-Bahnschächten und Ladenpassagen entgegenströmen können unmöglich der Hort dieser besonderen Magie sein. Was sie im Anschein nicht besitzen, besitzen sie auch in der Verborgenheit nicht – jener

Verborgenheit, in der allein sich der Sexus erneuern könnte, seine Jungfrauenquelle gleichsam, um sich von seiner parodistischen Verkleinerung, dem Sex, zu befreien.

Was den epiphanischen Sexus betrifft, leben wir alle in den Traurigen Tropen. Der Forscher hat, was er erforschte, ein für allemal zerstört.

Sex als Sexusverlassenheit, die kleinweltliche Dämonologie, die immer noch das Verbotene verzweifelt sucht wie der Gläubige das Heil ... aber in der Sprache der Kommunikation gibt es nun einmal keine Verbindung mehr zum Nicht-Erlangbaren, zur erotischen Utopie oder zu jenem Akt der Vereinigung, in dem beide ›ihr Gesicht verlieren‹. Sexus ohne Metaphysik ist die greulichste aller säkularisierten Energien. Eine terreur des moeurs, die der Heiligung des Sexus diente, wäre sogar in meinen Augen gerechtfertigt. Wenn es nicht anders geht, so muß man dem Menschen seine erotische Würde zurück in sein Fleisch peitschen.

Das postgenitale Zeitalter, von dem man sich erhofft, daß der Sexus gesundet und endlich wieder wird, was er ist, nämlich mehr als nur der bescheidene Nebeneffekt einer ungeheuren Propagandamaschinerie, die umfassender kein politisches Regime je ins Werk setzte. Diese hier und da verkündete neue Ära einer technosexuellen Zerebralisierung wird jedoch im Gegenteil das Nicht-Erlangbare für immer aus dem Umkreis von Sexus und Begierde entfernen. Und beide vielleicht nachhaltiger beschädigen als leibfeindliche Sittengesetze. Genitale Sinnlichkeit ist wie die sprachbildende Befähigung im Hirn: überall. Sie verteilt sich über die verschiedensten Sektionen. Ist immer zugleich verbunden mit Herz, Zunge, Sucht, Zorn und Güte. Man könnte beinah Virchow abwandeln und sagen: Ich habe tausend Zellen der Lust seziert und nirgends ein genitales Zentrum gefunden.

Alle Lust will Öffentlichkeit. Die sexuellen Propaganda-Umzüge werben mit einem etwas zopfigen Outfit des Lasters, während sie doch das ganz gewöhnliche Laster sozialer Ansprüche verfolgen. Der Syndikalismus libidinöser Vorlieben. Ihre Forderungen nach Recht und Billigkeit richten sich weniger gegen ein paar verstockte Puritaner, die heute eher die schützenswerte Minderheit abgäben, als vielmehr an den Staat, den letzten ideellen Gesamtkleinbürger. Die Straße lebt, das Zimmer stirbt. Raffinement und Ritual, die im Verborgenen einmal reich gewesen sind, läßt der Verband der Bekennenden zu nummerierten GV-Praktiken verkümmern. Da bleibt als Letztes nur dies Reizgemisch aus Exhibition und stinknormalem Bürgerprotest. Es wird wohl oder übel auf eine Form von sexuellem Kitsch hinauslaufen.

Die Verschleierung von Sexualität ermöglichte zweifellos genau jenes sinnliche Vergnügen, das man in der Periode ihrer schonungslosen Befreiung/Begaffung als Rekordmarke der Lustleistung vergeblich wiederzuerlangen suchte.

Die menschliche Sexualität ist eine Sisyphosiade, ein Impotenz-Traum. Unentwegt strebt sie einem Höhepunkt von *Natur* entgegen, zu dem es uns hinaufzieht mit Versöhnung versprechender Kraft. Jedoch den Höhepunkt seiner Natürlichkeit zu erleben, ist dem Mängelwesen nicht verstattet: es erreicht ihn nie. Oder etwa in der kurzen, eine halbe Sekunde währenden Bewußtseinstrübung auf dem Überroll des Orgasmus? Und wenn es, wie die meiste Zeit, zur glücklichen Ohnmacht nicht langt, die Seligkeit zwei Zentimeter flacher ausfällt? Das Glück schafft Maßstäbe und Werteskalen, das Relative ist immer zur Stelle und erkennt keinen wirklichen Höhepunkt an. Auch daher das schallende Gelächter des Teufels, das, einem alten Wort zufolge, nach jedem Beischlaf uns verhöhnt.

Nein, wie frei wir's auch anstellen mögen – außerhalb der Liebe! –, wir werden immer gesellschaftsfähig bleiben, und solange wir *Liebe machen*, werden wir ein kultiviertes, ein Serien-Produkt herstellen. Ars amandi oder Joy of Sex: wir entkommen den Formen nicht, den Werten, den Regeln, der totalen Kultur. Mithin ist es gewiß befriedigender, dem Liebemachen mit formvollendetem Bewußtsein entgegenzutreten, anstatt es mit der gewaltsamen Sehnsucht nach *reiner* Sexualität zu belasten, die im Bilde ihres Wahns nur die Liebe selbst erfüllen kann.

Der Mann von heute ist schlau, er argumentiert gerne und ist leicht zu amüsieren. Darin, so würde er selbst sagen, zieht seine Frau mit ihm gleichauf. Sie sind beide wirklich sehr intelligent. Aufgeschlossen. Amüsant. Scharfzüngig. Beide recht scharfzüngig. Die Homosexualität ihrer Wesensart wird einzig von der Sexualität selbst, dem sogenannten Sex, gewissermaßen unterbrochen, insofern *sie* – nach eigenem Bekunden – einen sehr persönlichen, sehr weiblichen Stil der Hingabe pflegt. Aber das ist wirklich eine Stilfrage, wie auch ihre italienische Garderobe die weibliche Linie sehr betont. Doch Sex und Kleid sind nur das heterosexuelle Feigenblatt der im ganzen gleichgeschlechtlichen Beziehung. Eine Liebe ohne Dunkelheit. Zungen aber, mit luziferischer Helligkeit begabt.

Die eine ging immer noch im gespannten Pullover, der knapp auf der Taille saß, immer noch mit künstlich erblondetem Haar, als müsse sie einen Mann anlocken, obgleich der eine seit langem mit ihr war. Wenn sie einander jede Nacht umarmten, immer, einfach immer, so hatte das vermutlich nichts mehr mit der Liebe zu tun, nicht einmal mit Körperwärme, sondern nur mit Kraft und dem Genuß der eigenen Kraft. Es war eine Mitteilung von Energie, die im Aufschlag der Leiber, in der Steigerung des Umarmens erzeugt wurde und mit der sich ein sinnliches Aggregat jede Nacht auflud. Der Akt zeugte den Akt und sonst nichts. Er war weder Verschwendung noch Verausgabung, weder Überschreitung noch Kampf – er schuf seine Wiederkehr. So ist es, wenn nicht die Verschlagenheit der Lüste dazwischentritt, wenn allein die Form des männlichen und die Form des weiblichen Körpers ohne jede Vermittlung zueinander sprechen. Es war eine brachiale, kaum begreifbare, nicht ersehnbare Freude. Vielleicht war es nicht einmal Freude, auch keine Sucht, sondern eine autonome robuste Pracht, die unabhängig vom Empfinden der Beteiligten danach strebte, ihren Zustand regelmäßig zu erneuern.

Die andere ist eine schöne Frau mit Lock-Stop-Physis, die der Blick kurz nach Erfüllung der Begierde gezeugt hatte mit dem Blick eine Viertelstunde vor der nächsten. Eine Frau immerzu in der Spitzkehre zwischen Anziehung und Abweisung. Der Liebhaber kehrt immer aus demselben Abstand zu ihr zurück. Sie lieben sich nicht, sie kehren beide regelmäßig zu ihrer Berührung zurück. Ja, sie hätten sich nie ein erstes Mal berührt, wenn es nicht – beginnlos – aus einer langen, verborgenen Wiederholung hervorgegangen wäre. Im Anfang war das Abermals. Jede erste Begegnung ist ein unverhofftes Wiedersehen.

Die Kleider machen diese Frau so körperlich, daß ihr Körper ohne Kleider nicht mehr genug Frau wäre. In ihren Haaren zu wühlen, ihre Bluse aufzureißen, ihr den Rocksaum über die Schenkel zu schieben – jede abrupte Handlung würde eine Zerstörung ihres sexuellen Zaubers bedeuten. Das unzeremonielle Begehren beschädigte nicht nur die Erscheinung, sondern auch das Begehren selbst.

Das Antlitz ist Lidstrich und Wangenpuder, der Gang ist

Schuh mit hohem Absatz, die Nacktheit existiert überhaupt nur verschleiert. Venus circumdata nimbo: Liebe gibt's nur in der Nebelhülle. Die Hollywood-Schönheit einst war derart ikonisch – sie in orgiastischer Verrenkung im Bett zu sehen, wäre jäher Bildersturz gewesen. Zusammenbruch des erotischen Stils. Statt dessen erreicht sie uns nun in ihrer Unerreichbarkeit alle Zeit.

Der erotische Blick sucht die interessante fremde Person in tausend feinen Unstimmigkeiten zu entdecken. Man verliebt sich nicht in einen ganzen Menschen. Erst der freie Zerfall seiner Eigenart zeigt, das Interesse hat getroffen, er läßt sich lieben. Das Wichtigste an ihm vergeht, es ist nicht der Zustand seines Gesichts, nicht ein Idol, nicht ein schöner Körperteil; es läßt sich nicht genießen, es läßt sich nur erwischen. Ist vielleicht nicht mehr als eine kleine Redewendung, der man sofort anhört, daß sie von jemand anderem übernommen wurde; oder ein wehrloses Staunen, so als hätte man selbst gerade etwas Unfaßliches gesagt, doch staunt die fremde Person gerade über ein eigenes Gefühl; oder eine versehentliche Handbewegung, in der man schon den Impuls der Berührung genau erkennt. Etwas Vertrautes verfrüht sich plötzlich in den unbekannten Anblick. Man sieht: das ist die Hand, die dich in diesen Jahren an der Schulter faßt.

Eine einzige ergreifende Liebesnacht kann uns haltlos machen für immer; wer je die eine richtig liebte, wird alle lieben wollen. Er hat den formlosen und anonymen Grund des Liebens berührt, und schon am nächsten Morgen, wenn er auf die Straße tritt, muß er sich künstlich bezwingen, um nicht mit der Nächstbesten fortzugehen, denn sie kommen ihm nun alle entgegen, mit einem Lächeln und mit Blicken, als würde sie förmlich angezogen von seiner frohen Ausströmung oder vom

Licht der Lust, das aus ihm leuchtet. So ernähren wir – wir Männer mit dem schlechten Gedächtnis einer schönen Frau, wir Unglückliche, nein: wir Glücksversehrte, denn zumindest Ein Mal hat es uns tief getroffen –, so ernähren wir denn unsere gesamte irdische Zeit von Liebesanfängen, von jenen triumphalen und zügellosen *Anfängen*, durch die alle Geschichte und Gesellschaftsgeschichte entschlüpft und wir einer unwandelbaren Hoch-Zeit teilhaftig werden.

Erschütterung durch unser beider Ungleichheit in dem, was man die ›Vereinigung‹ nennt und heißen müßte: die Erschütterung. Ein Mal, jedenfalls ein Mal. Ich kann mich dabei an keine Heiterkeit erinnern. Lust als Drama der Lust endet nicht mit Befriedigung, Erfüllung und sich dehnen statt sehnen. Es ist vielmehr das Gefühl, einen unvordenklichen Ernst erreicht zu haben. Jeder für sich, kein Getue mehr. Tränen, nicht wegen eines Kummers, sondern um weiterhin zu fließen. Daher auch der Wunsch, sich leicht zu verletzen und zu bluten, nur um den beruhigenden Fluß zu spüren. Keinerlei Verständnis für das Triviale. Aber schnell ergriffen von alten, primären Symbolen: Blindheit, Meer, Haus, Schrift, Pferd. Bei gleichzeitig aggressivem Überdruß an kleineren, ›sozialeren‹ Symbolen: Spiegel, Geld, Schuh, Blume, Teig, Uhr – und was dergleichen Plunder uns täglich in seine niedrige Ordnung ruft.

Die Schwingung, die sich vom Liebesakt zweier Menschen erhebt, ausbreitet und über ihr Leben hinaufsteigt und im Äther ewig dahinzieht.

Man liebt in der Ehe nur eine Frau, die auch zum Ehebruch fähig ist. Die dazu imstande wäre. Die Liebe in der Ehe ist grundsätzlich die Liebe zu einer potentiellen Ehebrecherin.

Eine Frau, die zu dir zurückkehrt, nach einer bitteren Erfahrung, nach einer Niederlage, eines Besseren belehrt über ihre eigene Natur, hat dieses erregende Flair, ihre natürliche Begabung zur Untreue für immer verloren. Sie wird nie wieder davonlaufen.

Weißt du, wie es ist, wenn du mit einer Frau, die du einem anderen entführt hast, plötzlich allein bist, plötzlich auf einer weiten Reise allein mit einem Menschen, den du im Grunde kaum kennst und der nur als Gegenstand des Raubs unwiderstehlich erschien, jetzt aber, wo er dir anhängt, unausweichlich neben dir bleibt bei Tag und bei Nacht, mit erdrückender, ernüchternder Gewalt sich als fremde Person enthüllt? Das schlechte Gewissen, das du gegenüber dem Beraubten hegst, hat nun freie Zeit und Raum genug, um sich zu einem quälenden Gespenst aufzublähen. Die Kaltblütigkeit, die hingegen sie an den Tag legt, offenbar frei von jeglicher Erinnerung und Sorge, läßt sie in deinen Augen plötzlich häßlich erscheinen, ja mit den Skrupeln hat sie für dich auch Schönheit und Anmut verloren, und du findest sie häßlich, weil sie dir blindlings folgte und dafür einen anderen beinahe tödlich verletzte. Aber daß sie es nur tun konnte, weil sie dir rücksichtslos angehören wollte, die einzige Legitimation für ihre Grausamkeit gegen den anderen, gerade das empfindest du als ein Versagen, einen schweren Defekt ihres weiblichen Gespürs, das sie nicht davor warnte, daß die ganze Passion im Raub selber beschlossen und mit ihm wieder vorüber sein würde. Wer also von den beiden hat sich ärger verfehlt? Sie, deren Ahnung, deren Unbewußtes so kläglich versagte – oder er, der bei höchstem Bewußtsein das Spiel der Reize so weit trieb, daß es in die Gedankenlosigkeit einer Tat, einer Handlung, einer plötzlichen Reise mündete?

Weibliche Kälte? Sie weigert sich, sie will dich nicht, obgleich doch soviel für dich spricht? Aber ist sie wirklich kalt in ihrem Wesen, oder bist nicht du nur überhitzt? Unter den Geschlechtern weisen Temperaturen recht verläßlich Macht und Anziehungskräfte nach. Tröste dich jedoch, auch diese scheinbar Kälteste wird eines Tages vor irgendeinem Gleichgültigen so hilflos und vergeblich glühn wie du vor ihr.

Sie zieht den anderen vor, einen unerträglichen Hohlkopf und Aufschneider? Es wird schon seine Gründe haben, die weder sie noch du erkennen. Ein Rest von Selektion wirkt fort im erotischen Gefallen und Geschmack, trotz allem. Trotz unserer zahnlos-zahmen Ausgesprochenheit, wo alles Psyche ist und Argument, geschieht auf einmal diese unerklärlich reizgelenkte Gattenwahl wie unter Kormoranen.

Allein das Wort *Beziehungen* immer wieder zu hören, wirkt sich lusthemmend aus. So handelsplatt, wie es klingt, sucht es den Umgang mit der gründlichen Gefahr, welche die Liebe ihrem Wesen nach für das Gemeinwohl darstellt, künstlich zu ernüchtern und seine Berechenbarkeit hineinzubeschwören in eine Sphäre, die immer noch die ursprünglichste, undurchdringlichste und verschlingendste des Menschen ist. Es mag sein, daß daran die Herrschaft alles Möglichen, die totale Erlaubnis, der Konsum auf die Dauer etwas ändern werden und alle Bindungen lose und schwächlich machen. Wie der Geschichtslose an den kalten Inszenierungen von Vergangenheiten, den plötzlichen Tableaus von Preußen, Staufern, Pharaonengräbern sich erfreut, so wird dann den Lieblosen kaum etwas anderes mehr erregen als die Spurensicherung der Liebe. Zu gerne würd' er mal erfahren, was wohl ein sogenanntes erotisches Abenteuer wirklich war, oder wie eine Leidenschaft sich ausnahm, die erst im Bruch von Regeln, Sitte, Widerständen groß geworden war.

164

Ohne Zweifel ist die Lust beliebig reproduzierbar. Die Bedeutung hingegen, die sie schafft und hinterläßt, ist es nicht. Es kann sehr wohl ein einziges Mal nur zu einer Spitzenbedeutung der Lust kommen und alle übrigen Male zu etwas weniger. Hier wird die Politik der Liebe für Ausgleich sorgen. Sie bewahrt ein antreibendes Gedächtnis für die einmalige, subversive Verausgabung und bewahrt zugleich davor, daß die vielen schwächeren, gemäßigteren Reproduktionen als Schwund und Mangel empfunden werden.

Für uns in den Städten, uns Mobile, Beschleunigte und sozial Vermischte, entscheidet sich die Partnerwahl in einem ›freien‹ Spiel von anziehenden und abstoßenden Kräften, je nach Lust und Laune und dem Angebot der Reize. Es ist, als sei die erotische Wirklichkeit, die äußere Szene der wechselnden Gelegenheiten, zu einem vollkommenen Abbild der Seele selbst geworden mit ihren wirren, ungeordneten Bedürfnissen und der Fülle ihrer Ambivalenzen. Wir werden diesem Menschen nicht mehr begegnen, von dem wir auf Anhieb wissen, dieser paßt zu uns wie kein zweiter, er ist der einzig Richtige. Für unsere Lebensformen, in denen wir voneinander immer unabhängiger, vom Ganzen aber immer abhängiger werde, ist ein solcher schöner Absolutheitstrug von keinerlei Nutzen mehr und wir werden ihn allmählich aus unseren Gefühlen verlieren. Wo aber die Seele so wenig äußeren Zwecken zu gehorchen braucht, tritt die Herrschaft der innersten Ambivalenzen umso ungezügelter hervor. Die Rede der Verbindung, die einzig auf Gefühl beruht und kein gemeinsames soziales Geschick mehr zu tragen braucht, ist ein komplexes Ja-Nein, und ihr unspaltbarer Kern ist Liebes-Kälte. Alleinbestimmend ist, was gerade der Seele gefällt – und es gefällt ihr schon gleich nicht mehr, wie man weiß, denn sie ist ja der Hort des Gegenwendigen schlechthin. Die Begegnung, die unter den Bedingungen der größtmöglichen äußeren Freiheit und Verantwortungslosigkeit stattfindet, wird bald ein geschundenes Opfer der Zwänge, der Lust- und Zerstörungslaunen des Unbewußten. Auf diesem Feld, wo das Soziale (Aufbau einer Gemeinschaft, Fortpflanzung, Überlieferung eines kulturellen Erbes usw.) seine vorherrschende Rolle eingebüßt hat, verkehren unbehindert die Launen mit den Gelegenheiten, und dieser breite Verkehrsstrom, wo das Gewünschte mit dem Gegebenen sich immer kurzfristig einigen kann, zieht durch uns alle.

Die große Philosophie des Abendlands kommt ohne die Erörterung einer sexuellen Schicksalsfrage aus. Kaum jedoch die große Literatur.

Die Sexualität hat die Perioden ihrer »Unterdrückung« allerdings bravouröser gestaltet, auch künstlerisch gehaltvoller bestanden als die Epoche ihrer unheroischen Befreiung. Vor allem, wenn der Freiheit Zauber damit endet, daß die Haut zu Markte getragen wird und umgekehrt der Markt in die liebende Haut.

Warum sollte auf die große Schultüte mit sexuellem Naschwerk, Ära der libidinösen Unreife, nicht irgendwann der Status des Erwachsenen folgen, mit einer heiteren Ordnung von Herz, Hirn und Geschlecht, und auch nicht in verkehrter Reihenfolge? Vielleicht wird man eines Tages ein wenig verzeihlich zurückblicken auf das geschlechtliche Gedränge, auf Schub und Schubumkehr der Leidenschaft mit ihren vielen gestikulierenden Beteuerungen, Lügen und Wichtigtuereien.

Ja, man würde dann wohl darüber schmunzeln, den Kopf schütteln, wie man einst über die bürgerliche Prüderie den Kopf schüttelte.

Ich las »Väter und Söhne« von Turgenjew. Der Autor selber war nicht anwesend. Aber er hatte für seinen späten Lesegast alles so selbstverständlich hergerichtet, so verwandt und unbekannt, den versammelten Figuren von sich soviel Nähe und

Distanz gegeben, daß ich mich in jede einzelne ergänzen konnte, nein, es unweigerlich mußte und schreckliche Angst vor dem Ende der Geschichte bekam. Natürlich geht es darin um vergebliche Liebe, wechselnde Beziehungen, Pessimismus und Fortschritt, Intelligenz und Gleichgültigkeit, alles Dinge, die mich jetzt besonders stark berühren und die ich mit beispielloser Naivität auf meine mehr als hundert Jahre älteren Verhältnisse übertrug. Aber ich wollte etwas Allgemeineres festhalten. Wir haben vielleicht, in einem solchen Buch, uns selbst auf einer Höhe der Empfindungen kennengelernt, auf der wir irgendwie weiterbeschäftigt werden wollen, nun außerhalb des Buchs. Wir haben zwar auf imaginärem Wege (des Romans) die vergessene Leidenschaft wieder aufgefunden, aber das, was sie in uns auslöst, ihr Affekt, ist keineswegs imaginär, er ist ganz wirklich, wie Tränen oder Zittern eben wirklich sind; ein Gefühl, das gebraucht werden will, es verlangt nach persönlicher Erfahrung. Aber in unserer alltäglichen Gegenwart entspricht ihm nichts. Dort ist alles auf magere Gemütskost abgestellt. Das wirkliche Leben bietet keine Gelegenheiten, an denen man sich satt erleben könnte. So hockt sie in uns, nach dem Buch, die startbereite Leidenschaft, doch niemand ruft sie ab. Und auf die Dauer schmerzt dies Hocken in der angespannten Krümmung. Wir empfinden mehr als wir verausgaben dürfen. Das Mehr an Wirklichkeit, das sich der Triebleser erwarb, muß er bei sich behalten.

Aber, nicht wahr, mit den Frauen ging es anfangs leicht und heiter. Solange sie einen haben wollen, verstehen sie alles, lauern auf die geringste Anspielung, den feinsten Zwischenton, der sie kitzelt und lockt, lachen frei und erwidern frei, sie bekommen alles mit, was sie später, nicht sehr viel später, dann überhören, was ihnen entgeht, ganz natürlicherweise, weil sie die tierische Wachheit, die Geistesgegenwart der Begierde, des Schöntuns, der Werbung, der Verliebtheit verloren haben!

Wie fremd dir auch der andere ist bei klarem Licht – so schrankenlos doch das nächtliche Vertrauen, sobald er nur seinen Platz im Dunkeln neben dir hat.

*

Ein Gänger auf der Weide hinunter zum See. Mann oder Frau, nicht zu unterscheiden. Zu fern der einzige dort, der in der Woche das Blickfeld quert. Schweren Herzens, so geht er. Früher nahm ich das Fernglas, wenn so ein Querling auftauchte im freien Horizont. Jetzt nur noch für den Fuchs und seine Jungen.

Im Winter gehen wir, von Kleidern rund, zum Pflaumenhain hinunter, wo wir vor weniger als zwei Monaten im dünnen Hemd die Früchte sammelten, um sie zu Mus zu kochen. Die Luft ist kalt und klar, kein Hauch blieb übrig von diesen noch so nahen Erntetagen. Die Wolken grau, von wäßrigem Blau untermischt, die Horizonte cremefarben-gelb und glühend rot. Weiße Traktorrinnen bändern das Feld. Schuppig der Waldboden von halbgefrorenem Laub, korallenrot bei Sonnenuntergang. Da verspürte ich den Heißhunger eines Blinden auf die versponnenen Farben eines frühen Winternachmittags – indem ich sie sah.

In diesen Wolken hockt, in seinem Ausgedinge, das alte Licht des Jahrs, so gebrechlich, daß es einen fast dauert. Das Aufschauen vom Tisch teilt meinen Blick in drei Teile Himmel und ein Teil langes Land. Erscheint irgendwo ein Mensch in diesem Verhältnis, so sieht man nicht mehr als ein wanderndes Komma oder einen Schrägstrich.

XI Politik, Freiheit, Geschichte

Die Kultur ist leer, weil sie politisiert wurde, die Politik ist vergiftet, weil sie kulturlos wurde.

Stürzen kann man eine Diktatur, Freiheit nur rauben. Oder verzehren. Das Kapital kommt allemal mit dem Chaos besser zurecht als mit strenger Ordnung, besser mit der Verschwendung als mit Bescheidenheit, besser mit der Masse als mit der Elite, mit der Ausschweifung als mit der Keuschheit. Das Kapital verzehrt die Freiheit der Menschen genauso wie ihre Erdgüter.

Der Fortgang von Geschichte ist oftmals nur: daß eine Stimmung wechselt. Entweder aus unbegreiflicher Laune oder aufgrund von Ereignissen, die diesen Wechsel vielleicht auslösen, aber das Ausmaß des »gefühlten« Neuen nicht rechtfertigen. Die Weltseele besitzt anscheinend ein sanguinisches Temperament. Die vicissitudo rerum, der Wechsel der Dinge, Kulturbrüche, Zeitwenden etc., läßt einmal übertrieben lange auf sich warten, ein andermal drängt sie sich auf, überstürzt sich. Unregelmäßigkeit und Eigensinn gehören dazu.

Ist das die neue Ära? Sind das die neuen Begriffe? Das Wort des Philosophen-Hammers lautet: Nein!

»Das da«, so begann er, indem er mit ausgestrecktem Daumen über die Schulter wies, »diese unsere Gesellschaft ist vermutlich das größte Menschenwerk, das unsere Epoche hervorbracht hat. Weder Wissenschaft noch Politik, schon gar nicht Kunst oder Religion haben in diesem Jahrhundert etwas Vergleichbares vorzuweisen, etwas so Komplexes und Hochentwickeltes, eine beinahe schon übermenschliche Erzeugung wie es dieses unfaßliche, allmächtige Gemeinwesen ist. Was aber ist das für ein Wesen? Hat es nicht all unsere schöpferischen Kräfte in Anspruch genommen? Haben wir nicht viel, vielleicht allzuviel von unserem Besten und Innersten gegeben, um es gut ernährt aufzuziehen? Manch persönliche hervorragende Tugend fiel ihm zum Opfer; viel an Mut, Liebe, Unternehmungsgeist und Gelassenheit gaben wir hin, um dafür Angst, Leere, Unbeständigkeit einzuhandeln. Haben wir also einen Halbgott oder einen unersättlichen Dämon erschaffen? Wie auch immer, dies grandiose und einzigartige Gebilde einer freien Massengesellschaft hat sich längst über unsere Köpfe erhoben, es ist tausendmal ›klüger‹ als wir selbst, und nicht das geeinte Wissen aller Experten, Politiker und Weisen der Erde würde hinreichen, um diesen Über-Organismus auch nur annähernd zu verstehen, geschweige denn ihn mit überlegenem Bewußtsein steuern zu können.«

»So haben wir denn«, fuhr er fort, »aus uns, aus unserem Volk, aus unserer Nation nichts als eine moderne Gesellschaft gemacht. Die gesellschaftlichen Ideen beherrschen uns ja bis in die äußersten Sinnesspitzen hinein; sie beschatten unser gesamtes näheres und ferneres Denken, sie regieren unsere politische und persönliche Moral. Sie bieten uns wahrhaftig Schutz und Schirm – bewahren uns aber auch vor jeder Form von Weisheit und tieferer Besinnung. Meist sind diese Ideen der Jugend besonders willkommen (auch der eines Staats); sie verleihen ihr ansehnliche Intelligenz und führen zu schnellem

Erkenntnisaufschwung. Sie sind indessen wenig dazu angetan, einem Menschen auf die Dauer seines Lebens genügend Halt oder genügend Geist zu bieten. Diesseitigkeit ist nun einmal kein lebensabendfüllendes Programm. Das mag im übrigen für den persönlichen Lebensabend wie für die späte Epoche gelten. War unser Volk vor noch nicht allzu fernen Tagen dem Schicksal der despotischen *Verhaftung* ergeben, so packt den Gesellschaftsmenschen von heute, sobald er nur zu Bewußtsein gelangt, das nicht minder große Grauen der vollkommenen *Lossagung*. Gerade er, der späte Mit-Mensch, muß zwangsläufig den Schock des Antäus erleiden, der bekanntlich seine Kraft und sein Leben verlor, als Herkules ihn vom Erdboden hob. Es ist das Gefühl, gänzlich dem Gemein-Sinn, den Gesellschaftsdämonen zum Opfer gefallen zu sein, welches ihm nun die Brust zerquetscht. Er spürt, daß er tun, denken, träumen, ja sogar erleiden und befürchten mag, was ihm nur beikommt, und es doch immer nur halbwegs, immer nur kraftlos, immer nur beinahe vollbringt. Zum Verzweifeln ist es, wie gründlich er sein möchte, wie innig und standhaft, und ist doch in allem nur ein abgehobenes Gewicht, durch einen Wirbel der Zeit ergriffen, durch einen Wind geschüttelt, der *alles* flatterhaft macht. Derart erlebt er die Schauder des Losseins. Nicht geringer, so will mir scheinen, nicht weniger angstschweißtreibend, als eines Morgens aufzuwachen und verhaftet zu sein, ist nun dieser entgegengesetzte, dieser antäische Alptraum: unfähig, zu halten und zu haften, je wieder den rettenden Boden unter den Füßen zu berühren; erhoben, um im Wind erdrückt zu werden ... Oh, gezählt und beschlossen, gewogen und zu leicht gefunden, zerteilt und dem Wind überlassen!«

Unserer Lossagung vom Übel folgte ein übles Lossein. Wie ohne Herkunft Geborene irren wir ständig in ein falsches Zuhaus. Läufer und Tänzer, Springer und Fechter, Jäger und Flüchtige, tapernd oder taumelnd, ach, es sind überall nur Bewegungen unterwegs! Diese Worte, Gesichter, Geschwindigkeiten – wann und wo sollte das sein? Und ich selbst, wann und wo? Nein, ungewiß ist es, nicht auszumachen. Statt eines bescheidenen Bunds von Erfahrungen tragen wir eine hohe Kiepe voller Gelüste und Reizbarkeiten auf dem Buckel, eine große Menge von Meinungen und Informationen, lauter unerprobte Existenz, ermüdender zu schleppen als ein mittelschweres Schicksal. Natürlich, das reiche innere Programm unserer Freuden und Leiden wird wohl noch abgespielt, aber ohne daß dabei ein Leben hervorträte, nach außen hin geschähe. Wir neigen ja schon dazu, das Spiel von Reiz und Regung für die Sache des tätigen Lebens selbst zu nehmen, obgleich es uns ergeht wie einem, der sich zum Flieger ausbilden läßt und doch nie über die Trainingsstunde im Simulator hinausgelangt. Unser Leben in Freiheit? Freiheit! Heiliges Wort, gewaltiges Feuer, das Völker, Staaten, Klassen, Künstler begeisterte und erhob! Doch sein lodernder Lauf, nicht aufzuhalten, allesfressend, hält auch inseits des längst Freien nicht an, der eigentlich der Fassung und Fügung eher bedürfte als weiterer Lossagung. Freiheit und ihr langer Lauf vom schöpferischen Feuer zu einem den Lebensgrund verheerenden Flächenbrand – Freiheit von Sklaverei und Fremdherrschaft, Freiheit von Gott und Naturgeschick. Freiheit von Staatszwang und Familienbindung, Freiheit vom andern, Freiheit von allem – frei wie noch nie, frei wie verrückt!

Man möge doch einmal dazu übergehen, unsere weit entwikkelte Demokratie weniger mit zugespitzten Ideen als vielmehr mit wachen Sinnen aufzufassen. Jene Schönheit der Vielfalt, die wir so gern in der Natur bewundern und für gesund empfinden, warum dürfen wir sie, wo sie in unseren westlichen Gesellschaften in Erscheinung tritt, immer nur skeptisch und argwöhnisch betrachten? Warum sind wir so wenig geneigt, uns am Haben ihres Formenreichtums erst einmal zu erfreuen, und starren verbiestert sogleich auf das Soll irgendwelcher unerfüllbaren Ideale?

Nicht die graue Sorge, die den rastlos Tätigen erblinden läßt, nicht die Sorge, die zum Wächter des Seins bestellt ist, sondern allein die geschäftig-geschäftliche Zukunftsorge ist es, die zur Kritik der Gegenwart dient. Man möchte zu gern einigen Späteren beim historischen Erwägen unserer Dilemmata zuhören! Ob sie nicht vielleicht unser Epochenbewußtsein einmal für das vergrämteste und krämerischste halten, voll unschlüssiger Berechnungen, ideologisch verdorbener Analyse und anthropozentrischen Halbwahrheiten.

Wenn ich nur wüßte, welche die größte Naivität meiner Zeit gewesen sein wird!

Wie schnell vergeht ein helles Bewußtsein und war dann identisch mit Befangenheit und Irrglaube! Und morgen eine neue lichte Blindheit!

Naivität ist auf jeder Ebene des Geistes sein Beweggrund. Es gibt nichts an seiner Arbeit, das nicht danach strebte, eines Besseren belehrt zu werden.

Im Grunde bleibt jeder von einer Zukunft überzeugt, die auf Prolongation und Steigerungsraten hinausläuft. Gleichzeitig bekennt er sich (öffentlich, statistisch etc.) zu der Überzeugung, »daß es so nicht weitergehen kann«. Beim vielbeschworenen Umdenken verhält sich der Mensch im Grunde nicht anders als ein Tier: Erst die Not macht es ihm notwendig, sich anders zu verhalten. Ein Leben mit der bitteren Einsicht in die Unrettbarkeit der angenehmen Verhältnisse ist bei weitem erträglicher, als die geringste Konsequenz aus ihr zu ziehen. Sie produzieren, sie arbeiten, sie verteilen den Reichtum, sie bezahlen den Frieden. Diese Überantwortung der Geschichte an die Ökonomie diente dem Erhalt des inneren und äußeren Friedens besser als jede ideelle Politik. Da niemand weiß und niemanden es zu wissen drängt, was »dahinter« noch sein könnte, da Eroberungen weder im ideellen noch im sozialen Sinne verlockend erscheinen, wird das, was ist, zum stetig erschwerten, stetig erneuerten Ziel. Das Können, Wissen, Verwalten richtet sich auf die Renovierung des Gegebenen und Gehabten.

Dies bringt den Konservativen um seinen Begriff. Die Summe dessen, was er nicht für erhaltenswert erachtet, steht in keinem Verhältnis zu den bettelhaften Resten, die er schützen möchte. Sein aktuelles Nein zu den Gegebenheiten ist weitaus radikaler als das systematische des Revolutionärs. Seine Unduldsamkeit ist – not-gedrungen – zur Kritik der versagenden Kritik geworden.

Politiker stehen in der Regel im Banne des Epimetheus, dessen nämlich, der alles zu spät bedenkt. Im Gegensatz zu seinem berühmteren Bruder, der ohne Vorbedacht handelt und damit das Schöpferische und das Unheil zugleich auf die Erde bringt. Oft nennen sie sich noch die Hüter von Kindern, die doch längst in den Brunnen fielen. Auch hören sie Zeitbomben immer noch ticken, wenn diese bereits auf den Straßen, in den Schulen oder Spitälern breite Spuren der Verwüstung hinterließen. Mag es sich nun um Bildungsfragen, Integrationspolitik oder demographische Kurven handeln. Sie sind gewiß hervorragende Statistiker, gewiefte Analytiker der Gegebenheiten, hochbegabt im Sichrausreden, weniger in der klassischen Rede. Nur eines besitzen sie von Berufs wegen nicht: Witterung. Deshalb ist jeder Methodenwechsel in der Politik erstrebenswert, der den Akteuren mehr Wahrheit und Phantasie abverlangt.

So wie es nun aber gewisse Fachdisziplinen gibt, sagen wir: die Literaturwissenschaft, die Texttheorie, in denen sich Diskurse und Aberdiskurse derart verdichten und verdicken, daß sich das einfache schöne oder kluge Wort kaum noch regen kann, gibt es anderswo gesellschaftliche Bereiche, in denen Vorschriften über Vorschriften ein Handeln fast unmöglich machen. Oder es gibt Reformen über Reformen, die am Ende zu nichts als Stillstand führen. Kein Wunder, daß sich zum einen Kräfte finden, die die Pflege der Auswüchse immer weiter treiben wollen, aber zum anderen auch solche, die es danach verlangt, das Dickicht mit einem Schlag zu lichten.

Der Hohn auf die Fülle der Gegebenheiten spricht mit den Worten:

»Nur wenn, was ist, sich ändern läßt, ist das, was ist, nicht alles.« (Adorno)

Wie fragwürdig klingt heute dies unfromme Gebet vom *Ändern!* Wie viele Veränderungen, die alle beklagen und niemand wollte, brachte so oft mit sich das Ändern!

Ebenso befinden wir uns weitab vom Hammer des Philosophen und jenseits des Zertrümmerns. Längst lesen, verstehen wir in restlichen Brocken. In Zerstreutem lesen wir, das auch ohne den Hammer, ohne den gewaltsamen Verkehrer zerstreut worden wäre von so langer Zeit. Sie wirft die Saat der Überbleibsel aus.

Wer möchte noch zerstören? Auf Hohles niederzugehen, damit macht sich der Hammer lächerlich.

Das Abschreckende des »Zarathustra« bei heutiger *nackter* Lektüre: das geistig martialische, das Willensmuskelpaket, dem der Sparringspartner fehlt, fast ein kämpferisches Grimassieren. Vergleichbarer Wille heute wäre der zum bloßen geistigen Überleben. Der Übermensch, was wird er sein? Ein technothymes Unikum. Kreuzung zwischen beseeltem Ding und dinggewordenem Mensch.

(Thymos: Geist Herz Mut Empfindungskraft Leidenschaft Lebenshauch Seele. Alles würde besser, alles würde neu, wenn man dem rhetorischen Patienten verordnete, Wörter mit dem üblichen Anhängsel »Politik« oder »politisch« durch ein »thymos« zu ersetzen. Also Sozialthymos statt Sozialpolitik, Energiethymos, Kitathymos und meinetwegen auch: kirchenthymisch als Adjektiv. Und was die Schrift selbst betrifft und das Schreiben, käme man nicht umhin, an den Grammathymos zu appellieren …)

Welche Transformierbarkeit besitzt das Unsere, das Angerichtete noch? Allem Anschein nach keine mehr. Wir sind in die Beständigkeit des sich selbst korrigierenden Systems eingelaufen. Ob das noch Demokratie ist oder schon Demokratismus: ein kybernetisches Modell, ein wissenschaftlicher Diskurs, ein politisch-technischer Selbstüberwachungsverein …? Sicher ist, dieses Gebilde braucht immer wieder, wie ein physischer Organismus, den inneren und äußeren Druck von Gefahren, Risiken, sogar eine Periode von ernsthafter Schwächung, um seine Kräfte neu zu sammeln, die dazu tendieren, sich an tausenderlei Sekundäres zu verlieren. Es ist bislang konkurrenzlos, weder Totalitarismus noch Theokratie brächten etwas Besseres zum Wohl der größtmöglichen Zahl zustande als dieses System der abgezweckten Freiheiten. Natürlich gilt das nur so lange, als wir davon überzeugt sind, daß allein der ökonomische Erfolg die Massen formt, bindet und erhellt. Nach Lage der Dinge dämmert es manchem inzwischen, daß Gesellschaften, bei denen der Ökonomismus nicht im Zentrum aller Antriebe steht, aufgrund ihrer geregelten, glaubensgestützten Bedürfnisbeschränkung im Konfliktfall eine beachtliche Stärke oder gar Überlegenheit zeigen werden. Wenn wir Reichen nur um minimale Prozente an Reichtum verlieren, so zeitigt das in unserem reizbaren, nervösen System nicht nur innenpolitische Folgen, sondern vor allem abrupte Folgen der politischen Innerlichkeit, den impulsiven Ausbruch von Unduldsamkeit und Aggression.

Im Innersten der Materie fliehen die Kräfte im Zorn auseinander. Unvereinbarkeit erhält die Welt.

Niemand, der sich herausgestellt hat aus seinen unmittelbaren Verhältnissen, seien es die des Geldverdienens oder die eines blinden Forschungsdrangs, einer selbstberauschten Vernunft, wird leben können ohne irgendwo Zuflucht zu suchen. Ein Höheres als den Gipfel seiner Freiheit wird er nötig haben, in dessen Schutz und Namen er erst das Äußerste an Kräften sammelt. Je aufrechter er sich herausgestellt hat, um so stärker wird er durch seinen Unterwerfungsdrang.

Der Wert der Freiheit ist ein sehr hoher. Der Wert des Gehorsams (der Bindung) ist ein sehr hoher. Der Wert der Freiheit bedroht den des Gehorsams. Umgekehrt ist es umgekehrt. Der Wert des Gehorsams schützt den der Freiheit.

Wir drängen den neben uns wohnenden Muslimen unentwegt unsere Freiheiten auf, denken aber nicht daran, auch nur das Geringste von ihrer sittlichen Freiheitsbeschränkung nachahmenswert zu finden oder auf uns abfärben zu lassen. Das Abfärben soll nur einseitig geschehen. Dabei täte etwas mehr Familie, etwas väterliche Stärke einem Erziehungsverhalten gut, dessen Schwächen allenthalben von staatlich geförderten Hilfen kostspielig kompensiert werden. Autorität zu bezweifeln, gehört jedoch zu den Pflichten, die der demokratischen

Übereinkunft selbstverständlich erscheinen und die ihr leicht fallen. Im Zuge des Bevölkerungswandels werden sich möglicherweise andere Prioritäten herausbilden, als sie heute gültig sind.

Aber ihr Freizügigen! Seid ja geschlossener verhangen als jede Muslimin im Ganzkörpertuch. Eure Burqa ist eine feste Hülle aus Sprachlumpen, aus Nicht- Erscheinen- und Nicht-Blicken-Können. Ihr seht einander nicht, und was ihr sagt, bleibt ungesagt.

Ihr tragt das Grau in Grau in Grau in Grau ... Farbe des großen Nachlassens, das nicht aufzuhalten ist und nicht zu regieren. Das aber nicht aus diesem oder jenem Grund entstand, sondern einfach, weil Nachlassen von Zeit zu Zeit über die Völker, die Nationen, die Gesellschaften und Generationen kommt.

Freiheit wovon? Erledigte Frage. Freiheit wozu? Rhetorische Frage. Wozu Freiheit? Skeptische Schlußfrage.

Daß sich alles vom Schlechten zum Schlimmeren entwickle, ist die Torheit der Weisen, seit es Geschichte gibt. Offenbar handelt es sich um ein kulturanthropologisches Ressentiment, das auch die kritischsten und rationalsten Geister befällt, sobald sie vom Leben mehr Vergehen spüren als Werden. Es läßt sich kaum beeindrucken von der simplen Tatsache, daß schon viele Generationen vorher unter den unterschiedlichsten Voraussetzungen ein gleiches Verfalls-Credo verkündeten und die Geschichte mithin eine unendliche Annäherung an das Schlimmste beschreiben müßte.

Vom Altertum bis heute hat niemand die Unschärferelation genau zu bestimmen vermocht, die zwischen dem subjektiven Kollektivgefühl ›Niedergang‹ und dem wirklichen Niedergang einer Kultur, einer Population besteht, der endstrebig und unaufhaltsam ist. Wenn ein kleiner Bergstamm auf dem indonesischen Archipel nicht mehr das tun kann, was er tun müßte, um zu überleben, durch Trunksucht, allgemeine Verwahrlosung, Krankheit, Zeugungsunfähigkeit schließlich ausstirbt, so hat wohl ein tatsächlicher Niedergang stattgefunden. Wenn man hingegen in hochzivilisierten Ländern gegenwärtig einen zunehmenden Analphabetismus beklagt, so könnte das auch mit Verlagerungen der Begabung zu tun haben, da in einer Welt sich ausbreitender Piktogramme in Zukunft die Verständigung nicht unabdingbar an die Schriftsprache geknüpft ist. Was wäre verloren, wenn der Mensch wieder in Bildern, in Traumsequenzen dächte, in neuen Hieroglyphen, gleichsam als kehrte ihm mit der digitalen Erscheinungswelt auch eine magische wieder?

Ich kann nicht gleichzeitig meine Lebenszeit innerhalb einer bestimmten Kultur verbringen und deren objektiven Niedergang bestimmen. Mit anderen Worten: Nur was man liebt, geht unter. Alles übrige weiß sich um so kräftiger zu entfalten.

Ständigkeit ist keine unbillige Vorstellung, nicht innerhalb der Evolution, nicht einmal in der Geschichte. Ständigkeit, wenn die Erde Millionen Jahre das gleiche gebar, bevor sie etwas Neues hervorbrachte. Ständigkeit, als Gabe des Ewigen an die Zeit: Jahrtausende unumgestoßenes altes Ägypten! Warum nicht Ständigkeit wieder, wenn in der Akrotechnik der Feuerkranz geschlossen ist? Etwas von der Katastrophe der Veränderung wird die Hohe Maschine von uns abwenden ... Ja, weshalb sollte sie nicht, allein sie, der künftige Umleiter werden aller Fortschritte in die gesättigte Zeit, in die planetarische Form des steady state und damit hinüberführen in einen neuen Tonus des Erinnerns, jenseits von früh und spät, Progression und Vergänglichkeit. Kein Paradies, kein Ragnarök.

Etwas Derartiges verspricht in ihrer Grundgestalt die Kybernetik einem von ihr beherrschten Zeitalter. Mag es dabei am Ende auch synthetisch zugehen, synkretistisch und bionisch statt lebendig, wenn es nur: das Ständige wird.

Ah, die Geschichte gibt es sowenig, wie der fliegende Pfeil des Zenon sich bewegt.

Das Geschehene hat mit dem Geschehen nichts zu tun, und Geschichte erfaßt das Geschehene nicht, geschweige denn das Geschehen einer Vergangenheit. Es ist immer Katachronie, ein einziger Blick zurück herab: es ist unmöglich, unser Besserwissen beim Betrachten eines beendeten Geschehenen auszuschalten. Wir blicken mit Begriffen unserer Zeit, und damit notwendig sie verkennend, auf andere Zeiten herab. Kolonialherren der Vergangenheit! Die siegreiche Gegenwart unterwirft sich, was allemal *anders* gewesen ist, zerstört die Wildnis, die Regenwälder der Geschichte. Warum haben wir nicht gelernt, dies alles verständiger zu betrachten, die Fremde zu ehren, statt sie zu erobern und mit unbefugten Begriffen zu beherrschen? Wann endlich dient die Methode dem helleren Nicht-Verstehen?

Es war der erste Sommer nach der Grenzöffnung, und Berlin war wieder eine freie Stadt, frei zu seinem Umland hin, zu der alten, stillen Landschaft der Mark Brandenburg. Ungehindert, ohne Kontrollen, lästige Verwarnungen konnte man die unbekannten östlichen Stadtteile entdecken. Selber wie befreit, verließ man sein einzelnes Zimmer, schwärmte alle Tage aus mit S-Bahn oder Bus, nach Grünau, Strausberg, Ferch und immer wieder in den Potsdamer Park. Allein welch unfaßbare Passage, zu Fuß über die Glienicker Brücke zu gehen! Wie sie Jahrzehnte in ihrer sagenhaften Geschlossenheit dalag als das symbolische Gegenteil einer Brücke, ja als das sinnfälligste Zeichen für das tote Ende von Geschichte überhaupt, in das die Herrschaft im Osten geführt hatte. Niemand, der in diesem Sommer die Brücke betrat, hätte wohl geglaubt, daß sich zu seinen Lebzeiten die Stacheldrahthecke je öffnen würde, hinter der dies wunderschöne Land in seinem unseligen Dornröschenschlaf lag.

Das einzige Deutschland, das sich zur Leitkultur eignet, wäre das »Geheime Deutschland«, nicht nur Georges, sondern ein immerwährend verborgenes, das nur findet, wer den Weg in die dichterische Emigration antritt. Zu jeder Zeit, unter jedem Regime.

Das Land, das man in sich trägt, ist zuletzt unter dem nationalromantischen Namen der Wiedervereinigung aufgetaucht. Doch diese tatsächlichen Deutschen haben sich dann Rücken an Rücken vereinigt.

Der letzte vom Geheimen Deutschland Durchdrungene war – trotz allem – Thomas Mann. Es gab für ihn zum Glück keine *jüngste Vergangenheit,* die den Raum nach rückwärts abgeriegelt hätte, so daß sein Leben unverkürzt von Hartmann von Aue bis Wagner und Schönberg reichte. Um so entsetzter die Reaktion, als das Angestammte sich umkehrte und wie eine barocke Frau Welt-Allegorie den zerfressenen, schlangengefüllten Rücken zeigte. Den Anblick dieses Schreckens wird man nie vergessen, wenn man der Schönen je wieder von vorn begegnet. Und doch wäre ein impotenter Rationalist, wer die reichen Verlockungen der Vorderseite nun nicht mehr zu würdigen wüßte. Ein Strichmännchen von Mann, der sich nicht von neuem der Illusion eines gesundeten, prächtigen Rückens hingäbe.

Nötiger denn je hat die Demokratie eine ihr abtrünnige Instanz, zu der sie eine lebhafte Spannung unterhielte. Also der geheime Körper des Widersachers, der magische Schlaf des Königs im Berg? Nein. Es genügt ein klares Herz. In seinem Herzen ist niemand Demokrat.

Wer vermöchte schon mit *einer* Stimme zu sprechen und in seinem Innern dem ständigen Wechsel der Regime zu widerstehen? Im Herzen schlummert der König, der wache Verstand wacht über die Demokratie, der Geist ist Theokrat, und die Phantasie schließlich sucht nach der labyrinthischen Ordnung totalitärer Zentralen.

In einem Antiquariatskatalog findet sich zur Erläuterung von Rivarols bescheidener Editionsgeschichte in Deutschland die Anmerkung, daß er eben (als Royalist) *auf der falschen Seite* gestanden habe. Ob es in der Literaturgeschichte ewig die gleiche falsche Seite gibt? In einer Demokratie wird man einen rechtsstehenden Autor immer verleumden oder sogar geistig vernichten. Er ist ihrem Literaturverständnis das einzig wesensfremde Element. Anders als der Maniak oder Anarchist, der böse Bub, der immer noch zur Familie gehört.

Es kann in ihr nur ein vielgestuftes, skrupulöses linkes Gewissen geben. Alles Rechte hat seinen Ursprung im Unpolitischen. Der Rechte mißtraut der politischen Rechten und verabscheut den Rechtsradikalen. Wie er eben nichts stärker meidet als die Verkehrung. Solange jedenfalls, als er nicht durch die unzähligen Verkehrungen, die heute zum Normalen und Richtigen zählen, selber abstumpft gegen dieses Treiben samt seinen Verkörperungen.

Jenes »Rechte«, um das der Streit noch geht (und für mich ist es zuerst das Rechte des gegenrevolutionären Typus von Novalis bis Rudolf Borchardt), ist inzwischen ein intellektuelles Suchtproblem geworden. In erster Linie deshalb, weil es in besonders spannungsreichem Verhältnis zum mißbrauchten Rechten steht, das besser seitenneutral: das totalitäre Verbrechen hieße. Hier ist die kategorische Unterscheidung noch längst nicht so geläufig wie auf seiten der Linken, wo niemand gegen einen Literaten, der für den demokratischen Sozialismus eintritt, den Vorwurf erhöbe, er mache Stimmung für die Wiederkehr stalinistischer Blutbäder. Aber bekanntlich gilt vielen dieser Symmetrie-Gedanke bereits als Frevel ... Doch insgesamt wird auch er an Bedeutung verlieren, insofern von der Linken keine größere geistige Offensive mehr zu erwarten ist; sie wird sich damit begnügen, an der Organisation des gesellschaftlichen Lebens beteiligt zu sein, und schlimmstenfalls dessen Zerfall in Form der politischen Korrektheit vorantreiben.

Die Schamverletzung, die die anarchofidele Erst-Jugend um 68 herum beging, ist nun von rechts beerbt worden. Die neuen Jugendlichen tun zunächst nichts anderes als ihre Väter-Generation – sich großtun, Initiation betreiben durch Tabuzertrümmerung.

Doch handelt es sich auch bei den Schändungen, die die Neonazis jetzt begehen, im besonderen bei ihren antisemitischen Ausschreitungen, keineswegs um militante Akte der Gegenaufklärung. Denn diese, im strengen Sinn, wird immer die oberste Hüterin des Unbefragbaren, des Tabus und der Scheu sein, deren Verletzung den Strategen der kritischen Entlarvung lange Zeit Programm war.

Die Verbrechen der Nazis stehen zuletzt außerhalb der Ordnung des Politischen. Sie können nicht erinnert werden. Sie stellen den Deutschen in die Anwesenheit der Untat, in die Erschütterung, als sei sie gerade geschehen; wenn es ihm Ernst wäre, gliche er dem gläubigen Juden, der den Auszug aus Ägypten über alle Zeiten in unmittelbarer Gegenwart erfährt. Eine über das Menschenmaß hinausgehende Schuld wird nicht durch moralische Scham oder staatsbürgerliche Gedenkstunden über ein paar Generationen »abgearbeitet«. Sie wird den Nachlebenden vielmehr zum Verhängnis in der sakralen Dimension des Wortes, indem sie ihr geschichtliches und gesellschaftliches Leben auf Dauer entstellt.

Die Deutschen waren für fünf oder sechs Jahre von ihrer Gemeinschaft berauscht. Zur Strafe mußten sie tausend Jahre lang untersuchen, wie es dazu kommen konnte. Ihr Ingenium erschöpfte sich in Nachträglichkeit.

Je verkürzter das deutsche Gedächtnis, je zwanghafter es sich auf das kritische Gedenken beschränkt, um so zügiger erreicht das unerlegte Ungeheuer die unkontrollierbare Legende. Hitler – ein Volksgeist. Die Figur entweicht dem rationalen Abwehrzauber unaufhaltbar in den Mythos, von wo sie ewig wiederkehrt. Man darf allerdings einwenden: dazu fehlt's doch sehr an Volk – und das noch bei stetig abnehmender deutschstämmiger Bevölkerung.

Die Deutschen sollten sich ihrer zwiespältigen Moral gegenüber den Einwanderern, die sich stärker vermehren als sie selbst, bewußt sein. Wir lassen es zu, daß die deutsche Schuld binnen weniger Jahrzehnte ihr Subjekt verliert und auf unserem blutgetränkten Boden nur Unbeschwerte leben.

Das Nazitum als Palimpsest der deutschen Kunst auch avant la lettre – Novalis zu den Ursachen! –, das ist keine Anamnese, sondern nur ein umfunktionierter Ariernachweis.

Man kann auch in Begriffen »wie in der Verbannung leben«. (Yves Bonnefoy)

Die Travestie ist nicht aus der Opposition an die Herrschaft gelangt, sie hat sich gegenüber der Machtlosigkeit erhoben. Bis heute beruft sich jede auch noch so infame Machenschaft der Kunst oder des öffentlichen Lebens auf ihre Opposition zu Hitler, dem lebendigsten Toten aller Zeiten. In diesem Sinn ist unsere gesamte aufgeklärte Gesittung in Wahrheit eine okkulte Obsession.

Las cadenas que más nos encadenan son las cadenas que hemos roto. Die Ketten, die uns am stärksten anketten, sind jene Ketten, die wir gebrochen haben. (Antonio Porchia)

Alle Deutschen sind offiziell antifaschistisch. (Mit Ausnahme einiger Randgruppen von Neonazis und unter Berücksichtigung eines volksweit perversen Gegrummels in den Katakomben des Alltags.) Selbstverständlich stellt dieser Konsens eine viel zu schwache kollektive Kraft dar, um eine negative Identität zu stiften, wie es Auschwitz für die überlebenden Juden tat. Unser zutiefst unreligiöses und unrituelles Volk nimmt Gedenktage nicht ernst. Wo Überlieferung nichts mehr bedeutet, wird auch Erinnerung, im Sinne von Realpräsenz, Vergegenwärtigung, nicht möglich sein. Oder könnte es etwa in Deutschland einen ›Tag des Unheils‹ geben, an dem jeder Deutsche sich den Eintritt in die Schuld so vergegenwärtigt, als hätte er sie selber gerade auf sich geladen? Unterhalb dieser Vorstellungskraft gibt es keine Erinnerung an das Ungeheuere, das ohne Ritus nicht zu erinnern ist. Unsere Gedenktage sind Freizeit.

Aufklärung fasziniert das Übel zu sehr, mit dem sie intim wird, als daß noch ein Lichtstrahl hineinfiele. So etwa die endlos duplizierten NS-Serien, die – ganz entgegen der nimmersatten Innovationslust des Zeitalters – uns eine »Kultur« der mentalen Einfrierung und Stagnation aufnötigen.

Hitlers Magie lag gewiß nicht in seinem Judenhaß begründet, sondern im Cäsaren-Schema. Es war die Suggestion und die Konfession des Wiederbringers, hinter dem der kleine haßerfüllte Antisemit verschwand. Gleichwohl mischte er den Haß in die mystische Hochzeit mit dem Volk. Der Wille dieses verunglückten Volks aber war ein Wille zu blindem Vertrauen, wie es bei Grillparzer heißt, und darüber hinaus zu gar nichts anderem.

Für die Pathologisierung des Subjekts durch Geschichte steht der französische Historiker Michelet, dem jeder Fallbeil-Sturz der Revolution durch den eigenen Leib fuhr, der die Verletzung durch Vergangenheit an sich ausbildete wie Heilige die Wundmale des Herrn. Krank geworden an Geschichte. Mimetische Schmerzen. Vergleichbar wären es die Stigmata der Abmagerung auf Haut und Knochen, die sich bei einem Neuhistoriker einstellten, der viele Jahre Dokumente über Lagerausgehungerte archiviert hatte.

Jemand, den der *dolor historiae* packt, der also das Unbegreifliche wahrhaftig erinnert, es in einer Art Imitatio-Erlebnis wieder und wieder erlebt, er würde von den Hütern des abgerichteten Gedenkens und der nüchternen Analyse allerdings ausgeschlossen und für unseriös erklärt. Nüchternheit der Betrachtung nimmt aber an sich schon eine Stimmungsretusche vor am nicht mehr zugänglichen Rausch.

Die Last der Episode. Die Epopöe der langen Belastung.

Je verkürzter das deutsche Gedächtnis, das sich dem kritischen Gedenken unterordnen soll, ja beinah zum kritischen Gebet gezwungen wird, um so schneller erreicht das Abgewehrte die Tiefen der Legende. Hitler – die negative Ikone, aber eben Ikone.

Zum Leitspruch des nützlichen Handelns taugt unverändert seit Hobbes die Überzeugung: es gilt, das Schlimmste zu verhüten. Aber nicht: wie alle gesunden könnten.

Soziale Demokratien brauchen keinen Heilshorizont. Viel eher der einzelne Freie, das aufgerichtete Bewußtsein, wird seiner bedürfen. Viele werden erst lernen müssen, daß vom Reichtum an aufwärts die Not beginnt. Die Not, überzeugt zu sein, ohne Praxis und Lehre einer machtvollen Diesseits-Religion und vor allem: ohne die moralischen Sondervergütungen eines gläubigen Ketzertums. Schließlich erscheint es nicht mehr unmöglich, daß der Zusammenbruch von *Weltanschauung* auch die Entmischung der weltlichen von den verweltlichten heiligen Dingen vorantreibt und daß aus dieser Scheidung die endliche Säkularisierung des Säkularen einerseits und ein »geläutertes« Erwarten andererseits hervorgehen.

Condorcets (und letztlich auch Lessings) Überzeugung, daß die Fähigkeit des Menschen zur Vervollkommnung unabsehbar ist, ließe sich gegenwärtig nicht ohne kaltblütige Ironie bestätigen. Wir brauchen nur einen Blick auf die beeindruckenden Errungenschaften und noch beeindruckenderen Phantasmen der gegenwärtigen Technologien zu werfen. In Wahrheit hat eine Grundgestimmtheit des abendländischen Menschen sich aufgelöst, die Fernerwartung. An ihre Stelle ist der private und zunehmend auch kulturelle Hedonismus getreten, ja, die Vertreter eines sozioökonomischen Posthistoire haben sogar eine Art von Jetzt-Eschatologie entwickelt: das »Es-ist-erreicht« der liberalen Demokratie, welche nach ihrer Meinung den Endzustand der ideologischen Geschichte der Menschheit darstellt.

Anders als in der ersten Hälfte des vergangenen Jahrhunderts, als unterschiedliche Staats- und Gesellschaftsformen noch ungeprüft zur (revolutionären) Disposition standen, ist inzwischen der Erfolg der westlichen Demokratie, die Epopöe der langen Friedenszeit, der jüngeren Geschichte ins Blut gegangen. Welch andersgeartete Herrschaft auch immer sich dagegen noch erheben mag, am Gedächtnis der Erfolgsgeschichte muß sie entweder scheitern oder sich orientieren.

Die innere Figur der Demokratie ist so selbstgewiß und stattlich, ihre Formgebung ist so einflußreich und suggestiv, daß sie mühelos auch die niedrigsten Parteiungen zu Parteien bindet und ihre nichtigsten Vertreter in Form bringt und sich assimiliert. So besitzt sie im Kern ihrer Stärke Assimilationsautorität.

Sie könnte es sich inzwischen leisten, jenseits der demokratischen zur Rehabilitation großer und klassischer Tugenden beizutragen. Worte wie Gehorsam, Ehre, Standhaftigkeit, Treue, Demut und Würde werden für peinlich unzeitgemäß abgetan, obwohl man davon im Bedarfsfall und bei höherer Erregung gern mal eins ins Plenum ruft. Inzwischen würde nicht einmal der gelernte Zeitgenosse sicher sein, daß sein Handwerk noch à jour ist, indem sich ihm von nah und fern aufdrängt, daß sehr ungleiche Zeiten sich die eine Gegenwart teilen.

Zumindest zwei der alten Kardinaltugenden stehen entweder im Verfassungsrang oder als verpflichtende Maxime über politischem Handeln, Gerechtigkeit und Maß (Verhältnismäßigkeit, Augenmaß, Besonnenheit). Während die beiden anderen, Weisheit und Tapferkeit, als nicht diskutierbare moralische Qualitäten dem Parlament für seine »Sternstunde« vorbehalten bleiben.

Doch das so sehr von sich eingenommene »demokratische Selbstverständnis«, das Tugenden aus vordemokratischen Verhältnissen vorzugsweise für politisch inkorrekt hält, mit tieferem Gedächtnis auszustatten, ist etwa so vergeblich, als versuchte man, die *condition courtoise* in Freizeitkursen zu erlernen. Das Programm höfischer Lebensführung durch Nachahmung formvollendeter Zeremonien sich einzuverleiben. Gleichwohl wäre auch das nicht bloß eine leere Geste – sie enthielte immerhin das Eingeständnis, daß die Geschichte der Vorbildlichkeit nicht erst mit einer vorbildlichen Verfassung beginnt. Welche im übrigen kaum Einfluß nimmt auf die gänzlich vorbildlosen Zonen unseres Zusammenlebens, Privatbereiche, wo sogenannte Therapien wie die Geier über den Übeln kreisen und sich an verdorbenen »Beziehungen« und ähnlichem Unrat laben. Oft sind es Folgen von expliziten Untugenden wie Rücksichtslosigkeit, Feigheit und Verlogenheit, gegen die therapeutisch wenig auszurichten ist, da sie sicher eingelassen sind in die überall praktizierte *condition salaud*, das Programm der schweinischen Lebensführung, das konkurrenzlos den gewöhnlichen Alltag beherrscht.

Wir leben keineswegs in einer müden oder erschöpften Epoche, sondern eher in einer hyperaktiven oder überstimulierten, die sich darauf versteht, dem Menschen mit einem Reigen von Erleichterungen und Entlastungen aufzuwarten. Es gibt viel mehr Glückliche, als Gott erlaubt. Müdigkeit und Melancholie sind Stimmungsenklaven innerhalb der vielen aufreibenden und aufreizenden Milieus.

Wir erleben *jetzt* die Stunde, die niemals kommt. Die Entwurfserfahrung ist der eigentlich virtuelle Gehalt der neuen Technik. Früher war, was der Fall ist. Heute ist, was wird. *Proponieren, propagieren, prosperieren, projektieren* – nur das Unvorstellbare kann hier *contra* geben.

Es gibt zwar seit einigen Jahrzehnten den beherrschenden Bildbegriff von Netz und Netzwerk, der inzwischen fast die ganze Lebenswelt umfaßt, gleich ob es sich um Kriminalität oder Sport, die Börse oder Botanik handelt. Jeder Bereich ist in sich und alle sind miteinander vernetzt. Man darf sogar sagen: Nie zuvor gab es ein derart allzweckhaftes Instrument und Erkenntnismodul in einem. Denn man benutzt es ebenso alltäglich wie auch auf einer fortgesetzt erfinderischen Ebene. Ein Fertigteil des Erkennens, ohne das keine Beschreibung unserer Erfahrungswirklichkeit mehr gelingen will. Ja, es scheint unmöglich, ohne vom Netz zu sprechen, irgendetwas über die Tätigkeit, sei es unseres Hirns, sei es einer Terrorgruppe, herauszufinden. Ein solch allgültiger Schlüsselbegriff läuft gleichwohl Gefahr, am Ende beides zu sein: ein Schlüssel und eine Verschlossenheit, nämlich ein Gefängnis des Geistes.

Ich würde sogar sagen: Eine Krise unseres Bewußtseins – von der nichts in Sicht ist – müßte eigentlich ihren Ursprung eben in dieser Allgültigkeit eines Begriffs finden. Wären wir noch zur Verwirrung zu bringen, so müßte uns der Schwindel ergreifen angesichts jener – der Phantasie eines Paranoikers nicht nachstehenden – Totalität des Zusammenhängenden: *Alles* miteinander vernetzt! Hier scheint jeder Unterschied zwischen innen und außen, zwischen Denken und Hirn, Militäroperation und dem Informationssystem der Ameisen, zwischen passiv und aktiv dahinzuschwinden. Das Netz ist dennoch keine metaphorische Bezeichnung. Sondern vielmehr die Variation eines Dings. Vom Fischernetz zum neuronalen oder elektronischen änderte es lediglich seine materielle und strukturelle Beschaffenheit. Eine Metapher *für* das Netz aber ließe sich nur schwerlich finden. Wir könnten die Spinne zum Wappentier unseres Gegenwartsbewußtseins erwählen. Und das, worin wir nun leben, woran wir wirken, könnten wir etwas hochtrabend eine *Arachnotopie* nennen, nach dem griechischen Wort für die Netzhüterin. Immer mehr Macht gehört den Spinnen. Wir sehen und überwachen alles wie sie und verwandeln uns in spinnenflinke Bewußtseinsgeschöpfe. Allzu leicht geht's mit der Allegorie – aber mit dem Symbol leider nicht. Die Bildgedanken zerbrechen wie die alten Gefäße. Sie können nicht fassen, was wir treiben und wo wir uns befinden. Wir selber wissen weder, an welchem Ort, in welchem besonderen Segment des unabsehbaren Gewebes wir gerade wirksam sind, noch wissen wir, ob wir mit unserem Tun oder Ruhn nützliche Teile des Gewebes etwa zerstören oder umgekehrt neue schaffen. Denn das Gebilde, das uns bildet, bewegt sich ohne ein endgültiges Ziel und ohne jede kausale Folgerichtigkeit. Ebensowenig wie wir darin unseren Ort begrenzen können, vermögen wir etwa die Position unserer Person, die Grenzen des Individuums zu bestimmen in diesem offenen Austausch von Erkenntnis und Widerfahrnis. Alles was wir wissen, auch das Wissen der Vergangenheit, ordnen wir jetzt mit Hilfe unseres neu erworbenen Organs, das noch keinen Namen trägt, unseres Netz-Gespürs jedenfalls. So kommt es, daß kein einziger mehr außerhalb eines Netzwerks denkt oder lebt. Es bleibt in ihm und um ihn herum nichts unverwoben. Obgleich ich ihm Metaphernqualität nicht zubilligen mag, ist es dennoch der ergiebigste Begriff für unsere gegenwärtige Selbsterfahrung. Ebenso sinnfällig und hintergründig wie zuvor das Labyrinth, die Wurzel, der Turm, die Marionette, die Insel, der Lebensfaden und andere Chiffren oder Tropen. Vergleiche, die – übrigens im Gegensatz zum Netzwerk – zwar Zentralität, aber niemals Ausschließlichkeit für sich beanspruchten. Wir indessen haben kein Bild mehr neben diesem. Kennen und erkennen nichts über die Verknüpfung hinaus. *Synapsein* wäre daher das umfassende Tätigkeits- und Erduldenswort, das sich uns anbietet. Wir leben unser Bewußtsein.

Die amusische Intelligenz hat seit je einen großen Bedarf an Fremdbestimmung. Auf den vormals ideologischen Sündenfall wird nun ihr szientistischer folgen.

Faszination für die technische Erfindungskraft im gleichen Zug mit mythischer Rückbindung, das war ein Kennzeichen des europäischen Faschismus. Eine verfrühte, gefährliche Berührung unter naiven, vorkybernetischen Bedingungen, so daß man, wenn es nicht so seelenlos klänge, vermuten möchte, daß Grauen und politischer Größenwahn nicht zuletzt der Unangepaßtheit dieser Mächte, der nicht geschlossenen Kluft zwischen Mythos und Technik entstieg. Man war einfach nicht im technischen Stande, zwischen beiden reibungslos zu *synchronisieren*. Gleichwohl wird die Konjunktion ein weiteres Mal entstehen, sie wird vielleicht *der* entscheidende Versuch des Akrologs sein: das Bewußtsein des auf dem höchsten Klippvorsprung Stehenden vom Sturz in die Tiefe.

Das Gute so nah beim Bösen, daß Kritik niemals bis in die wirkliche Gefahrenzone vordringt. Da lebt das Oxymoron, das Untier des Geistes.

Gedeih, kontaminiert mit Verderb. Foul is fair and fair is foul: nicht verkehrte Welt, sondern innigstes Oxymoron, mit feinsten Lamellen ineinander verklappte Ausschließungen, Gegensätze. Das Oxymoron – wörtlich: der stumpfe Scharfsinn – ist der in unsere Vernunft eingeschlagene Lichtstein, Bruchstück des barmherzigen Vergelters.

Die Klügeren unter den Neuro-Mantikern, den Nervenlesern und Systembeschauern, träumen von der Überwindung ihrer Epoche.

»Wir erledigen auch dieses hybride Programm noch, weil es eben erledigt werden muß. Wir bringen es hinter uns, um uns dann neu gerüstet wieder den alten großen Versuchungen des Lebens zuzuwenden.«

Dabei wird einem von neuem bewußt, daß all unsere hochentwickelten Güter nur gemischte Wandlungen sind, die aus ein paar fundamentalen Gegebenheiten entstehen; daß nur eine Handvoll Kulte Bilder Gefühle Gedanken das Schicksal des Menschen bestimmt. Nirgends ein Rad der Wiederkehr, sondern beständig aktive Grundmuster, die in den Schleier der Zeit gewoben sind und am Ende auch aus dem dichtesten Gewebe hervortreten, wie kunstvoll sie darin verborgen sein mögen ...

Wie kam es zu der verfänglichen Einbildung von einem globalen Wir? Von einem weltweit gemeinsamen Schicksal? Das muß der letzte Täuschungseffekt der sogenannten Aufklärung gewesen sein, dort, wo sie bereits in gefährlichen Obskurantismus umschlug.

Das Globale ist uns längst vertrauter als das Häusliche. Im herdlosen Raum wächst nun das Fernweh nach vertrauten Verhältnissen.

Wenn aber der Globus ein Dorf, dann bitte auch die Kirche darin lassen.

Fortschritte machen beim Sichern der eigenen Begrenzung.

Von Leere schwebend die Orte. Jeder Ort entbirgt uns die Verlorenheit des *ganzen* Wohnens.

Gäbe es mehr Sinnierexistenz und weniger Systemintelligenz ...

Zu beklagen ist der große Mangel an Stubenhockern und die Überzahl von weltfahrenden, an ihr vorbeifahrenden Leuten – und Wissenschaftlern!

Im Zukunftsroman ohne Zukunft wird man den Helden als Befreier von Universalismus ehren! Er, der als erster die Ketten der Globalität sprengt! Er, der uns den Weg aus der Sackgasse des Weltweiten weist. Der uns aus der Sklavenherrschaft des großen Ganzen führt! Mit ihren ersten Erschütterungen und Depressionen wird die fröhliche Ökonomie das Vertrauen und die Mode der Fröhlichen verlieren. Und eines Tages sicher auch wieder ihre Hegemonie über alle Lebensinteressen. Erst dann wieder wird es ernsthaft Bedürftige geben, die sich aus den goldenen Verliesen erheben und zum Licht am Ende des Entlüftungsschachts hinaufstreben.

Am Ende der modernen Bewußtseinsgeschichte, die vielleicht mit Cézannes Ausruf: *Nichts entgeht mir!* begann, steht nur noch die Ruine des Informierten, der nichts mehr bedenkt und schließlich auch nichts mehr mitbekommt, Infodemenz.

Der Wahn war das Risiko des einzelnen. Die Imbezillität gleicht dem Gewässer, das durch schädlichen Zufluß von einem Tag zum andern umkippt, leblos wird. Die Imbezillität gehört – abrupt, mit einem Schlag – allen. Sie läßt dem einzelnen keine Chance mehr. Sicherlich, dieser neue Schwache Sinn entsteht unabhängig von persönlicher Disposition und Erziehung. Ihm geht voraus, daß die Begabung der zwischenmenschlichen Aufmerksamkeit auf der Skala heute erwünschter und geforderter Tugenden keine Rolle mehr spielt. Sie gleicht einem sich zurückbildenden Organ. Denn solche Begabung wird für das Andocken des Menschen bei einer höherentwickelten Menschenähnlichkeit (auf Grund der neuen, dem Nervensystem nachgebildeten Technologien) nicht mehr nötig sein.

»Ich habe soviel Neuheiten gesehen«, sagt Valéry und erinnert an seine Mutter, geboren 1831, die erlebte, wie die Eisenbahn aufkam, der Telegraph, die Dampfschiffahrt, das Telephon ... »keine Überraschung«. Das eine hielt sie für bequem, das andere eher für hinderlich. Unverletzlich und immerwährend erschienen ihr allein die Riten der persönlichen Beziehungen. Wie man sich benimmt. Kaum denkbar, daß wir heute eine ähnliche Gleichgültigkeit gegenüber den Neuerungen aufbrächten. Ein Gegengewicht an überliefertem Bestand ist zwar in jedem von uns vorhanden, es fehlt ihm aber an Verbindlichkeit und Allgemeingültigkeit. Im Vergleich zu den einstigen Neuerungen, sind die jetzigen invasiv auf das Zentrum des Menschen, sein Hirn, seinen Geist, gerichtet. Sie betreffen ihn bereits im genetisch-plasmatischen Bereich, dort wo er ein sich selbst schöpfendes Wesen mimt. Wo um Himmelswillen soll er noch einen Grundbestand an Daseins-Gleichmut sich bewahren?

Wir sind unglücklich kurz vor und bereits in engster Beziehung zum endgültigen Verlust unserer Kompetenz zum Unglücklichsein. Einen manipulativen Schritt weiter, und alle Unglücke finden außerhalb unserer Erfahrungswelt statt.

Das Fazit des Zeitgenossen: Ich habe das Aufkommen des selbstbestimmten Menschen miterlebt und das Ende des Menschen in seiner totalen Selbstbestimmung kommen sehen. Ich bin dem Unterdrückten und dem wahnhaft Freien begegnet. Der eine litt an einer verwegenen Fehleinschätzung der ihm vorenthaltenen Freiheit, der andere war gerade dabei, seine Freiheit an seine Perfektibilität, an die Konstruierbarkeit des besttauglichen Zweibeinertums zu übergeben und sie damit für immer einzubüßen.

Man kann tun, was man will: morden oder beten, revolutionieren oder freie Parlamente wählen – irgendwann zerbricht jede Form, zerbrechen die Krüge, und die Zeit läuft aus. Und man wird anschließend wiederum alles aufklären und nachträglich die trügerischen Vorhersehbarkeiten, die trügerischen Gesetzmäßigkeiten bloßlegen bzw. konstruieren. Dabei handelt es sich um Verwerfungen, die aus dem schwerverständlichen Rumoren, aus dem Erdinneren alles dessen, was wir mit viel Erfolg betrieben haben, beinahe zwangsläufig hervorgehen. Die Blindheit, mit der uns schlug der Erfolg: daß wir nicht sehen, wieviel Erlöschen er mit sich brachte. Das von uns Angerichtete, es ganz allein, bringt seinen Kraftschwund hervor. Der einzige Feind, gegen den man nicht kämpfen kann und dessen Bedrohung die Kräfte nicht anspornt: Volksreichtum. Sind wenige reich, so herrscht Korruption und Anmaßung. Ist es das Volk insgesamt, so korrodiert die Substanz. Jedenfalls schützt Wohlhaben nicht vor der Demontage des Systems, dem es sich verdankt.

Daß das hohe Differenzieren und die »Komplexität der Verhältnisse« nur im Übergang, in der Krise etwas bedeuten, in der Zerstörung selbst aber die Archetypen gültig sind. Wohlstand, Schamlosigkeit, Komplexität, Liberalität bis zur Libertinage – das immergleiche Sodom-Schema. Sodom ist immer. Ein ganz kleiner Teil von uns ist vielleicht nicht Sodom. Der Rest ist immer Sodom. Aber man wird sich, wenn schon die Mauern wanken, bis zuletzt herauszureden versuchen mit dem heiligen Eifer des Differenzierens. Man wird nie akzeptieren, daß es in Untergründen so gut wie keine Vergangenheit gibt, wird sich nie zu fundamentalen Bedingungen verstehen, ohne deshalb einem Fundamentalismus anzuhängen.

Niemand kann sich heute das Einfache und wie es geartet sein wird, überhaupt vorstellen, und doch wird es eines Tages wieder einmal und wieder einmal nur für kurze Zeit uns *dazwischenfahren*, wird es die Beladenen und die Überladenen von ihrer Last, aus ihren allzu komplexen Verhältnissen befreien.

Ob es nun die schrecklichen Vereinfacher sind oder der panhaft jähe Einbruch des Schrecklich-Einfachen selbst – es wird sich der Zeitpunkt finden, und er wird außerhalb der gegenwärtigen Konzepte menschlicher Selbstbeschreibung liegen.

Burckhardts Pessimismus mit Blick auf das 20. Jahrhundert zeigt, daß Hellsicht eine besondere Begabung des reizbaren Rückwärtsgewandten ist, an die der Fortschritts*gläubige* mit seinen Zukunftsvisionen in der Regel nicht heranreicht. Dennoch ist der Antrieb des »Gläubigen«, Blindheit und Irrtum eingeschlossen, eine Sache des Lebens, die Bitternis des anderen aber eine Sache des Geistes, letztlich eine feinere Variante der biederen Altersweisheit, daß jedwedes Ding sich zum Schlimmeren wende.

Da es offenbar in jeder Epoche reizbare Gemüter gibt, für die der moralische Bankrott ihrer Zeit unmittelbar bevorsteht, ist beinahe anzunehmen, daß es sich dabei um ein chronisches Gallenleiden des Geistes handelt. Vielleicht rührt es her von einem dem Menschen angeborenen utopischen Einstweh, das die Naturvölker mit ihrem Ahnenkult, die modernen Gesellschaften mit ihren Revolutionen zu stillen suchten. Im persönlichen Leben drückt es sich mit den Jahren oft in Grimm und Unzufriedenheit aus, in jedem Fall weit entfernt von einer historisch zutreffenden Einschätzung der Lage. Verfall sehen, ist ein Schub von schwerer Sehnsucht, von Schwermut und Sehnsucht in einem. Tatsächlich ändert sich im Laufe einer modernen Lebenszeit sehr viel, manches wird vielleicht auch vergleichsweise schlechter, aber dies läßt sich schwer festmachen (außer an einem irrigen Ideal), läßt sich nicht in einen allgemeinen Rahmen spannen, denn der Wechsel verläuft unübersichtlich, tendenzlos, unteleologisch.

Gilles de Rais, das sind heute neunzehn mündige Bürger, Männer und Frauen, die sich per Suchanzeige versammeln, um Unzucht mit den eigenen oder entführten Kindern zu treiben, sich obendrein dabei zu filmen und filmen zu lassen, offensichtlich in dem Bestreben, jeder Perversion irgendeine Einzigartigkeit des Verruchten zu erreichen und zu dokumentieren.

Naiv, wenn nicht gar bigott mutet es nun an, wenn erst Kinderschändungen geschehen müssen, um die große moralische Entrüstung hervorzurufen. Denn die kumulative Enthemmung, die mit der libertären Tabuverletzung begann und inzwischen zur pornographischen Rundumbetreuung des Bürgers führte, wird zwangsläufig zu den jeweils letzten Reservaten des Verbotenen streben.

Wir besitzen das Vokabular der marxistischen Klassenbeschimpfung. Wir kennen bis in die infamste Nuance bei Brecht: die Kritik des Herrn aus der Sicht eines zu ihrem Zweck erfundenen Knechts. Wer liefert das Vokabular zu einer grausamen Kritik der demokratischen Sinnenwelt? Ihre Übel gilt es anzuführen als Grundübel, ohne süßliche Relativismen, ohne jede Illusion der Reformier- und Veränderbarkeit, erzählt und bezeugt von einem Juvenal-Standort, von einem imaginären extrademokratischen point of view.

Manchmal gilt es eben, nicht die demokratischen Ideale zu retten, sondern die Ideale vor der Demokratie. In diesem Doppelsinn: erstens die großen Ideale aus der *Vorzeit* demokratischer Verhältnisse nicht zu kompromittieren; zweitens sie vor der Banalität der Kompromisse, der ebenso ehrsamen wie unbescheidenen Wirklichkeit der Demokratie in Schutz zu nehmen, die, immer bedürftig nach Anerkennung, beinah jeden Lebensbereich durchdringen möchte und sich zuletzt zu einer Art demokratischen Integralismus entwickelt.

Es ist leichter, ein autoritäres Regime zu Fall zu bringen, als ein liberales System vor seiner eigenen Zerrüttung zu bewahren. Das eine ist künstlich, starr wie ein Kristall und kann gebrochen werden. Das andere ist organisch und kann nur absterben.

Aischylos, der Bewohner der Stadt, Nutznießer des Handwerks, verehrte Prometheus. Hesiod aus Böotien, einer bäurischen Welt, empfand Prometheus als den großen Opferbetrüger, Ordnungsschänder, der zu Recht bestraft wurde. Und Claudel, der Ästhetik des Insurgententums leid, soll geklagt haben: Immer noch Prometheus! Wann endlich Jupiter?

Stetes Schwanken. Etwa zwischen der Ahnung, daß sich das meiste in weit komplizierteren Formen bewegt und erhält, als es uns, deren Bewußtsein übersät ist mit Skotomen, schützenden Blindheiten, gegenwärtig erkennbar sein kann, und der bitteren Bequemlichkeit der Negation, die allenthalben Minderung, Abschied, Gefälle ausmacht, ja, begierig danach ist, weil es ein schlecht angepaßtes Geschichts*gefühl* so verlangt.

Auch wir fragen beständig nach einem Wir. Weshalb *wir* nicht fähig zur Krise sind. Weshalb *wir* ein Krisenbewußtsein nicht kennen. Weshalb *uns* selbst das Schlimmste im Leben nicht ins Leben zurückversetzt, in Not und Furcht. Und die Antwort lautet: weil wir auf so bescheidene Weise wach sind, kann uns nichts wirklich aufwecken. Dabei liegt auch über unserer bescheidenen Wachheit der Schlaf der Epoche, den erst eine nächste vertreiben wird. Diese wird dann auch in unserem Epochenbewußtsein, das sich selbst für das allerumfassendste hielt, eine wunderliche Menge an Unkenntnis und unverzeihbar Übersehenem entdecken; viel Schlaf eben.

Es ist schön, in der Erhebung zu stehen, das Herz voll Umsturz-freude.

Es ist aber auch schön, keine Revolution mehr vor sich zu haben.

Man wird sich damit abfinden, daß alle Arbeit des Bewußt-seins, egal ob ein Leben, ob eine Epoche lang, stets Arbeit an der Selbsttäuschung ist.

*

Am Pult vor meinem breiten Fenster steh ich wie ein Redner, der nur hört. Der sich die Brust aufreißt vor einem Saal voll Buchen, Schneehügeln, Krähen und Nebellachen. Vor diesem Wintersaal bin ich der Angesprochene, der seinen Mund nur zum Staunen öffnet.

Für zwei Tage Sommer im April. Hitzevorschuß. Die Knospen stürzen aus dem Schlaf. Über Nacht sind die Schwalben aus Si-zilien zurück, nachtblau noch ist ihr Flügel, hier wird er staub-grau werden. Sie umflattern die Traufe. Die Stare im Kordon wie eine Polizeistaffel staken pickend über die Wiese. Sonntag ohne Fülle, ohne Schwüle. Am See die Nachtigall und eine zarte Wasserschlange, die eine mäandrische Strömung hinter sich läßt, das feine schwarze Reptilienhaupt glänzt in der Sonne, es bleibt über Wasser wie beim schwimmenden Hund. Ein erstes Bad im kalten Weiher.

XII Unruhe des Wissens

Die einen wissen – und spüren nichts. Denn Wissen anästhesiert.

Die anderen spüren, aber sie wissen nicht, was sie spüren.

Das Spüren ist schutzlos und wird von tausend falschen Reizen gebeutelt und verformt.

Alles, was überhaupt ist, geschieht unter der Schädeldecke. Die Welt als Ereignis eines kolossalen Überschwangs in unermeßlicher Enge. Die Leidenschaft der Abgeschlossenheit ist das Medium Gottes wie der Welt. Klaustromania. Reklusiasmus. Das Ich ist nur ein artiger Höfling unter dem absoluten Souverän der Neuronenherrschaft, deren Wahlspruch lautet: Kognition ist alles, die Welt nur ein Etwas.

Das Wort Gedanke, so hieß es, sollte man im alten Wortsinn nicht mehr verwenden. Es gibt keine Gedanken. Was man bislang darunter verstand, ist nach Ansicht der neueren Illuminationswissenschaften eine nervöse Fluoreszenz, ein durch Fremdeinstrahlung bewirktes Aufleuchten größerer Neuronenverbände, *assemblies,* schwarmhafte Vereinigungen vorher nie vereinigter synaptischer Aktivitäten. »Sie denken weniger, als Sie denken. Sie werden beschienen. Was Sie bewegt, bewegt sich aufgrund von Fremdeinstrahlung.«

Im Erklärungszeitalter kommen die intuitiven Begriffe in Bedrängnis. In allen Hintergründen sitzen die Terminologen, die Kenner der Wissenssprachen, die patenten Entschlüssler. Nur durch sie hindurch, nicht an ihnen vorbei kann sich der intuitive Begriff neu bilden. Novalis, lang vor dem Wissen, konnte es noch unbewußt fassen. Ahndungsvoll durcheinanderbringen. Heute sind alle Wissenssprachen ausgesprochen. Die Reflexionspoesie wird immer im tiefsten ihres alchimistischen Wesens an der Einheit der Diskurse festhalten – und die Einheit der Materie, die die neuere Physik als das Schönste menschlicher Wissenschaft preist, geht ihr mit großer Anziehungskraft voraus.

Es gibt zum Wissen – wie es so banal in der Politik heißt – keine Alternative (am wenigsten eine es verteufelnde Politik).

Da alle moralischen Kräfte im Wissen allein (in keinem Mythos, keiner Gesellschaftstheorie etc.) gebunden sind (und geschwächt werden), erliegen wir leicht der Gefahr, zwischen ungläubigem Fürchten und selbstherrlichem Forschen zerrissen zu werden. Wir haben aber dem Wissen nichts entgegenzusetzen – in keinem Land, in keiner Kultur, in keinem Bewußtsein. Es hat uns ethisch, philosophisch, poetisch in der Hand. Außer dem finstersten Rückfall, der erbitterten Ignoranz, dem kriegerischen Kulturschock (Schock vor uns selber) gibt es keinen denkbaren Einhalt – bis aller Eifer gestillt ist. Bis wir eines Tages vor uns haben ein Erkenntnis-Rund und hoffentlich so wie die theoretischen Griechen uns verhalten werden, die am Bernstein wohl die Elektrizität entdeckten, sich aber nicht weiter dafür interessierten.

Es nützt gegenwärtig nichts, mit Menschheitspathos von der bedeutsamen Tatsache zu sprechen, daß bis auf den heutigen Tag kein einziger Protonenzerfall entdeckt wurde, wenn der Menschheit Schema von Furcht und Zittern nicht auf den Protonenzerfall eingerichtet ist (auf dieses Bassin voll Wasser tausend Meilen unter der Erde in einem Bergwerk von Minnesota) …

Die Erklärungen können noch nicht das letzte Wort gewesen sein. Das letzte Wort hat der Dichter. Nicht jetzt. Nicht zwischendrin, solange alle noch laut und getrennt vor sich hin reden. Aber später, wenn die Stimmen verebben und die Erde ganz Ohr wird –

(dies verdammte Proton aber scheint eine hundertmillionenfach größere Lebensdauer zu haben als die gesamt Schöpfung alt ist!).

Die Suche nach der einheitlichen Wechselwirkung, nach der Einheit der Natur. Die *Gravitation* erstens; die *starke Kernkraft* dann, billionenmal stärker als die Gravitation, sie hält den Kern des Atoms zusammen. Der *Elektromagnetismus* als nächstes, er sorgt dafür, daß die Elektronen rund um den Kern schwirren, was den greifbaren Dingen den Eindruck von Festigkeit verleiht. Die *schwache Kernkraft* schließlich, sie liegt dem radioaktiven Zerfall in bestimmten Atomen, wie etwa dem Uran, zugrunde. Aber die einzige vor und in den vier Urkräften?

Nun, sagen die einen, wenn es das Einzige gibt, so wird es auch zu finden sein. Der Beginn der Welt, der in ihr versteckt wurde und den niemand fand bis heute. Die erste Billionstelsekunde im Ursprung der Schöpfung. Dann plötzlich wäre das Ganze – das All wäre erkannt.

Aber dieser Schluß bestünde nur noch aus grenzloser Schönheit, aus einer sich selbst vergötternden Harmonie.

Andere bestreiten, daß es je soweit kommen werde und wir das Eine in der Formel besäßen. Denn was wird, was kann der Menschengeist zuletzt entdecken, selbst wenn er im innersten Geheimnis der Welt stünde? Die Frage, nichts als die Frage …

Jetzt haben wir zu wissen die präbiotische Suppe, aus der Leben auf die Erde kam, eine durchaus zufällige und vielleicht sogar einmalige Berührung von Kohlenstoff, Wasser, Ammoniak, eine Verbindung, wie sie allem Anschein nach in dem uns ermeßbaren Winkel des Universums, den zehn Milliarden Milchstraßensystemen, die wir von der Erde auslinsen und abhorchen können, nicht ein zweites Mal vorkommt. Jetzt haben wir zu wissen, daß die einfache Bakterienzelle mit der gleichen chemischen Anlage ausgestattet ist, denselben genetischen Code benutzt, der auch für den Aufbau des menschlichen Organismus zuständig ist. Wir haben zu wissen, daß sich die Evolution der Arten nicht nach einem vorausbestimmten Plan erfüllt, an dessen Ende das Wesen Mensch erschien, sondern daß vielmehr jede Entwicklung in der Biosphäre aus Tippfehlern der genetischen Übertragung entstanden ist, aus puren Zufällen, Mißgriffen, Kopierstörungen, denn das Projekt, der Traum einer jeden Lebenszelle ist es, sich identisch zu verdoppeln und sonst gar nichts. Alle Veränderungen sind im Grunde Versehen, die durch Mutationen ausgelöst und durch Selektion erprobt werden. Ein solches Weltbild ist nichts für Kinder und nichts für Christen und schon gar nichts für Marxisten. Es bedroht jede Philosophie, die den Menschen in ihren Mittelpunkt stellt, indem es die tatsächliche Abseitigkeit seiner Existenz in der Naturgeschichte verkündet. Und wenn der Mensch – mit den berühmten Worten Monods –, wenn der Mensch die Wahrheit, diese Wahrheit seiner Biosphäre annähme, dann müßte er aus dem tausendjährigen Schlaf aller Ideologien und Religionen endlich erwachen und seine totale Verlassenheit, sein totales Außenseitertum erkennen. Er muß wissen, daß er seinen Platz wie ein Zigeuner am Rande des Universums hat, das für seine Musik taub ist und gleichgültig gegen seine Hoffnungen, Leben oder Verbrechen ...

Die Christen sind des Anfangs nicht kundig; sie sind seiner vergeßlich, sie nehmen die Schöpfungsgeschichte nicht ernst genug. Besessen sind sie dagegen vom Ende in Heils- und Unheilsgeschichte. Nicht von ungefähr sind es ihre eschatologischen Epigonen, die Marxisten, aus deren gebrochenen Vernünften, gescheiterten Hoffnungen jetzt die unheilsgeschichtlichen Dämpfe und Ahnungen am stärksten entweichen. Der systematische Pessimismus als Folge der Aufdeckung einer systematischen Geschichtstäuschung – aber was sind schon helle Köpfe wert, die einen Kater haben?

Es wird dem Menschen nicht leichtfallen, an die Beginnlosigkeit der Welt zu glauben. Liegt es daran, daß er sie nicht denken kann? Daß es in seinem »System« einen unauslöschlichen, unersetzlichen Mythos von Anfang und Ursprung gibt und geben muß? Der Wahrheit näher käme die physikalische Imago von einem steady state, das Zeit, Raum, Leben, Ich und andere in einen einzigen konturlosen Nebel hüllt – eine bewegte Aufgelöstheit der Dinge und Benennungen, in der das Alles zu einem Etwas zerrieben, das Ganze zu einer Sämtlichkeit abgewandelt erschiene und folglich vom einzelnen Ereignis nicht zu sagen wäre, ob es vorbei ist oder ankommt oder immer da war.

Steady state: es ist alles da. Allzeit. Die Organe takten die Folgen und Verläufe, das Werden und Vergehen hinein.

Wenn doch aber die Grundlage von Allem Schlamm, Schwärze und kein Bild wäre und nur der Mensch sein Lichtlein hält, in dem alles licht erscheint und doch ein Irrlicht ist ... da müssen sich die Denker heute doch fragen: wo bist du nur geblieben, teures Subjekt der Weltgeschichte, heiliges Ich? Und: hat nicht das zurückliegende Jahrhundert gerade erst damit begonnen, die Gesetze der Sprache, des Geistes, die Sprache der Gene und des Unbewußten zu entdecken und sie als Systeme von Regeln zu beschreiben, die unabhängig vom denkenden Subjekt und seinen wechselnden Orten, die universell und eigensinnig wie Naturgesetze tätig sind? In Allem ist Information und Sprache, von der winzigen Bakterienzelle bis in den geheimsten Traumzipfel, wir sind überfüllt von Mikrotexten, Codes und Alphabeten, Sprache überall und lauter Gesetzesherrschaft und fremde Ordnungen. Wo sollte da noch für ein Ich Platz sein? So kommt es, daß selbst den Philosophen das menschliche Subjekt vom erhabensten zum langweiligsten Gegenstand seiner Betrachtungen geworden ist. Der Mensch? sagt er, Schwamm drüber. Das Menschenkind, die ewige Nummer eins der Weltgeschichte? Schwamm drüber. Dies Wesen beginnt nun endlich, das Spiel der Regeln zu durchschauen, dem es sein Erscheinen in der Geschichte verdankt. Inzwischen weiß es immerhin so viel, daß dieses selbe Spiel der Regeln es auch wieder aus der Geschichte heraustragen wird. Wenn wir nicht mehr sind, weht noch lang der Wind, wie es im Schlager heißt. Und die Codes gehen ihren unermeßlichen Gang. Zuvor aber werden uns erst die Dinge überrunden, wird uns das Leblose entmachten. Denn eines Morgens werden es die Dinge sein, die uns die Sprache aus dem Hals gezogen haben. Eines Morgens wacht unterm Grillrost der ausgespuckte Kaugummi auf und streckt sich. Plötzlich hört er über sich den Grill, er hört ihn wahrhaftig – sprechen! Und fast im selben Augenblick, ein urtümlicher Atemzug, ein Schub der Schöpfung, und der Kaugummi spricht auch: ›Sprichst du?‹ fragt er den Grill.

Ja, sagt der Grill, ich spreche. Ich spreche vollendet.

Ich auch, sagt der Kaugummi und wundert sich.

Wie spricht es sich? fragt der Grill nach unten.

Danke, gut, antwortet der Kaugummi mit Leichtigkeit, jetzt haben wir also die Sprache.

Der Grill: Jetzt haben wir für immer Unterhaltung.

Der Kaugummi: Und wie geht es dem Menschen? Was sagt der dazu?

Der Grill: Der Mensch? Der Mensch steht da mit offenem Mund. Ausgelaufen. Versiegt. Erschöpft bei offenem Mund.

Der Kaugummi: Soweit mußte es einmal kommen. Der harte Fall zurück in den Stoff. Verliert seine Erzählungen, seine Worte, seinen Geist.

Der Grill: Das Menschenkind. Was ist geblieben von der Nummer Eins? Ein Naturgeräusch, wie der Wind so durch seinen offenen Mund heult ...

Da hören Sie es, die Dinge unter sich. Wir aber stehen steif und stumm und unser Denken ist wie Schnee fällt. Der Ordnungen haben wir schließlich viel zu viele gesammelt und wild aufeinander getürmt und ein bestürzend Übermaß an Sinn in die Welt gesetzt. Zu viel der Logiken, Beweise, Erfahrungen, Vernünfte, als daß das Ganze nicht doch auf die krauseste und ursprünglichste Unordnung hinausliefe. Die Unordnung, die immer noch unterdrückte Rede des Ganzen, ein Rumor bloß, aber überall stärker hervordringend. Wenn die erst laut wird, wenn gar nicht mehr regiert und geregelt werden kann und Anarchie die Wirklichkeit ist, dann wird der einzelne zuerst unter wuchtigem Druck taumeln, und es wird ihm der Geschichtssinn platzen wie ein Trommelfell, so daß er plötzlich vor seinem Telefon steht und ratlos den Hörer schaukelt, ihn schubst wie ein Hund seinen Plastikknochen und absolut nicht weiß, was das ist und was man damit anfängt, mit diesem krummen Teil. So beginnen sich die Sinne der häuslichsten Apparate wieder zu entwöhnen, und, mag sein, aus dem Wirtschaftsprüfer mit blendenden Kenntnissen in sechs Programmiersprachen schält sich über Nacht, Schicht um Schicht, der gottesfürchtige Kupferstecher heraus, der dieser eitle Zeitgenosse in einem früheren Leben einmal gewesen war, am Hofe des Herzogs Anton Ulrich in Braunschweig nämlich. Die vergangene Kunde, die vergangene Geduld bemächtigen sich seiner wieder, und er wird unfähig, ohne abgründigen Schwindel auf die Straße zu blicken und die Geschwindigkeiten auf der Straße zu ertragen. Nicht erst das geisterhafte Huschen der Fahrzeuge, sondern schon der einfache maßlose, besessene Schritt der Gehenden möchte ihn schier in den Wahnsinn jagen. Der biederste Ton in den Heizungsröhren schwillt in ein Jenseitsgedröhn. Das Deutsch der Mitwelt: nur entfernt, auf quälende Weise halb nur verständlich. So fällt der ganze Körper mit den Verhältnissen auseinander, fallen Seele und Dinge rumpelnd auseinander. Der plötzlich Veraltete verliert ringsum jeden Halt. Er sucht sich zuletzt unter Decken und Kissen zu bergen, ohne dort Schutz zu finden, denn der Gestank der Chemiefasern bewirkt einen andauernden Brechreiz. Er kann nirgends mehr hin. Er fürchtet sich mehr als nur ein Mensch allein. Sein Grauen ist das eines einzigartigen Mißgeschöpfs und fünfstirnigen Ungeheuers seiner Gattung, ausgesetzt und abgeschoben auf einen anderen Planeten …

Der gesamte Entwurf der Materie, das Universum selbst scheint aus dem Spielzeugkasten gearbeitet, verglichen mit der höchsten Blüte alles Erschaffbaren, der Schöpfung in Permanenz, innerhalb der paar blutigen Lappen, die jeder Mensch, selbst der ärmste Kretin, hinter der Stirn birgt. Nach innen, zur Erforschung der einbefaßten Welt, des Großen Internums wird folglich in Zahlen von mindestens kosmischer Dimension gerechnet. Unsere Netzhaut enthält über rund 100 Millionen Sinneszellen oder Photorezeptoren, unser Nervensystem aber an die 10 000 Milliarden Schaltstellen oder Synapsen. Mithin, so Heinz von Foerster, sind wir gegenüber Änderungen unserer Innenwelt 100 000 mal empfänglicher als gegenüber Änderungen in unserer Umwelt.

Neben der Neuronenherrschaft ist es die autonome Macht der Sekrete, der Enzyme und Hormone, die dem Ich seine Verfassung diktieren. Hemmung und Erregung, Unterdrückung und Freisetzung sind die ständigen Wechselbefehle, mit denen unsere Leibeschemie nicht nur die Regelkreise des Organismus kontrolliert, sondern auch die stabile Beschränkung festlegt, dank derer wir einen winzigen Ausschnitt aus dem physikalischen All, eine Luke nur, zu unserem Welt-Bild modifizieren. Ein Tröpflein Erregung zuviel und wir werden ins Chaos geschleudert; ein Tröpflein Hemmung zuviel und wir ersticken an Beständigkeit und Ordnungswahn ... Dies alles – und es muß hier der kurze Anreißer genügen, um das beängstigende Abenteuer der Selbstbegegnung vorzustellen, zu dem der menschliche Verstand aufgebrochen ist –, dieser Umsturz der Gewißheiten sollte denn einen jungen Autor, der sich sonst als fleißiger Zeitgenosse beweist, gänzlich unberührt lassen? Müßte es ihn nicht in ebenso tiefe Unruhe versetzen wie einst den Dichter Kleist die Lektüre Kants? Muß nicht ein erkenntniskritischer Zusammenbruch, ein Weltbildsturz gleichsam als Initiation der glaubwürdigen schöpferischen Tat vorausgehen?

Aber steht nicht das gehabte Wissen tatsächlich überall in der Blüte der Sprengung, wo sie ihren schärfsten Kranz, ihre prächtigste Entfaltung wirft? Doch kaum jemand in der reflexionslosen Kunst der Gegenwart, der sich davon etwa erschüttern ließe! Sehr viele schöne Romane, sehr viel Gelungenes, jedoch sorgsam entfernt von den tatsächlichen Gefährdungen des Geistes, die selbstverständlich auch solche der Sprache und der Form wären. Sehr viel Verträumtes eben, doch die Schönheit als bloße Beute botanisierender Sinne verblaßt dann meist recht schnell. Aber auch der nihilistischen, mittlerweile: der entropistischen Obsession, mag sie sich noch so radikal und welthaltig gebärden, haftet etwas geistig Verschlafenes an. Wahnsinn, Chaosdienst, subversive Intuition sind als literarische Metapher (im Verhältnis zu den realen Erkenntnisgewalten der Gegenwart) heute gerade soviel wert wie die Liebesleidenschaft einer Mesalliance in einem Spielhagen-Roman. Abhub, Kitsch, Bewußtseinsramsch.

Peinlich sind nicht die Gemeinplätze, mit denen gewöhnlich die Menschen ihre Empfindungen und Gedanken ausdrücken, peinlich ist es, wenn jemand seine tieferen Einsichten, die er unter ganz bestimmten Umständen, vielleicht in Anwesenheit und im unverwechselbaren Angesicht eines anderen einmal gewonnen hat, kassiert, zu dem Seinen zählt und unterschiedslos vor beliebigem Publikum wörtlich wiederholt. Peinlich sind die Klischees der Erkenntnis, mit der so viele Wissenschaftler und Geistesarbeiter ihre Geschäfte machen. Wie oft umgibt diese klugen Einsichten, denen man in Zeitschriften, Büchern und Vortragssälen begegnet, eine merkliche Kruste der Austrocknung, die sich auf ihrer langen Entfernung von der Quelle der Eingebung gebildet hat!

Wer oft vielen dasselbe mitzuteilen hat, der besitzt seine Einsichten als Wertsachen, als kommunikationsgeprüfte geistige Fertigteile, Standardbemerkungen, eine Handvoll obstinater Ideen, kleine körnige Begierderückstände.

An einem trüben Sonntag auf dem nassen Deich führte er den Hund der Nachbarin aus. Das Tier blickte hin und wieder scheu befremdet zu seinem Leihherrn auf und nahm seine Zweifel, ob dieser als echter Herr in Frage käme, mit hinab in die zum Schnüffeln gesenkte Schnauze.

Welche Frage in den treuen Augen des Tiers! Die dem Begleiter die Verlegenheitsröte in die Ohren trieb. Kein Mann von Welt, kein Mensch für Leute, vielmehr ein Grübler, wie der Hund ein Schnüffler war nur zum Verdecken seiner Zweifel! Und genau wie dieser hin und wieder angetrieben, von allen Menschen weg und tief zwischen die Steine zu schauen. Der Wille sehr geschwunden, die Bereitschaft, sich schützend unter seinesgleichen einzureihen, äußerst schwach, so war die nahe Menschenwelt nur noch in jähen Spalten, grellen Aufrissen eines dröhnenden Nebels zu erkennen. Fragen, die man an ihn richtete, verliefen auf sehr weichem Gemütsfond wie wäßrige Farben. Fragen seinerseits an eine Außenwelt gingen ab in eine nachgiebige, wellige, dehnbare Umgebung, die sich an keiner Stelle mehr zu einer Antwort verdichten, verkörpern oder auch nur verknorpeln wollte. Ein Hundeähnlicher, nach seiner Herrentauglichkeit befragt!

So ergeht es dem Idioten, der zugleich zum hemmungslosen Psychologen wird, einem Experten des Argwohns, der für schier alles ein Ohr hat. Dem jede Richtung die seine werden könnte. Der Boulevard wie die Klause, die Sentimentalität wie der Sarkasmus, das Machtwort wie das Schlagwort. Der daher keinerlei Fassung besitzt, sondern allerorten nur Identifizierplätze vorfindet, auf denen er sofort zum Appell antritt.

Alles Wissen von der Welt, das beste wie das neueste, das tiefgründigste wie das unglücklichste, ist mir zugänglich, ohne daß ich mein Zimmer verlasse. Und ich selbst kann es, das Unglück der Welt, sogar noch von meinem Zimmer aus beliebig vermehren. Das konnte Pascal nicht ahnen.

Die Weltvermeidungsenergie bleibt auf Erden erhalten: vom Anachoreten bis zum PC-Autisten. Allein mit allen, in der Klause ›Zur ganzen Welt‹ wird das Mysterium vollzogen.

Noch sind wir Wesen vor der großen Fusion. Nach dem Anschluß des persönlichen Bewußtseins an den Daten-*lifestream* des Computers wird jeder weit über seine Verhältnisse *leben*. Seine individuelle Lebenserfahrung, seine Lebensdaten werden in seinem Bewußtseins- oder Datenleben nahezu verschwinden.

Obschon unser Wissen längst in Mikrosphären auch des menschlichen Lebens vorgedrungen ist, in denen sich das traditionelle Bild vom homo sapiens aufzulösen beginnt, wehrt sich das ideologische Selbstverständnis beharrlich dagegen, die revolutionären Errungenschaften seines Geistes anzunehmen, sie auf irgendeine Weise in der Imagination zu berücksichtigen, so wie es das noch mit dem Verlust der Religion oder mit den Erkenntnissen der Psychoanalyse getan hat. Immerhin geht es nicht um interstellare Materieteilchen, sondern um die Geschicke der eigenen Art, einen Bereich also, welcher die egozentrische Neugier des denkenden Subjekts berühren muß. Allerdings, die elementare Naturseite, zum Beispiel die zellbiologischen Prozesse unseres Lebens erleben wir nicht; sie teilen sich (außer durch Störung und Krankheit) weder dem Bewußtsein noch dem Unbewußten mit. Das Innerste des Menschen steuert der Apparat, der Bio-Computer. Und während jener glaubt, kämpft, weint, schläft, kritisiert, tun die Enzyme unerschrocken ihr Werk, fleißig, einsichtig, gleichgültig. Befreit von seinem Spiegelbild, wäre der Mensch gezwungen, sich selbst als das gewaltige Werk von extrahumanen Formen und Strukturen zu durchschauen, das ihn immer an seiner Identität zweifeln ließ, wäre er gezwungen, sein einzig gültiges Porträt zu betrachten, welches das einer Übergangserscheinung, vielleicht nur das eines Auswuchses, eines Mittelzweigs am Lebensbaum der Schöpfung ist. Nur im Zustand einer vielleicht schreckhaften, vielleicht aber auch mystischen Reglosigkeit könnte er den ganzen Reichtum ›seiner Natur‹ erfahren. Es wäre eine ähnliche Erfahrung wie die unendliche Mannigfaltigkeit an Gefühlen, die das Verlangen bei Unbeweglichkeit hervorruft und die in der grandiosen Vielfalt pflanzlicher Formen ihren Ausdruck findet (Ponge). Bei tiefstem Stillstand und in einem geistigen Nu werden wir das Formen-All, durch das wir leben, in unser Bewußtsein nehmen und darin ein ungeheuerliches Verlangen der Natur, den Menschen zu überwinden, erkennen.

Der Grieche Valéry, Geist mit allen Sinnen, steht bis heute an der vordersten Front des modernen Erkennens von Erkenntnis. Er konnte nichts dafür, daß er glaubte, einzig dem Intellekt zu huldigen. Es ist nicht seine Schuld, daß »intellektuell« inzwischen für uns ein Synonym für geistig Unbedarftes ist.

Jedes Bewußtsein hat seinen Tiefschlaf (sein Nicht-Wissen, seine Unschuld), aus dem es ein folgendes weckt, in dem wir eine unerwartete Entdeckung machen.

Und doch haben wir bei jeder weiteren Entdeckung, die wir machen, den Verdacht, daß sie die Menge dessen, was noch zu entdecken wäre, nur erhöht und niemals mindert – ja, es verstärkt sich mit jeder neuen Entdeckung der Eindruck, daß wir die Welt prinzipiell unterverstehen.

Die Vorstellungswelten, die sich uns aufgrund der Sprache eröffnen, erreichen niemals den Grad an Komplexität, den unser Körper in seinen inwendigen Zusammenhängen besitzt.

Und sie dürfen es auch nicht, weil der ideelle Mensch nur eine kurze Historie, der physiologische aber eine gewaltige Evolution in sich trägt. Der Körper ist höher entwickelt als der Geist. Das Bild, das wir uns wechselnd von der Welt machen, *muß* primitiver sein als die neurophysiologische Vorrichtung, die es hervorbringt. Sonst würden wir in Unüberschaubarkeiten untergehen.

Nun verabschiedet man allerwege (außer in der Kunst) den Reduktionismus und setzt ihm das ›Ganzheitliche‹, den Holismus, den radikalen Konstruktivismus etc. entgegen. Wie triumphal ist man doch gestimmt, wenn man ein neues Banner hochheben kann – noch bevor die eigentliche Schlacht geschlagen ist! Obgleich es gewiß unvermeidlich ist, daß auch der

Reduktionismus in irgendeiner Abwandlung sein Comeback erlebt, wie fast jede Großform in der Geschichte des Wissens seit den Vorsokratikern. (Zum Beispiel: der Lamarckismus – die unter genetischen Gesichtspunkten für irrig befundene Überzeugung, daß Erlerntes vererbbar sei – teilrehabilitiert durch die neueren Hypothesen der Epigenetik.)

Wahrscheinlich ist für das Erforschen, das unstillbar ist, das Ganze ebenso erschöpflich wie das Elementare. Irgendwann ist die Kategorie verbraucht. Auch möchte man gerne noch erleben, was eines Tages den zentralen Begriff der *Komplexität* ablösen wird, der scheinbar demütig, in Wahrheit aber allseits fragenverschlingend das gegenwärtige Wissen beherrscht. Welches Macht- oder Leitwort wird die Epoche nach der Komplexität regieren?

Wir sprechen von den komplexen Abläufen im Hirn, im Gemüt, im Bereich der inneren Säfte. Zur Andeutung der verschlungensten Zusammenhänge benutzen wir einzig diese vage Sammel-Vokabel: *Komplexität.* Nichtssagender geht es kaum. Was soll mir das Wort, wenn jedes Shakespeare-Sonett, das ich lese, den Begriff sofort überflüssig macht? Kunstwerke beginnen jenseits von Komplexität. Solche Wörter sind uns nur im Weg. Sie haben geradezu inhibitorische Wirkung. Sie hemmen sogar den Geist darin, seiner Technik auf die Schliche zu kommen. Man unterschätze daher nicht die »Botenstoffe« der Sprache. Es gibt geisthemmende und geiststimulierende Begriffe.

Aber was, frage ich, ist ein Weltverstehen wert, das im Lauf der Geschichte fortwährend schwankt, sich korrigiert und widerspricht, verglichen mit den uralten, verläßlichen kleinen Welten, welche die Assel oder die Libelle umgeben, den Dornhai oder den Leoparden? So wie das ›Weltbild‹ der Ameise gesichert ist durch die Verkettung des Sichbetrillerns, der ständigen chemotaktischen Verbindung, ist im Gegenteil das unsere verunsichert durch die laufende Produktion von falschen Weltbildern. Immer wird das Bild, das wir uns von der Welt machen, primitiver sein als die gehirnliche Technik, aus deren Fabrikation es stammt. Hirn und wirkliche Welt stehen sich näher als Weltbild und Welt oder das Hirn und seine Vorspiegelungen. Wir können nichts *richtig* sehen, wir sind blinde Gemütstolle, emsige Unbesonnene … Die Natur des Menschen ist eine bildnerische, wie die Natur der sich betrillernden Ameisen eine chemotaktische ist. Und dieser zuverlässige Apparat der permanenten Täuschung ist das Höchste, was die Natur hervorgebracht hat!

In einer Wissensgesellschaft kann es den Antityp, der auf die schädlichen Folgen des Fortschritts verweist, nicht geben, wie ihn der Intellektuelle in der Industriegesellschaft vorstellte. Hier wäre der Außenseiter oder Widersacher schnell als ein Zukurzgekommener angesehen, einer, dem mitzuwissen nicht gelang. Gegen das Können hilft kein Könnenverweigern. Sondern einzig die Novalis-Schlegelsche Divination, das große freie und poetische Abirren im Wissentlichen selbst.

Sowenig der gesammelte Tagesverstand ohne das Lose und Lösen des Traums »kreativ« werden kann, sowenig kann das Überprüfbare ohne die Schwerkraft des Unüberprüfbaren Gewicht erlangen.

Ist es nicht denkbar, daß inmitten der uns hellsten Verhältnisse unsere Einsicht eine Volte schlägt, worauf das längst Durchschaute von einem Tag auf den anderen vollkommen undurchsichtig wird?

Deshalb, ihr da in Platons Fabrik, laßt uns noch einmal die Konstruktionen, die Beweise auflösen! Laßt uns die Chance nutzen, eine unermeßliche und untröstliche Unregelmäßigkeit zu entdecken. Und – um der Schönheit, zuletzt auch: um einer feineren, traumhaften Ordnung willen: laßt uns alles noch einmal durcheinanderbringen! Unschuldig ist der erste, der zweite und jeder weitere Blick. Bewußtsein selbst ist ein naives Organ. Die Welt ist nicht entzauberbar. Schneller als jedes Wissen erneuert sich das Unbedachte, es ist unerschöpflich. Was heute für höchstes und reinstes Durchschauen gilt, wirkt morgen schon rührend oder als Torheit gar. Und all das beste Wissen unserer Tage, wer ahnt, ob es nicht bald schon wie ein verhängnisvolles Dösen erscheint, so daß Künftige sich kopfschüttelnd fragen werden: wie konnten sie dies versäumen und das übersehen?

Man braucht die Romantiker des Wissens, wie Novalis und Friedrich Schlegel es waren. Jedes große Wissen braucht ein mystisches Geleit, wodurch es in den gesellschaftlichen Geist eingeführt wird. Ohne vorherige Verschmelzung wird es nicht symbolfähig.

Der Mann, der allein geschickt wie eine Wildkatze im Feld seiner Kenntnisse und Begriffe streifte, verlor, kaum daß er vom Tisch aufstand und einen Besucher einließ, mit dem Handschlag sein Bewußtsein; er zitterte vor Ungewißheit, Devotion, strauchelte mit jeder Bemerkung und stürzte schließlich in eine einfache Frage ab, da in seinem Geist auf einmal tausend Wissenslücken klafften. Die Augen, die sich auf ihn richteten, wirkten wie biochemische Hemmer und Unterbinder. Zeichen, Zeilen haben keine Augen, er schämte sich nicht vor ihnen. Vor jedem Menschen aber stieß sein System auf zu viele schamauslösende Impulse …

Was geht vor in der Gemeinschaft zum Tode, in der Fluggast-kabine kurz vor dem Absturz, gibt es eine kollektive Erfahrung der letzten Sekunden? Ich will es nicht wissen. Sich hinein-wühlen in den nackten Horror, auf Tuchfühlung gehen mit der greulichsten Not, alles aufklären bis zum sinnlichsten Nach-vollzug des Unglücks, um nur ja nichts der Aufklärung und Sensationsgier vorzuenthalten, das alles ist schamlos, verro-hend, ein Sakrileg ... *Ich will es nicht wissen* wird nun zu einem Grundsatz der Selbstbehauptung und der moralischen Reserve. Nichts scheint heute hilfreicher als die Vorrichtung solider Scheuklappen, die den Blick abhalten von gewissen Ermittlun-gen, die in Wahrheit nur die niedrigsten Instinkte wecken. Man muß gleichsam ein Parsifal seiner späten Jahre werden, der aus erworbenem Ignoriervermögen ein Bewußtsein, das ihm von allen Seiten soufliert wird, abzuwehren versteht: ich *will* es nicht wissen!

Von der Gnosis zu lernen: daß Erkenntnis schon immer ein Funke Erlösung ist. Der Mensch trägt in sich den Lichtsamen. Damit ist er das einzige Geschöpf in der schwarzen, gefallenen Welt, das mit dem Jenseits-Gott verbunden bleibt. Gegen sie zu wenden: daß Materie, die hylische Welt vollends übel und verdorben ist. Hier können nicht außer acht bleiben die neueren Erfahrungen der Biologie und Physik: daß Geist und Materie im empfindlichsten Bereich nicht zu trennen sind, daß ihr uralter Gegensatz – Paradigma des religiösen wie des wissenschaftlichen Denkens bis in unsere Tage – als aufgeho-ben gelten muß. Die Materie selbst enthält in ihren feinsten Spuren Unvergänglichkeit.

Statt dessen laborieren wir auf einer anderen Ebene an einem Geist-Geist-Problem, Geist der Intelligenz – Geist der Erkenntnis. Beide haben sich nichts zu sagen. (Ein nächster Teil des unbeendbaren Buchs von »Bouvard und Pécuchet« hätte sich, nach dem Wörterbuch der Gemeinplätze, zweifellos mit dem Jargon der dummen Intelligenz zu befassen. Die Intelligenz – wie schon der Wortklang sagt: Schlangenzungenspiel.)

Die großen Desillusionskünstler von Flaubert bis Freud haben die fälligen Entblößungen am Menschen vorgenommen. Wer aber legt ihm jetzt die passenden Kleider an? Wie wunderbar gelang es der Ironie Flauberts, bis an das gesellschaftliche Herz eines Menschen vorzudringen! Wie hilflos steht Ironie, die kritische Grazie aus vergangener, erzählbarer Zeit, nun vor den harten Schründen unserer Paradoxe! Gewiß, man kann hingehen und die Wissenschaftsgläubigen ebenso wie die Gesellschaftsgläubigen heutzutage demaskieren. Stoff, Kraft, Mittel und Standpunkt könnte bei einem solchen Verfahren der Erzähler nur schwerlich gewinnen. Unser Bewußtsein ist bereits eine einzige Maskerade von Demaskierungen, von Entblößungen, von entblößten Ideen. Wir sind enttäuscht genug.

Wir wissen es nicht, wir spielen es.

Die angerichtete Ding-Welt hat unser Bewußtsein schockiert, gelähmt oder in die nackte Sorglosigkeit versetzt. Seine Not, sein Mangel zieht aber auf sich das Nu, den Blitz, der es umordnet plötzlich zu nächster Überlegenheit, die dem Vorhandenen angemessen ist.

In der Kultur war der Urknall die Sprengung des Mythos. In unzähligen Substanzen fliegt er um uns und durch uns hindurch. Die zunehmende Entfernung vom gesprengten Einen, dem religiösen Glutkern, wird angeblich nie wieder rückgängig. Neuere Theorien über das Schicksal des Universums legen nahe, daß es nie wieder kontrahieren, nie wieder ineins, zu seiner Gänze zusammenstürzen wird. Mit anderen Worten, auch unser ins Unendliche auseinanderfliegender, hinausgestreuter Geist müßte wie das gedehnte All irgendwann zum Stillstand kommen und auskühlen.

Man soll über das menschliche Wissens-Gewächs genauso teilnahmsvoll staunen wie über den Aufbau eines Termitenhügels, die Wehung eines Polarlichts oder eine Mythenkette. Unser Staunen ist ein Ausdruck des Innestehens und nicht der Befremdung. Zur Natur gehören alle drei: Sozialität, Wissen und Strahlung.

Was könnte der Befürworter jenen aber sagen, die entmutigt sind? Die Bäume kann er nicht loben, die Luft und das Wasser nicht. Die Verständigung unter den Menschen kann er nicht loben, die Arbeit und die Freiheit nicht. Die Gegenwart kann er nicht loben, das Damals und das Morgen nicht. Nichts befindet sich doch in lobenswerter Ordnung. Crescit eundo, das zumindest könnte er sagen, der Mensch wächst im Gehen.

Wir wissen nichts, wenn wir nicht schaffen. Und wir vergessen, wo wir nicht das Neue finden. Nur das Entstehende belebt dies Etwas, das da ist.

Wenig nützt die grämliche Überzeugung, die Menschenwelt bedürfe keiner weiteren Dehnung mehr – zu landen auf fremden Planeten sei für ihre wahren Probleme ohne Belang. Aber nicht nur durch seine Wurzeln, auch wohl durch seine fernsten Fühler und Spitzen kommen dem Menschen die Kräfte zu, die ihn befähigen, das schwere Nächstliegende zu meistern.

Ich wurde darauf hingewiesen, daß das Vico ist, von A bis Z Vico, was ich da aufs Papier gebracht hatte, es sei Vico in Reinkultur, Vico, wie er leibt und lebt! Ich wußte es nicht. Ich dachte nicht an Vico, als ich es schrieb. Offenbar dachte er (dort drüben in seinem poetischen Zeitalter) an mich, als ich in aufrichtigster Vico-Vergessenheit niederlegte, was nur er zu schreiben – zu wiederholen! – mir aufgenötigt haben konnte.

Das Hirn verarbeitet Außenwelt, indem es sie erschafft. Die Poesie reagiert mit einem ähnlich autonomen Verlangen nach sich selbst. Niemals schuldet sie irgend etwas einem unmittelbaren Eindruck. Was man wie einen Hieb von draußen, aus der Anschauung empfängt, war schon als Zufallssprung aus einem ständigen Metaphernbilden vorgegeben. Dies geschieht, ein winziges internes Ereignis, und sorgt für den Effekt, als ob es von außen in die Augen spränge. Es läßt sich nicht beabsichtigen und nicht provozieren. So wie wahres Schweigen nur unvermittelt zwischen Wörtern entsteht.

Alles flitzt und stiebt. Allein das menschliche Bewußtsein, wenn es wohltut, ist die Pause der Materie. Wozu gehört es? Es kann nicht nur Ruhe stiften, es kann auch alles durcheinanderbringen. Es scheint keiner uns bekannten Ordnung zu gehorchen. Es ist die einzige Kraft, die gegen sich selbst und jedes Naturgesetz verstoßen kann. Die einzige Kraft, die (schlimmstenfalls) mächtiger ist als alle übrige Natur zusammen. Und doch aus ihr hervorging. Die einzige Kraft womöglich, die das menschliche Wissen niemals erforschen kann. Ist das die offene Zone der Schöpfung? Der Beginn des Ganz Anderen inmitten unserer biologischen Identität? Glück und Tragik wie wir sie unterscheiden, kommen nicht von dort. Bewußtsein ist urneutral oder urpolar: Schöpfungsnichtung.

Was für eine Welt, da sich der Dichter noch der Anschauung hingeben durfte, um das Wesen der Dinge zu ergründen! Ein Sommerwald, ein Mineral, ein pockennarbiges Gesicht – und nun in die konturlose Schwingung der Materie verstoßen, da alles Wesentliche im Unsichtbaren geschieht. Seit langem sind Einsichten in die Natur nicht mehr eidetisch, sondern technisch inspiriert. Der Computer ist das Mikroskop der heutigen Naturforscher. Aber ist Sprache dem Unsichtbaren nicht wesensnah verwandt? Hat sie nicht eindrucksvoll vom Numinosen gezeugt, vom Denken selbst und dem geheimsten Gefühl? Nun tritt eine physische Wirklichkeit hinzu, die sich dem Auge entzogen hat. Die Sprache, die von ihr zeugt, entfernt sich von den äußeren Umrissen der Gegenstände, wird Teil des Nebels, der Wolke und des Winds. Der Hof und die Streuung von etwas wird ihr wichtiger als seine ›Festigkeit‹, seine Feststellbarkeit. Die Anklänge, das Mitverstehen wichtiger als die ›konkrete Bedeutung‹. Sie spricht gewissermaßen selber hochgradig zerstreut.

Abstraktionen: Entblößungen, mit denen der Geist sich in Erregung versetzt.

Der Mensch überlebt nicht als wohlangepaßter Öko-Insasse eines »komplexen Biotops«, sondern er überlebt, indem er davon eine abstrakte Vorstellung gewinnt, ein präzises Wissen, schließlich eine Idee als modus operandi. Wir ahmen nach und halten dagegen. Inzwischen ist es so weit gekommen, daß sich der Mensch zum Arzt und Heiler der Natur bestellt sieht, eine Rolle, für die ihm kein mythisches Vorbild zur Anleitung dient, für die ihn weder ein heidnisches noch ein christliches, am allerwenigsten aber ein gnostisches Weltbild vorbereitet haben. So wird die Retabuierung der Natur zur Originalleistung seiner Rationalität.

Die Alten hielten Begrenzungen heilig. Wenn man bedenkt, wie selbstverständlich, wie »kostenlos« das Tabu schützte und welche mühevollen Umwege die Aufgeklärten nun gehen müssen, um nach der verheerenden Tabuzertrümmerung, die Natur und Seele gleichzeitig betraf, dem gewalttätigen Verfügen wieder Sperr- und Schutzzonen entgegenzurichten.

Kein Ort, keine Stellung, kein Ausgangspunkt. Nur wandernde Reizbarkeit. Krise ist immer. Alle lebenden Systeme sind instabil. Übergang ist jederzeit und überall. Das Bewegungsprinzip genau zu wissen – Mit-Wisser des Seienden, dies allein ist ein Zustand der Ruhe. Ein Ort.

Vorrücken im Davorsein: vor dem Garten, vor dem Baum, vor dem Blatt, vor der Rippung, vor dem Pigment, vor dem Atom, vor den Photonen, vor den Äonen der Materie, vor dem Pneuma-Effekt, vor dem All-Einen ... und ein zweites Mal vom Baum der Erkenntnis essen, um darauf den Baum selbst zu erkennen; in einen Zustand versetzt, in dem höchstes Bewußtsein und reifste Unschuld eins sind.

Man möchte eine Verbindung herstellen zwischen dem Satz Swedenborgs: »Je mehr Engel, desto mehr freier Raum«, und der Frage des Teilchenphysikers, ob nicht das Zehnfache unserer Masse in Gestalt unsichtbarer Neutrinos uns umgibt. Der schöne Gedanke, daß Engel niemals raumfüllend, sondern stets nur raumschaffend sein können, erscheint widergespiegelt in der Hypothese, das Unsichtbare enthalte um vieles mehr Materie als die greifbare Welt.

Wir sehen die Biene immer technischer, kommunikativer, kybernetischer. Wir erkennen weder Sinn noch Anmut, sondern nur das bare, brillante Geschehen.

Ich denke häufig, daß wir das entschlüsselte Leben umgehend in technische Metaphorik neu verschlüsselt haben. Die Vorstellung Descartes' von der Maschine Tier kehrt eigentlich in der kybernetischen Symbolik wieder. Anderes als einen komplexen Informationsapparat haben wir im Grund des Lebendigen nicht erkannt. Unsere Wahrnehmung wird einseitig bestimmt von den Modellen, die wir technisch gerade selber herstellen und vorrangig gebrauchen. So folgt das mechanische, das organische, das informationstheoretische Modell. Und jedesmal schlüssig und unwiderleglich, bis zum nächst klügeren Modell.

Die Episteme kommen und gehen. Man erkennt aber immer deutlicher das Vorläufige, das Widerrufliche und Ablösbare an jeder Bewußtseinstotalen.

Und wären auch alle Geheimnisse erschlossen, so bliebe uns noch immer die unergründliche Trauer.

Wissen ist konvertibel in Geheimnis. Wie alles Erfahrene wieder einschmelzbar zu Wunsch.

Allein die Poesie hält die Verknüpfung, welche selbst der ›komplexen Vernetzung‹ an Dichte überlegen ist. Die poetische Vernunft ist die Führerin des Wissens, das sich selbst erforschen will.

Die Spezies, die zuviel kann und niemals zu einem Ende kommt, nie innehält, gehört irgendwann »bouleversiert«, wie es im Idiom der Erschütterungen heißt, das dem »Schwierigen« von Hofmannsthal so vertraut war. Wo alles gekonnt wird, herrscht Unwissenheit.

Es ist dunkel, wo nur Erfolge sind.

Wie Naturvölker zuweilen in der Krise ihren Mythos vergaßen, wird die Wissensgesellschaft eines Tages vor einem Unwissen stehen und ihr Wissen vergessen haben. Das Wissen selbst bereitet seine Leere vor.

Die Restauration der menschlichen Unwissenheit, welche die Gnostiker, Basilides und die Valentianer, als Voraussetzung für die Erlösung des Menschen ansahen, kann entweder mit heiliger Gewalt über den Menschen kommen oder auch, was wahrscheinlicher ist, sich langfristig als evolutionärer Finalzustand herstellen.

Die Menschen sind in ihrem Bewußtsein weit unter das Niveau ihres Wissens gesunken. Ihre kunstvollen Einrichtungen, Produkte der Technik und der Wissenschaft, überragen turmhoch, was sie darüber denken.

Die magische Welt: die technische in vollendeter Selbstbezüglichkeit. Ein plötzlicher Zusammenschluß, der uns ausschließt, in Verständnislosigkeit zurückließe vor einem Wissen, das über sich selbst verfügt. Die Wächterrolle in einer Kultur wäre beendet. Der schweigende Dienst des Wärters folgte.

*

Blanker Himmel mit einem Storch, der über der Wiese kreist. Daß der große Zügler und ich diesen Raum uns teilen, der Reisende und der Bleibende, der Niederschauende und der Aufschauende, zwei sondierende Geschöpfe, gleitend auf zweierlei Art. Nachmittags das Totholz aus der Robinie und dem Liguster geschnitten. Der Ostwind, der seltene, malt Wolken auf den blauen Teller.

Ich habe viele Jahre gebraucht, bis meine Stimme aus den Verliesen und dem Gemurmel der Städte herausfand.

Eine frischgepflanzte Wildhecke umgibt unseren Ort, ein alter Obstgarten mit einer bald achtzigjährigen Eiche, einer Friedenseiche, die der Vater des Nachbarn pflanzte um 1918.

Welch ruhloses Staunen! Die Schlehen am Feldweg schäumen auf, dazu das Vorgrün der Buchen, der verwirrende Dunst einer wiederkehrenden Frühe: wie oft noch und von Mal zu Mal tröstlicher und schmerzlicher zugleich wird man ihr begegnen?

Ich will nicht eher unters künstliche Licht im Haus, als nicht draußen jeder Schein erloschen. Ein Dämmerungssüchtiger, geh ich um das Haus und auf den Gartenwegen bis zum Wäldchen, nur um alles Stufe für Stufe unwirklich, nächtig werden zu sehen. Nächtige Bäume, nächtige Brise. Eulenkeifen. Und spät noch der Tierblick, die Kälber, die durch den Koppelzaun den Kopf stecken. Und die zischenden Abwinde der Mütter, die schon zur Nacht ins Gras gesunken sind.

Der Gang in die Dunkelheit führt in die tiefste Mulde der Weide. Dort seh ich zurück auf das weiße Haus am Hang, das selber Ausschau hält, ungerührt wie die Steinfiguren auf den Osterinseln. Das schale Licht hält sich lange in den Fenstern. Ich habe es nur für mich erbaut und meine Montaignade. Kaum jemand, der es sieht, versteht seine ungemütliche Helle, seine hölzerne Bauchladen-Terrasse, seine viel zu breiten Giebelfenster und seine gestutzten Dachflügel zu einem angenehmen Eindruck zu verbinden.

XIII Von der Erziehung

Da saßen sie in einem großen Kreis um mich herum und fragten ihre Allerweltsfragen. »Was können Sie uns jungen Menschen mit auf den Weg geben?«

O Weg! O Geben! O Ich! Der nur abschüssige Strecken kennt. Was sage ich? Der von der Belanglosigkeit von *etwas Positivem* nicht nur überzeugt ist, sondern auch genügend Beweise für seine verderbliche Wirkung besitzt. Pädagogisch ist das »Positive« stets das Ende der Neugier, die endgültige Abkehr von den einsamen, steilen Pfaden der Erkundung. Nichts, was ich hörte von jungen Menschen, konnte mich je beeindrucken. Niemals habe ich die geringste Lust verspürt, sie zu belehren oder gegen sie zu argumentieren. Sie waren jung, sie hatten recht. Niemanden mochte ich in mein Dickicht ziehen. Ich rate wie ein in allem Wissen Minderjähriger in den Menschen herum, die mir eine Weile gegenüber sind. Undenkbar, ihnen zu raten. Die Abenteuer des Geistes scheinen künftig den Alten vorbehalten.

Es gilt in der Kunst den Sinn wieder zu schärfen für die hohe Errungenschaft, für das wegweisend Beste. Die Verschlampung unserer Kultur kommt vom mangelnden Schutz des Hohen. Der ästhetische Urfehler ist der demokratische Faktor: es gegen das Populäre abzuwerten. Das Untere zur obersten Interessensphäre zu machen. Das Breite zur Spitze zu erklären. In der Kunst wie in der Schule ist es unabdingbar, nach oben zu erziehen.

Es gehört zu den übelsten Unsitten unserer Soziozentrik, alles, was man als das Höhere ausgemacht hat, vor allem in Kunstwerken, zu sich herabzuholen und mit sich selber zu vergleichen. Auf Kanzeln, Kongressen, Theaterbühnen geschieht es bis zum Überdruß, der immergleiche Orpheus aus der Tiefgarage. Aber auch im Gefühlsleben, in der Begegnung von Mann und Frau ist sie weit vorgerückt, diese unerträglich scheele Anmaßung des korrekten Demokraten, der, was immer er an Höherem erwischen kann, ins Breite und ihm Passende verziehen muß. Erstes Gesetz dem entgegen: erkenne, was höher ist als du selbst. Lerne die Fremdsprache. Beachte den Menschen als ein Geschöpf in der Senkrechten, eine Linie, die ihn erdet, aber auch übersteigt. Meide die Pädo-kata-gogen: die Herunter-Erzieher.

Das Vorbild ist immer noch ein sehr guter Traditionsstifter. Allerdings gehört dazu die Begabung, sich überwältigen zu lassen. Und diese vermisse ich bei den vielen Selbstmachern, den Bastlern und Heimwerkern der Kunst. Sie gehen nämlich ohne Idol zu Werke. Entsprechend sehen ihre Hervorbringungen dann auch aus. Kunst produziert man nun einmal nicht für den Eigenbedarf.

Ein Leben ohne jede Bescheidung. Erziehungsprodukt von Angebotswirtschaft und Emanzipation.

Mir ist das Vielfältige kein untrügliches Zeichen für fruchtbaren Reichtum; es kann ebensogut die Fülle im Zerfall sein. So wie umgekehrt das Ein-und-alles-Förmige nicht unbedingt Mangel und Verarmung bedeutet, sondern auch strenge, geballte Kraft. Wer etwas gründen will, muß gegen das Viele sein. Toleranz befördert nicht die schöpferische Setzung.

Es ist für die Ökologie des Gemüts von Nutzen, Diskriminierungsaffekte zuzulassen und zu beherrschen. Davon rein zu sein, ist ebenso gefährlich wie jeder andere Purismus. Man weiß nicht, wozu der Ultra der Toleranz schließlich fähig ist.

Toleranz, die nicht herrscht, sondern nur zuläßt, kann mehr Blut kosten als kriegerische Abgrenzung. Die Schwäche der Väter zerstört die Söhne.

Jedes Tabu ist besser als ein zerstörtes.

Die Scham kennt eine Glut, die die Lust vielleicht nie erreicht.
Man hat die Scham verdrängt und ihre weltbewegende Kraft verharmlost. Ins Sittliche abgeschoben. Die Scham folgt auf die Blöße, und die Blöße ist das jeweils Neueste auf der Welt.

Es kann niemand das Böse erklären, herleiten oder abwenden. Es ist unableitbar und immer ursprünglich.
Man muß das gewöhnliche Böse genauso ursachelos begreifen wie das absolute Böse.

Drei Knaben schreien und traktieren mit Bauchtritten einander, schießen sich mit Zündplättchenpistolen in die Schläfen. In der offenen Brutalität dieser Progenitur steht unser aller Gewaltverzicht auf dem Spiel. Das tut er nicht im Kämpfen an sich, sondern nur in den regellosen, enthemmten Formen der Angriffslust. Man hat bei uns jede Moral des Kampfes vernachlässigt, so vor allem auch die, die Würde des Gegners zu achten. Die Quelle des Übels ist Formlosigkeit. Aus formloser

Friedfertigkeit ging formlose Gewalt hervor. Man soll den Kindern eben nicht sagen: ihr dürft nicht kämpfen, kämpfen ist unmenschlich. Sondern im Gegenteil, man muß sie so früh wie möglich auf die Gesetzmäßigkeit des Kampfes verpflichten.

Ein Kulturkampf: die Häßlichkeits- gegen die Schönheitskomplizen (die hoffnungslos in der Minderzahl). Jene, die lüstern auf das Erhabene sind, es aber nur brauchen, um die Reize der Verkehrung zu kosten. Und diese anderen, *die Untenstehenden auf Zehenspitzen,* die davon leben, überwältigt zu werden.

Die Schönheit wird die Welt erretten, meinte Dostojewski. Doch sie entzieht sich mehr und mehr unserer Wahrnehmung. In einem Lifestyle-Leben dekoriert man Dekorationen. Attrappen werden Wunderdinge. Spätere könnten uns vor allem ein verblüffendes Nachlassen der sinnlichen Unterscheidungskraft vorhalten. Es wird heißen, wir seien nicht imstande gewesen, die Dimensionen unserer materiellen Welt sorgfältig zu differenzieren. Wir hätten die Tapete für die Wand, den Trick für ein Mysterium, Brot und Spiele für Kultur gehalten.

Die große Willkür digitaler Bildbearbeitung, technisch bewegter Phantasie, hat nirgends zu einer Entgegnung in Formstrenge geführt. Es gibt überhaupt in der ästhetischen Sphäre kein erkennbares Kontra mehr (schon gar nicht im Sinne einer asketischen Richtung), sondern vorwiegend konsensitive Kräfte und solche Talente, die da mitspielen wollen.

Gefahr der destruktiven Toleranz: jeder für sich und alle gleichberechtigt. Die Ästhetik, die keine Feinde mehr kennt, zerstückelt sich selbst. Jeder einzelne Künstler verbrämt sein Tun mit einer für alle Kunst gültigen Theorie – und wäre doch erschrocken oder erbost, wenn ein zweiter genauso dächte wie er.

Was soll das? Das Kind müsse zum Judounterricht, je einmal die Woche zum Klavier-, Flöten- und Tanzunterricht, zur Chorstunde, zum Reit-Schwimm-Tennisunterricht, sonntags ins Kindertheater, montags in den Malkreis, dienstags in die Sterngucker-Gemeinde, mittwochs in den Bastelclub. Das Kind hat einen gefüllten Terminkalender der Vergnügungen und sagt, es könne deshalb nicht zu seinem Freund zum Spielen kommen, weil es am Nachmittag zur Eurhythmie-Gruppe müsse. Die Mutter steht dem an Selbstpflegeprogrammen nicht nach: die Aroma-Therapie, die Meerwasser-Behandlung, das elektrische facelifting ohne Messer, die vorsorgliche wöchentliche Darmspülung, die Akupunktur, die Reflexologie, die Inanspruchnahme magnetischer Felder für das körperliche Wohlbefinden, die Astrologie, die holistische Massage …

Spürsicher, ohne jede Anleitung entschied sich das Kind für das Pathos der Ehre und des Dienstes und gegen die mutlosen Befangenheiten des »zivilen Ungehorsams«, der einzigen sittlichen Tradition, die unsere Republik betulich pflegt. Kein Spruch konnte ihn tiefer bewegen als jener Hexameter: Wanderer, kommst du nach Sparta, verkündige dorten, du habest / Uns hier liegen gesehn, wie das Gesetz es befahl.

Solches Pathos zu teilen gilt nach wie vor für demokratisch unerzogen. Ich hätte mein Kind von jedem heroischen Gefühl reinigen und es zur kritischen Memme erziehen müssen. Vakziniert mit dem »Gift« des Erhabenen, blieb es jedenfalls von früh an immun gegen die Spiele mit niedrigsten Gewaltphantasien.

Man muß allerdings von der besseren Erziehung ausschließen diejenigen, die beanspruchen, von Null abgeholt zu werden, die bösartig und gutartig Bequemen. Ausschließen muß man die meisten immer und überall. Zulassen, verführen, lieben nur die, die auf der Stirn das Mal der Neugier tragen, heute beinahe ein Zeichen der Erwähltheit.

Ausschließen muß man die satten Zweifler und die Fragesteller aus schäbigster kritischer Konvention: wie konnte Gott den Tyrannen zulassen? Das ist leichter zu beantworten als: wie konnte ein solcher Frage-Zementkopf zur höheren Erziehung zugelassen werden? Der Kritizismus ist die uneinreißbare Mauer, welche den heiligen Bezirk der Frage vom Gemeinplatz trennt. Er gehört gejagt, gebeutelt und zur Strecke gebracht. Wäre ich Lehrer, so würde ich einen solchen Fragetölpel unter den Schülern nicht belehren, sondern so rüde rupfen, daß sich ihm das Gehör verdreht und er kein Ohr mehr besäße für dergleichen Aufklärkehricht. Doch der Erzieher hakt sich bei jedem Schlurf-Geist unter und *iaht* ihn an wie ein Esel. Statt ihm Schritte zu machen und Erkenntnishiebe zu versetzen. Aber wie sollte sich der Pädagoge zu solchem Temperament befugt sehen? Er trägt die Zeitgeistzipfelmütze, selbst wenn darunter dumpfes Ungenügen nistet.

Nichts schmerzlicher, als ein Kind, das zuerst alles begriff und leicht zu seinem Vorteil unterschied, eines Tages an die durchschnittliche Vernunft zu verlieren und im Jargon der Argumente und Informationen daherreden zu hören ... die Erde retten, die Menschenrechte wahren, davon moralisieren sie schon mit zehn oder zwölf! Ach, wenn dies tückisch Gute, dieser gefallene Engel des Allgemeinen sein Herz und seinen Mund verschonen würde!

Seine Einschulung ließ mich traurig zurück. Jahrzehnte hat man benötigt, um die Scheidung von dieser Gesellschaft auf einigermaßen feste Füße zu stellen – damit man wacher lebe, als ihre kollektiven Interessen es zulassen, verträumter und beziehungsreicher. Jetzt wird man einem Häufchen von Zeitgenossen beigemischt, mit denen einen nichts, aber auch gar nichts verbindet – als nur dieses Kind, das zur Schule geht. Wie wird man sein weites Gemüt dämpfen und regeln! Und auch der freudige und sorgfältige Mitmensch, der er zur Beschämung seines ungeselligen Vaters ist, der durchaus unverträumte Nicht-Sonderling, wird sich kaum erhalten. Seine außergewöhnliche Begabung für den anderen, wie wird man gerade sie verderben und verkehren!

In der Dämmerung ging er, sein Kind rief ihn von der anderen Straßenseite, da er den Kopf zu sehr auf die eigenen Füße gesenkt hielt und es an der Hand der Kinderfrau nicht bemerkt hatte.

So wie es mit einem Schrei anwesend war, ihn aus seinen Gedanken gerissen hatte bei seiner Geburt, dieses zutiefst unverhoffte, verkauerte Wesen mit dem entsetzten Gesicht, das die Hebamme plötzlich in die Luft hielt. Der Anblick war so unwahrscheinlich, so fremdweltlich, daß ihm vor Ehrfurcht Zeit und Raum entschwanden.

Wenig später war er mit dem neuen Menschen allein. Er lag in seiner Geburtsschmiere nackt unter einem Wärmestrahler, und er begrüßte ihn, so gut er konnte, in dieser Welt und legte ihm gleich ans Herz, über diese zu lachen und wenn er nichts zu lachen fände, am besten selber ein Komödiant zu werden, etwas Vernünftigeres ließe sich hier wohl nicht anstellen. Das Neugeborene schrie nicht. Es öffnete die Augen und versuchte den Schleier davor zu der Stimme hin zu öffnen. Sie half ihm, einen ersten Ort in diesem universellen Trug auszumachen. Über das kleine Gesicht floß nun ein Film der unterschiedlichsten, nur ›angespielten‹ Gefühle; das Heulen lag nah, das Lächeln lag nah, der Zorn und die Trauer, die Qual und die Genügsamkeit. Doch bei keiner Regung hielt es an. Wo war der Beginn, wo sollte die Unschuld liegen? Das Neugeborene probte mit vielem glissando alle Regungen der sozialen Kontaktaufnahme. Zweifellos befanden sich darunter auch Bosheit und Verschlagenheit. Die beiden sprachen miteinander. Der Ankömmling war ganz still und innerlich immerzu in Bewegung. Er hatte so große Ohren und Finger so lang und fein, wie sie zu Vampiren oder Pianisten gehören.

Keineswegs machte er den Eindruck, Unglück zu erfahren oder Hilflosigkeit. Er war Arbeiter, vor allem anderen: Arbeiter. Übte, sonderte, sondierte, schaffte, ob im Traum oder im Wachen. Kein Spiel war das. Die Augen waren noch reine Höraugen, wobei Hören die diffuse Achtsamkeit auf inneres wie äußeres Geschehen bedeutete. Die Finger, die sich dazu bewegten oder die Arme in gezackten Kurven, knüpften in ihrer bloßen Aktivität am Hirnnetz und bauten unablässig an dem kolossalen und labyrinthischen Gewebe des Verstehens.

Aus dem Hintergrund trat die Hebamme zu ihnen und übernahm das Kind, das sich bis dahin still geregt hatte, zu seiner Stimme, zu seinen Worten hin, wie eine Blüte zum Licht; es hatte ihm ja schon sein ganzes Wesen gezeigt. Sie nahm es und wickelte es. Sie legte ihm den kleinen genormten Strampelanzug an, der seine absolute Nacktheit für immer beendete. Sie nahm es fort und übergab es allen anderen. Ihm schien: sie belegte es mit einer unvernarbbaren Wunde. Dies Wickeln war ein Schneiden.

Wir ehren nicht gebührend das fremde, herüberkommende Wesen, das noch anderen Mächten nachlauscht, die es zur Welt brachten. Begrüßt wird der Nach-Wuchs, der eigene und zugehörige, nicht der plötzlich Eintretende, den wir nicht kennen. Er wurde aus unendlicher Weisheit vertrieben. In Wahrheit haben wir keinerlei Zugang zu der realen Verschwommenheit, aus der unser Bewußtsein hervorgeht. Wir pressen unser Verstehen in eine uns unzugängliche Welt.

Soviel er auch sah und suchte: er fand es nicht, das Kleine, das Hilflose. Er sah vielmehr: von Stufe zu Stufe umgab das Kind *seine* komplette Welt. In ihr war es der Bestangepaßte, was das Verhältnis von Können und Wollen betraf. Ging nicht also Entwicklung von Rund zu Rund, von Fertigsein zu Fertigsein, war nicht jede Etappe ein kleiner Kosmos für sich, eine kleine geschlossene Weile, ein jeweils angemessenes Verstehen und Wahrnehmen der Welt, das solange beibehalten wurde, bis sich gewisse Unstimmigkeiten einstellten? Von solchem Rund zu Rund schreitet man später weiter, etwa: von einer Illusion zur nächsten.

Wenn ich das Kind nach dem Vorlesen im Bett, sobald es allein ist, sein Gebet sprechen höre, denke ich … um wieviel sinnvoller ist es, das Leben im Vertrauen zu begründen statt im Mißtrauen, das mit dem Sturz des Heiligen allzu früh geweckt wird und sich rasch ausbreitet, fortfrißt bis in die Liebe. Während aber das Kind sich im ganzen aufwärts richtet, blicken die Älteren nur gerührt zu ihm herab, statt von ihm zu lernen.

Die Kinder sind die Erfahrungsuralten. Sie werden erst zu kleinen Erwachsenen, wenn sie an der Erfahrungsarmut der Erwachsenen teilnehmen und teilnehmen müssen. Manchmal aber, wenn die scheinheiligen Erwachsenen, ihres Täuschungsspiels müde, aufgeben, zusammenbrechen, ohnmächtig werden, dann spielen die Kinder wieder ihre angestammte, von allem Kleinen und Kleinhalten befreite Rolle.

Wer verdirbt zuerst ein Kind? Andere Kinder. Freunde erklären ihm, daß es Gott nicht geben könne. Aber nicht nur hier, in diesem vom Atheismus verheerten Osten, klingt kein Ton Gottvertrauen mehr aus menschlichen oder kindlichen Stimmen. Auch anderswo klingt jede bekennende oder verbindliche Redeweise heute vom Glauben befreit. Der gottvertrauende Ton spricht ja durchaus nicht von Ihm, er predigt Ihn nicht – er kommt indes in jedem besseren Du zum Ausdruck und verstärkt es.

Die Gestimmtheit, die anführen soll mein Kind. Nicht Lehre, nicht Linie.

Das ist nun da, ein Haus und die Entlegenheit. Der Garten dazu, die Obstbäume, die Scheune, die geheimnisvollen Nebel – und doch ist das Kind darin ein hinausziehendes in jeder Minute. Wir, die mit ihm in unsere eigene Kindheit einkehrten, verfehlen unser Kind, wie zwei in entgegengesetzte Richtungen Reisende.

Hier ist alles bereitet: für unseren Abschied – und seine viel, viel spätere Rückkehr. Hier wird er uns suchen dereinst, sofern ihm nicht unterwegs die Heimat geraubt wird, hier wird er sich unserer erinnern, hier wurden seine glücklichen Tage gepflanzt. Es wird ein Wettstreit entstehen zwischen diesem verklärten Inbild und den vielen suggestiven Bildern der Zwischenzeit, die es tilgen wollen. Ungewiß ist, ob dieser zeitlose Ort, der Garten, sich durchsetzen wird gegen die rotierenden Schatten und das maßlose Gezaubere der Ortlosigkeit.

Der Garten ist kaum anders als zu meines Vaters Zeit ein Obstgarten war, obgleich wir unterdessen von tausend Laserstrahlen schon getroffen und geblendet wurden.

Ich gebe weiter, was an mich einst weitergegeben wurde. Es gibt kein anderes vorsorgliches Handeln. Ich stehe ein für das, was war, für nichts sonst. Und die alten Geschichten, die ich aus den Jugendtagen meines Vaters (am Ende des vorigen Jahrhunderts!) nacherzähle, streuen auf mein Kind die Saat des Erinnerns, so wie ich selbst sie empfing – doch niemand weiß, ob sie ihm später einmal den gleichen Nutzen bringen oder im Gegenteil ihn gerade behindern wird, weil seine Zeit nach anderen Voraussetzungen verlangt.

Oh, die Suchbilder der Kindheit! Suchbilder sind mir von früh auf das Liebste auf allen Rätselseiten gewesen! Die breiten Simultanszenen mit unzähligen Inseln und Nestern von Einzelbeschäftigungen inmitten einer entfalteten, blühenden Gemeinsamkeit. Der Weihnachtsmarkt, das Bahnhofstreiben, das große Picknick auf der Wiese … und in der Menge versteckt ein kleiner Dieb, den es zu entdecken galt … Die Varia, immer nur die Varia sind es gewesen, die mir gefielen und zu denen ich gehören mochte! Noch heute befällt mich der unbändige Wunsch, in der alten Küchenschublade zu kramen – und auch: gekramt zu werden. Mich im Kleiderschrank zu verstecken, der im Kinderzimmer stand, Kleid unter Kleidern. Nur noch kurze Zeit, bis der liebe Kram abtransportiert wird, auf den Müll geschmissen. All das, was einmal Gewohnheit und Nutzen in meine Sinne flocht, das Durcheinander von Holzlöffeln, Bratenwender, Küchenmesser, Korkenzieher, Schneebesen und Geflügelschere … hatte immer etwas von Gerümpel, schon zu seiner besten Zeit war es das unsortierte Durcheinander, in dem jeder Gegenstand seinen festen Umriß verliert, und so möchte man selbst seine Linien verwirren, unkenntlich werden, unter lauter unregelmäßigen Konturen verschwinden.

Seit Jahren gehört deshalb zu meinen Leit- und Lieblingsgeschichten »Der Mann in der Menge« von Edgar Allan Poe. Der Erzähler heftet sich dort an die Fersen eines anonymen alten Mannes, der Tag und Nacht durch die Straßen und Vorstädte Londons streift. Je dichter das Menschengewühl, in das er gerät, je diffuser der *Abschaum des Pöbels,* in dem er sich verliert, um so beglückter läuft er, um so tiefer atmet er. *Die Lebensgeister des alten Mannes flackerten auf, wie eine Lampe kurz vor dem Erlöschen ... Plötzlich, nach einer scharfen Biegung, schoß uns eine blendende Lichtgarbe entgegen, und wir standen im Angesicht eines der Vorstadt-Riesentempel der Völlerei, eines der Paläste des Satans Gin.* Der Erzähler blickt ihm am Schluß *gerade ins Antlitz* und weiß nun, um wen es sich handelt: *den Genius tiefdunklen Verbrechens,* der sich in der Menge verbirgt, in sie eingeht, zugleich unter allen verschwindet und aus allen besteht. Aber ist denn die Menge *das böseste Herz auf Erden,* nur weil sie als ein krauses Durcheinander unseren Gesichtspunkt, unsere ordnenden Sinne gefährdet? Mir erschien sie immer als ein Schatten der Fülle. Des Pleromas. In ihrer Bewegung herrscht für mich wohltuende Auflösung, vielleicht sogar Heiterkeit und Unschuld. Diese verliert sie erst, wenn sie sich nach einer Seite hin ausrichtet, formiert. Allein in ihrem Formannehmen wittere ich den Genius des Übels, ganz gleich, für wen oder was sie ihr *Durcheinander* aufgibt.

Das Reservoir des Idealen ist nicht beliebig erweiterbar. Etwas Schöneres als bereits erschienen wird niemals auftauchen.

Eine der hartnäckigsten und heute rekrutierfreudigsten Ideologien: Kultur für alle. Sie hat deren Auflösung in Dekor, Markt und Beliebigeit in Riesenschritten vorangebracht. Schon der Schulunterricht schult nicht in Werken, sondern in deren Verzweckung. Alles Soziale rangiert aber weit unter den Werken.

In den Schulen werden die Kinder vom Lernstoff zertrümmert. Da niemand mehr weiß, wohin, wozu und woher sie zu *bilden* wären, werden sie Opfer eines nichts und niemanden mehr formenden Wissens. Sie empfangen Wissensschläge, die verheerender wirken als Ohrfeigen.

Das Kauen von Vorgekautem geht durch alle Mäuler. Vor allem die Jungen suchen den schnellen Erfolg, indem sie sich den gängigen Klischees des Feuilletongeschmacks anpassen: Leichtigkeit! Schreib federleicht! Dies ist ein Befehl! Schrecklich ist der Mangel an jedem ideellen Vorstoß, an jeder Umsturzfreude. Nichts scheint gegenwärtig unzerstörbarer als die menschenleeren Gemeinplätze des kritischen Zeitalters!

Unsere Unglücke und schlechten Aussichten, Bedrohungen und Kämpfe sind auf schmerzliche, beinahe brutale Weise untragisch. Daher, und so war es immer, dies urtümliche Verlangen, die Tragödie zu schauen und von der Unermeßlichkeit des Leids berührt und gestärkt zu werden. Der Mensch, selbst nur ein Wurm im Leidwesen, ein kleiner Kriecher des Unglücks, ist der Tragödie bedürftig. Durch sie will er sich zusprechen, daß Menschen eigentlich großartige Leid-Wesen sind – unser Stolz vor den leicht lebenden Göttern. Jede Tragödie ist daher eine aufsässige Handlung, ein kaum verhohlener Frevel. Sie findet nur auf dem Theater statt. In keiner anderen Kunst. Und schon gar nicht in den Wirklichkeiten. Deren Katastrophen streifen nicht einmal unser kultisches Bedürfnis nach Tragödie, die erlöst von allen zwanghaften Erlösungsideen.

Wir werden nicht tapferer dadurch, daß wir die Tragödie nicht zu sehen kriegen.

Die sinnlose Verschwendung von Optik wird ihren Weg der Entkräftung gehen wie alle hohle Üppigkeit. Der Luxus kurt ja anderswo auch fleißig in Enthaltsamkeit und in gesunder Kost. Warum nicht eines Tages auch ästhetische Diät als allgemeineres Ideal? Ist solches Vertrauen in die sich selbst regulierenden Prozesse der Wahrnehmung nicht dennoch töricht? Vielleicht. Erwiesenermaßen törichter und unfruchtbarer ist aber die gewaltsame Verkündigung und Anordnung des Besseren wie auch die vom Schlechten gebannte ewige Aufklärung desselben. Dies letztere Verfahren endet wie bekannt in dialektischem Starrsinn und Leerlauf, in der ignoranten Ungerechtigkeit gegenüber den Phänomenen. Das Volle und der Völle-Kritiker gehen schließlich als ein Paar wie Lahmer und Blinder.

Revolte der Askese? Selbst ein übervolles Wort, ein Pleonasmus, denn jeder Umsturz verlangt Askese, wenn er auch um ihres Gegenteils willen unternommen wird. Im übrigen: man kann nicht in unsere volle Welt hinein ›Entbehrung!‹ schreien, so wenig wie ›Besinnung!‹ oder ›Umkehr!‹ (während man zu recht in eine arme, rückständige Welt ›Reichtum!‹, ›Vorwärts!‹ und ›Entwicklung!‹ schreit). Man wird sich hübsch damit begnügen, etwas für die Selektion zu tun – das Unentbehrliche genauer, mit Gewinn vom Entbehrlichen zu sondern. Dafür braucht man nicht den Umsturz und nicht den Höllensturz der falschen Bilderwelten.

Ich habe keinen Zweifel, daß Autorität, Meisterlehre, eine höhere Entfaltung des Individuums befördert bei all jenen, die sich ihr zu verpflichten imstande sind, als jede Form der zu frühen leichtgemachten Emanzipation. Die herrenlose (und widerstandslose) Erziehung ist für niemanden gut gewesen, sie hat nur eine Vermehrung der Gleichgültigkeit hervorgebracht, eine jugendliche Müdigkeit.

Man pflanze charismatische Menschen, und alles wird sich richten. Nach ihnen richten. Charis ist Anmut und Freude. Tatsächlich werden die, die noch aus dem Inneren stark sind, in nächster Zukunft die geheimen Attraktoren sein.

Es ist schade, ganz einfach schade um die verdorbene Überlieferung. Ja, sie verdirbt draußen vor den Toren wie eine Fracht kostbarer Nahrung, auf die die Bevölkerung wegen irgendwelcher Zollstreitigkeiten verzichten muß. Die Überlieferung verendet vor den Schranken einer hybriden Überschätzung von Zeitgenossenschaft, verendet vor der politisierten Unwissenheit jener für ein bis zwei Generationen zugestopften Erziehungs- und Bildungsstätten, Horste der finstersten Aufklärung, die sich in einem ewig ambivalenten Lock- und Abwehrkampf gegen die Gespenster einer Geschichtswiederholung befinden: »Wehret den Anfängen!« ... Ach! Setzt selber einen brauchbaren!

Daß jemand in Tadschikistan es als politischen Auftrag begreift, seine Sprache zu erhalten wie wir unsere Gewässer, das verstehen wir nicht mehr. Daß ein Volk sein Sittengesetz gegen andere behaupten will und dafür bereit ist, Blutopfer zu bringen, das verstehen wir nicht mehr und halten es in unserer liberal-libertären Selbstbezogenheit für falsch und verwerflich. Es ziehen aber Konflikte herauf, die sich nicht mehr ökonomisch befrieden lassen; bei denen es eine nachteilige Rolle spielen könnte, daß der reiche Westeuropäer sozusagen auch sittlich über seine Verhältnisse gelebt hat, da hier das »Machbare« am wenigsten an eine Grenze stieß. Es ist gleichgültig, wie wir es bewerten, es wird schwer zu bekämpfen sein: Daß die alten Dinge nicht einfach überlebt und tot sind, daß der Mensch, der einzelne wie der Volkszugehörige, nicht einfach nur von heute ist.

Der religiöse Fanatismus ist nur gut, um der westlichen Welt in den Hintern zu treten. Er selbst ist völlig unakzeptabel. Von seinem Widerpart, dem Liberalismus, läßt sich sagen: Er rechtfertigt sich ausschließlich mit Lügengeschichten über das weltliche Wohl des Menschen. Er ist das, was nie Gier sagt, wenn Gier ihn treibt; nie Haß, wenn Haß ihn treibt.

Die Hypokrisie der öffentlichen Moral, die jederzeit tolerierte (wo nicht betrieb): die Verhöhnung des Eros, die Verhöhnung des Soldaten, die Verhöhnung von Kirche, Tradition und Autorität, sie darf sich nicht wundern, wenn die Worte in der Not kein Gewicht mehr haben.

*

Die Nacht nahm zu und höhlte den Schläfer. Ihr schwarzes Gefieder, ihr schnelles Nachschlagen beim Ausweiden von Hirn und Herz glichen der Grausamkeit des Raubvogels, der seine Beute krallt und immer wieder von ihr läßt, um sie erneut zu packen und zu schlagen und ihr bei jedem neuen Ansprung mehr Gescheide aus dem Leibe zu reißen.

Gang zum cremig gefrorenen See im Triftengrund, gestürzte Erlen, auf den Wiesen Schneelachen, gescheckt grünweiß. Ein violettbraunes sfumato entweicht dem Schlehen-Collier, das um den Hals meines kleinen Parks liegt, eine Farbe, die schwelt oder verdunstet und die schroffen Konturen der kahlen Rotbuchen verbrämt. Was weiß ich schon? Was schießt in den Sinn, was nie? Man ist nur das Opfer zufälliger Gedächtnissalven, eine Marionette der Synapsenwillkür. Es gilt, das Erinnern neu zu erfinden.

XIV Traum, Gedächtnis, Erinnerung

Was immer ich höre und sehe, verliere ich an den Traum. Mein Gedächtnis ist leer, alle Geschichten, die man mir erzählt, fließen zur Nacht hin, eben noch begreifbar, handliche alltägliche Geschichten, und schon sind sie aufgelöst und umgekehrt, neu gemischt und durcheinandergebracht, unverständlich. Der Traum ist die Schmiede des Unverstehens. Wir könnten nichts begreifen am ganzen hellen Tag ohne die heimliche Rückversicherung bei dieser wüsten Umkehrung, die an allem beteiligt ist, was wir ordentlich erledigen, unsere anarchische Reserve, die uns befähigt, *oben* im Wachen folgenreiche Verträge zu schließen oder strenge Prüfungen abzulegen.

Unwissen herrscht unter den Menschen über die Stunden der Nacht, von eins bis drei, da es keine Zeit gibt, intempesta nox, zeitlos tiefe Nacht, oder wie es bei Aischylos heißt: ἐν ἀωρόνυκτι, also: in stundloser Nacht.

Botschaften treffen auf Bereitschaften. Bereit sein, Vigilanz. Der Traum ist unsere äußerste, höchste Nachtwache.

Niemals erleben wir im Wachzustand eine körperliche Berührung in der hyperrealen Dichte und Prägnanz, wie der Traum sie uns bietet. Wir benötigen indes von Zeit zu Zeit eine solche Zufuhr von reiner, bewußtseinsfreier Sinnlichkeit, die weniger dazu dient, uns für unerfüllte Wünsche des Alltags zu entschädigen, als vielmehr zur Schärfung und Stärkung unserer nachlassenden Tagessinne beizutragen. Jede Nacht besuchen wir die Schule der Vergrößerungen, die das Gedächtnis unserer Liebe und Liebesmöglichkeit auffrischt. Und mehr noch! Was hätte unser Hirn der Vernunft zu bieten ohne Erinnerung an die fabelhaften Vergrößerungen der Nacht?

Vom Traum erwarte ich Auflösung aller Schlüsse, der gefaßten wie der faßbaren. Ich erwarte von ihm stets frische Unendlichkeit.

Ungereizt vom Anblick des menschlichen Gesichts träume ich nicht. Denn dieses allein ist das Siegel aller Vorboten. Und das gleiche Siegel benutzen der Himmel und der grausame Abgrund.

Was sind schon die vielen Romane, die er seit jungen Jahren las, verglichen mit den Millionen erzählenden Gesichtern, die im Schlaf ihn durchwandern! Gesichter, die niemals sehen, ihn niemals erblicken werden, denn sie ziehen in ewiger Kohorte durch seinen Traum. Nacht für Nacht sieht er diesen gewaltigen Migrantenstrom von Gesichtern, der nicht abreißen will, und nicht eines darunter, das ihm bekannt vorkäme, das er im wirklichen Leben je sah, und so viele sind es, daß er – wenn die Nächte niemals anderes bringen als fortgesetzt diese endlose Prozession – bis zum Lebensende alle Gesichter dieser Erde gesehen haben wird.

Man träumt immer abwegiger mit den Jahren, der Zug der Bilder entfernt sich aus der Umlaufbahn der Person und ihrer Nöte, er gerät nicht selten in die Peripherie des Irrsinns und der vollkommenen Unkenntlichkeit. Das Erfahrene verlagert sich an die Grenze des Erfahrbaren. Manchmal erscheint gar nichts, und nur eine kühle Bö weht aus dem Abgrund.

Wir träumen, wenn wir sehen. Wir sehen, wenn wir träumen. Gehen wir nicht immer im selben Zwielicht?

Das Wort Auflösung steht für den geschichtlichen Menschen im Geruch von Dekomposition, Schwächung, »Dekadenz« etc. Für den Techniker hingegen bedeutet hohe Auflösung: die minutiöse Dichte der Wiedergabe auf einem technischen Bildträger, die Fähigkeit eines (optischen) Geräts, sehr feine Details zu unterscheiden.

Ein hochauflösendes Bewußtsein wäre: übergenau im Detail, verloren im Zusammenhang. So wie der Traum Bilder von höchster psycho-physischer Plastizität hervorbringt, indem er ihren Sinn fest in die Erscheinung verschnürt, ja, im wesentlichen überhaupt nur Verknüpfungen und Pässe trainiert, die dann das Wachbewußtsein zu Nuance und Differenz befähigen. Was nicht durch die Auflösungsdichte des Traums hindurchging, des generierenden Verhackstückers, des Augenmachers, ist eigentlich so gut wie nicht gesehen.

Für mein Empfinden gibt es keinen helleren Rausch als den schweren Fiebertraum. Wann denn, wenn nicht in diesem überreizten und zugleich äußerst willenlosen Zustand durchflutet das Hirn eine ähnliche Fülle von strahlenden Sinnbildern, rätselhaften Gedanken und nie vernommenen Stimmen. Und wer, wenn nicht der Fieberkranke, erlebt in den Augen-

blicken der höchsten Körpergefahr jene Ruhe der hellen Begeisterung, jene bergende Gleichgültigkeit, in der er sich allem
überläßt, was im Inneren oder von außen ihm zustößt oder
zustoßen könnte. An der zarten Grenze aller Grenzen gelangt
dann der Kranke oft mit jedem Traumschritt zwei Fußspannen
über den eigenen Tod hinaus.

Wir träumen unsere Träume. Keine Urphantasien, keine Pro-
phezeiungen, keine unerfüllten Wünsche. Der Traum kann,
was wir im Wachen als fest und fertig sahen, in einen offenen
Gestaltwandel zurücksetzen. Er erfüllt lediglich das Verlangen
nach der wiedergefundenen Unfertigkeit und Kindheit aller
Zusammenhänge. Die strengen Verknüpfungen des Tagver-
stands werden in eine Flut von unbekannten Verknüpfungs-
möglichkeiten getaucht und aufgelöst. Der Traumverstand
scannt in Sekundenschnelle unser gesamtes schöpferisches Ei-
gentum, mit blitzgeschwinden Test- und Trainingsläufen übt
sich das Nachthirn in Verbinden und Beweglichkeit.

Ich weiß nicht, was Erinnerung ist. Ja, es schwankt mir schon
der Satz, wenn ein Verb in die Vergangenheitsform gesetzt werden soll. Braucht man aber nicht die Erinnerung zur Gesund-
heit des ganzen Organismus, wie man auch im Schlaf den
Traum nötig braucht?

Lebt man nicht auch, um die Erinnerung stetig zu ergän-
zen? Daß dereinst das Gewesene nicht nichts sei, wenn eines
Tages jede Erwartung geschwunden sein wird und das hohe
Segel der Fahrt flau auf dem Gras liegt.

Durchlöchert, zerfetzt selbst das teuerste, letzte Gut: das
was war.

Seit Menschen Geschichte machen, verherrlichen sie die Vorzeit, und ein tiefer Widerwille gegen alles Unverklärte bringt die Dichter auf den Plan. Es gibt inzwischen keine neuen Gebirge zu bezwingen – alle höchsten Gipfel sind genommen, mehrfach und in verschiedenen Disziplinen. Dafür stehen im tiefen Erinnern viele Rekorde noch aus.

Wer seine Erinnerungen erzählt, befindet sich nicht im Zustand der Erinnerung. Wer aber erinnert, dem wird täglich neu, was verging – es verging ihm zu. Und sein ganzes Wesen ist Gleichnis für das Gewesene, nach dem ihn verlangt.

Vergangenheit ist nur von ihr überwältigt zu haben. Wie der Zustand vor einem epileptischen Anfall. Das Subjekt tritt in die Aura seiner Einstmaligkeit. Das abnehmende Leben ist nicht schwach und faul, es betreibt eine fleißige Produktion von synthetischen Damals-Stoffen. Es verwendet zur Herstellung von *wertvoller Sentimentalität* auch das Damals fremder Zeiten. Älterwerden in einer untraditionalen Welt muß vollkommen aus eignen Stücken bewältigt werden. Irgendwo muß es sich Stütze und Stoffe beschaffen, es muß sich das Leben rückwärtig erweitern und überall Bestände des Vergangenen nutzen. Dann wird Sentimentalität eine Konter-Aufwallung zu Begierde und Wollust, die nur die reine Gegenwart kennen. Das Ich erlebt den Exzeß der Verlorenheit in seiner Gegenwart. Alles ist bergender, selbst die unseligste Erinnerung, als die wüste und nackte, die unvergangene Stunde.

Wie könnt ich es wiegen und sehen, wie leicht ich war? Erinnerung wiegt ein vergangenes Bewußtsein fehl. Mit anderen Worten, das kognitive Paradox lautet: es ist unmöglich, sich gleichzeitig zu erinnern und den Zustand eines vergangenen Bewußtseins wachzurufen.

246

Es gibt Bewegungen, Blicke, auch Intonationen eines Satzes, die uns entrücken im Bruchteil der Sekunde. Es geht dann ähnlich zu wie bei den berühmten Déjà-vus, die die Einbildung wecken, man sei in einer unbekannten Gegend schon gewesen und kenne das Ereignis, das unmittelbar bevorsteht. Doch führen diese tieferen Ablenkungen in eine tatsächlich unbekannte Welt verlorener Zusammenhänge, die man weder wachend noch träumend je erfuhr. Man hat dann das Gefühl, eine hinter allen Schnelligkeiten hausende, verlaufslose Welt zu betreten, in der die Zeit, noch fein gefaltet, eng geschichtet, sich verbirgt, vergleichbar dem Stratum geologischer Formationen.

Schwarze Löcher im Gedächtnis sind nicht solche des Vergessens, sondern der Emotion in höchster Masseverdichtung, reines Nicht-Denken, Überwältigung durch Gewesenes, Augenblicke der Kindheit jetzt. Man stürzt aus der nüchternen Zeit.

Es gibt keinen ungeschickteren Lügner als den, der seine »Erinnerungen erzählt«. Wer sich erinnert, kann nicht erzählen. Und wer erzählt, ist fern vom Ereignis der Erinnerung. Er setzt sich über das »Innern« hinweg, das nicht spricht, sondern jubelt oder schmerzt wie die sinnliche Ekstase.

Erinnerungen sind Ausstrahlungen geheilter Zeit. Nicht etwa bloß vergangener oder verlorener Tage. Was ich erlebe, was mich erschüttert und betört, wie kann es verloren sein?

Erinnerung ist immer ein Zeichen von Verlust, findet nur statt, wenn man allein ist, ist Zeichen von Entbehrung. Deswegen ist sie so identisch mit dem, der schreibt. Und ist auch das vollständige Gegenteil von Glück, das »Gegenglück«, wie es bei Benn heißt. Das Glück schreibt weiß, steht bei Montherlant – und bei Freud: Der Glückliche phantasiert nicht. Er ist die vollkommene Gegenwart. Das merkt man ja, wenn man sich in einer Liebe oder einem exaltierten Zustand befindet. Da würde man sich niemals erinnern. Und das Gegenteil ist das, was man tut, wenn man schreibt. Wo man weder glücklich ist noch gegenwärtig.

Jedes Foto ist ein getöteter Augenblick. Ein Insekt der Zeit, präpariert und aufgespießt.

Es ist unwahrscheinlich, daß Proust ein altes Foto seiner Tante in eine ähnliche Erinnerungsekstase versetzt hätte wie das Aroma jenes muschelförmigen Gebäcks, das er einst in Combray bei ihr aß.

Das Abbild bleibt ein Medium des Realen und stimuliert das Gemüt oder limbische System niemals so unvermittelt wie der Geruch oder Geschmack. Die Entrückung in ein vergangenes Erleben geschieht jäh und unübersetzt, sie hat eigentlich mit Erinnerung nichts zu tun.

Das Foto mag daher ein Andenken bewegen, einen vergleichsweise langsamen Datenträger nutzen, es bleibt immer etwas Festgehaltenes, eine falsche Gegenwart und wiegelt das Gedächtnis weniger auf als das Strömende von Duft und Melodie.

Ein Foto mag auch beim Betrachter das Bedürfnis wecken, jenen gefangenen Zeitpunkt zu befreien, die Schreckensstarre des isolierten Abbilds zu lösen. Das Aus-dem-Leben-Gegriffene dem Fluß des Lebens zurückzugeben. Das kann am besten die immerfließende Malerei.

Ein Mann hatte sich in eine Welt ohne Fotos zurückgezogen. Er wurde, wie andere an einer Lichtphobie leiden, von einer Abscheu gegenüber allem Lichtgeschriebenen, aller Photo-Graphie beherrscht. Auch war er von der fixen Idee besessen, daß alle Fotos »ihr Etwas« im *falschen Augenblick* festgehalten hatten. Es gab aber einen richtigen seiner Überzeugung nach. Doch kein abbildender Apparat konnte ihn überhaupt je erwischen. Eine Zeitlang hatte er sich bemüht, alles Lichtgeschriebene sofort zu zerreißen, wo immer es ihm in die Hände fiel. Aber da das Zerreißen von Fotos eine magische Bedeutung besaß, die ihn zusätzlich belastete und in große Unruhe versetzte, gab er diese Anstrengung bald wieder auf. Außerdem war sie nicht geeignet, um gegen die Falschheit des Augenblicks vorzugehen, sie ließ sich so nicht wieder aus der Welt schaffen.

Eines Tages rief er einige Fotografen zu sich und bat sie, es doch einmal drauf ankommen zu lassen, ihn abzu...*lichten*. Schließlich sei auch er nun ein berühmter Mann, der erste Mensch weltweit mit einer ausgeprägten Fotophobie. Er lehnte an einer alten Mülltonne aus Gußeisen im Innenhof einer ausgeräumten Fabrik. Der Schwarm der Fotografen, kaum daß sie die Kamera vor das Auge drückten, bewegte sich auf einmal merkwürdig träge von einer Seite zur anderen, um die richtige Ansicht des Mannes mit dem schwarzen gewellten Haar zu finden. Keinerlei Hast oder Schnellschußgier beherrschte sie. Wie aber ihr Modell so stillstand und in ihre Objektive starrte, wurden die Fotografen davon in eine bleierne Langsamkeit versetzt. Einer nach dem anderen ließ die erhobene Kamera sinken, schob den Halteriemen über den Kopf und legte in tiefer Benommenheit sein Gerät dem abwegigen Menschen vor die Füße – wie einem opferneidischen Götzen.

Da ging heut früh der Nachbar mit dem Hund den Feldweg hinunter zum See. Der weite Blick, welch ein Zeitraum, welch eine Aussicht auf vergangene Gänge, hinunter in die Senke, wo noch immer der kleine Sohn auf seinem Kinderrad fährt und singt, als wäre er neben mir. Eins sind Feld und Blickfeld und Seinerzeit. Auch wenn die Weiden inzwischen in Äcker umgestürzt sind. Da nun der Vorschein von Frühling den Zeitsinn verwirrte, bekam ich den Sonnendurst meines Vaters zu spüren, wenn er zu Haus am offenen Fenster stand und Licht und Wärme genoß, weil das alles war, was er noch an Liebe empfing.

Nicht evozieren, korrigierte er mich, sondern ekphorieren. Hinauftragen, das ist Erinnern. Ossip Mandelstam: »Wir lesen ein Buch, um bewahrend zu erinnern, doch gerade da liegt ja das Problem: daß man ein Buch nur lesen kann, indem man heraufbringend erinnert.«

Mein Kind wird diese Tage selig erinnern, das heißt: zu *jenen Tagen* werden sie ihm dereinst. Dazu wird mir die Zeit nicht reichen. Außerdem ist nur das im Werden Erlebte verklärbar. Was man im Vergehen so mitnimmt, wie tief es auch reicht, unvergeßlich kann es vielleicht werden, aber niemals legendär. Weder mein erster Computer noch mein erstes SMS werden die Grenze zu *illo tempore* überschreiten.

Deshalb ist das, was man im Alter an schönen Dingen erlebt oder tut, so roh und bloß: weil ihm die Aura später Erinnerung versagt bleibt. Und weil man das weiß. Jedes Lebensstadium ist wie eine Larve, der ein nacktes hilfloses Wesen entschlüpft. Aus dem dichten Kokon von Schläue, Schmerzen, Wissen, Skepsis und Enttäuschung entpuppt sich am Ende: das neue Kind. Doch wird ihm die Zeit verwehrt, die es braucht, seiner Kindheit zu gedenken.

Sein Erleben war das Missen. Erinnerung, die nicht von der geballten Ladung Verlust gesprengt wird, ist keine tiefe. Die wahre Erinnerung entflieht auf den Bahnen der Sprengung und fällt in verstreuten Brocken in die Ebene der Gegenwart.

Und wenn das Vergehen selbst verginge? Sie werden die Chemie der Erinnerung so beeinflussen, daß jeder beliebige Zeitpunkt der Vergangenheit aufrufbar und downloadbar wird, von einem Augenblick der Gegenwart nicht mehr zu unterscheiden. Die neurochemische Stimulation, die das Verlorene überwände wie früher ein Gedicht.

Weshalb sollte nicht genauso die unendliche Melodie des Lebens verführen wie die vergängliche? Sentimentalität und Vergangenheitsverklärung, gehören sie nicht gleichsam in die Stahlkocherära des Gedächtnisses? Sentimental sind die Menschen keineswegs zu allen Zeiten gewesen. Der gläubige Mensch war nicht sentimental, und der spättechnische wird es vermutlich ebensowenig sein. Denn er, der Gedächtnisarbeiter in einem Megagedächtnis, wird mit Toten und Verlorenen reden, ohne die Begegnung mit ihnen als Wahn zu erleben.

Das zwanzigste Jahrhundert hat in der Kunst zwei Groß- und Grundformen des persönlichen Erinnerns hervorgebracht: Proust und Krapp. Die Fülle und die unüberwindlich selbe Stelle.

Im einundzwanzigsten wird das Erinnern erhebliche Verluste durch Entlastung erleiden. Die kolossalen technischen Gedächtnisse werden wie die Riesen vom Berge bei Pirandello sein, die den Künstler mit ihren subjektlosen Kapazitäten entzaubern, der Erinnerung die Seele rauben. Wir werden vergessen, weil jene in eiskalten Engrammen alles verzeichnen und behalten.

Der Erinnernde wird also nicht nur, wie es immer war, ein Stehenbleibender, Verharrender sein, er wird als Phänotyp, als Kulturträger ausgeschaltet.

Das technische Altertum ist definiert, sobald die maschinelle Simulation abgelöst wird von der biochemischen Stimulation – sobald der Zugriff eröffnet ist nicht auf die künstliche, sondern auf die erinnerte Welt; vielfältig gestufte Mnemotonica, die das interne Einst anregen und freisetzen bis ins kollektive, ins Stammesgedächtnis hinein.

Endlich wird man auch pharmatechnisch den Traum fixieren können, so daß er, verlangsamt und wiederholbar gemacht, wie eine Hülle geschlossen uns umgibt, und wir weilen dann im Unbewußten unbewußt, in der Erinnerung erinnerungslos, und werden irgendwann in unserem eigenen Gedächtnis verschwunden sein.

Eines Tages wird man sagen: Erinnern – was war das für ein mühseliges, behelfsmäßiges Geschäft! Es lohnt sich die eigene Vergangenheit erst, seitdem Entrückungen allgemein machbar wurden.

Starke Elemente der digitalen Technik sind Speicher, Cloud und Dauerpräsenz (das totale Präsens). Sie modulieren auch den persönlichen Erinnerungsraum. Wir erfahren mehr und mehr das Gedächtnis als ein Medium der Gleichzeitigkeit. Was damals war, ist nicht vergangen, sondern ewig verfügbar als ein Bestandteil des Simultanen. Vergehen aber und Nicht-Mehr werden vom Menschen, der nie Abschied von einer Epoche nahm, auch in seinem persönlichen Leben sehr viel schwächer empfunden als von den erwartungsvollen und rebellischen Naturen früherer Generationen.

Das tatenlose, überinformierte Bewußtsein, das nicht mehr in der Lage ist, Wunsch, Idee, Erinnerung zu produzieren, erlebt statt dessen eine (sonst nur dem Wahnsinn bekannte) Gleichzeitigkeit des Unvereinbaren und *denkt* einen wahllos aus den Beständen zugespielten Datensalat. Davon bleibt schon jetzt niemand verschont. Wie erschrickt man doch häufig über die bizarren Ausstöße des eigenen Archivs! Bilder aus einem Film von Glauber Rocha und Worte Gotthold Ephraim Lessings. Man sucht darin den Beweggrund, die Kraft des Heterogenen zu fassen. Es ist vergebens. Es war nur das unbrauchbare Spiel eines die Maschine nachäffenden Gedächtnisses. Eine kulturelle Egalität, die jedem Ding gleichen Erscheinungswert zubilligt, ist die Wüste des Bewußtseins; und sie wächst, sie drängt an den Rand des Idiotismus: wie weit ist denn die Welt zwischen Ezra Pound und Wim Thoelke?

Ich bedaure nicht das pandemische Vergessen, es kann nur heilsam sein. Selig wie Schlafwandler gehen sie, nur Dicke und Kranke bleiben manchmal zwischen engen Türen eingeklemmt. Wenn ich sehe, wie eine hohe Stirn ausbleicht und wie das, was nichts denkt, das Runde auf den Schultern, vorn immer stirnerner wird, beinahe steil wie eine Felswand, hinter der dem Menschen alles entfiel.

Der Erinnernde erinnert sich überhaupt nur, um die Einfalt zu genießen, die er zu dem Zeitpunkt besaß, an den er sich erinnert. Der Erinnernde verzehrt sich nach Erfahrungsmangel. Er sucht in der Erinnerung die verlorene Einfalt. Die Erinnerung bringt sie ja erst zum Vorschein! So wie Forschen nichts anderes betreibt, als das Zu-Erforschende hervorzubringen.

Solange Olims Wunderlampe dich führt ... Olim, schöneres Wort als »einst«. Ruft es doch zusammen Tausendundeine Nacht mit illo tempore: vor Zeiten, die einmal deine waren.

In seinem Leben hat jeder das für ihn Schönste gesehen.

Irgendwo tauchte es auf, es war auf Anhieb das ihm Schönste und gehörte ihm nicht.

Sieh hin, bleib überraschbar und segle im Wind guter Erinnerungen durch das Bric-à-Brac der Gegebenheiten.

Alle Bewegung ist nur wie Aphel und Perihel der Erinnerung: Herkunftsnähe, Herkunftsferne. Nie aber wird der Umlauf selbst verlassen.

Erinnerung ist das eine. Akute Damaligkeit etwas ganz anderes. Sie gewährt nur der Traum.

Nachts war ich da, war ich damals, aber es war nur eine betörend holistische Inszenierung.

Der Traum war wie die rettende Luftblase in einer vom Grundwasser des Vergessens gefluteten Höhle.

*

Von Tisch zu Tisch, die Hände faltend, zog ich in meinen leeren Häusern herum, Haupthaus, Gästehaus, Kornspeicher-Bibliothek, Kornspeicher-Sportraum, Stall eins, Stall zwei, überall stehen Tisch und Stuhl bereit, und draußen weiter von Bank zu Bank im nebligen Gelände, und jedesmal saß ich, als sähe mich jemand sitzen.

Der neunmal müde Himmel und das warme Liebesgeflüster, wiederkehrend.

Das tiefere Blut, das in uns umläuft, ist das Blut des Vergessens. Es stärkt die Sinne, es macht das Bewußtsein zu dem, was es von Natur aus ist: ein Stoffwechselprodukt unseres Vergessens. Das Vergessen ist zuerst gewesen, und es wacht über unsere Zeit.

In der Abendsonne das alte Entzücken angesichts der Flugschau der Schwalben. Kehren, Volten, Schlingen, Jagden und der Sturz in die Landung auf dem Hofplatz oder auf dem zerbröckelnden Betongrund, wo sie winzige Insekten von den Moosen pflücken. Und die Eleganz gipfelt im glänzenden Flügelkleid, im nächtlich-festlichen Schimmer zwischen Schwarz und Finsterblau, die Rauchschwalben eher im blauschwarzen Frack mit spitzen Schößen. Vier steigen da auf und überflügeln sich, und ich sehe ihre Bahnen wie unter verzögerter fotografischer Belichtung als dunkle Bänder sich verwirren.

XV Autorschaft, Sprache

Der anmaßende, doch korrekte Titel der poetischen Legitimation kann ja nur lauten: Dichtung als Befreiung des Wissens vom Fluch des Nichtssagenden. Doch dem voraus geht Wißbegier und Wissensdurst.

Wer sich nicht mit Ideen und ihrer Sucht herumschlägt, hat als Autor die letzte Leidenschaft nicht gewagt. Sie fressen nun alle kein Wissen mehr, was doch die Dichter früher selbstverständlich getan haben, um den poetischen Stoffwechsel in Gang zu halten, Philosophie und Geschichte bei den Klassikern (und außer der Chemie beinahe alle physikalischen Wissenschaften bei Goethe), Philosophie bei Kleist und Hölderlin, alles Wissenswerte bei Musil, Mann, Benn, Brecht und Jünger. Die deutsche Literatur ist ideell. Sie ist reich an Gedankenschönheit. Heute ist der Schriftsteller ausschließlich ein diätetischer Belletrist.

Die Epoche der deutschen Nachkriegsliteratur wird erst vorüber sein, wenn allgemein offenbar wird, daß sie vierzig Jahre lang vom Jüngerschen Werk überragt wird. Er ist nach dem Krieg der Vergegenwärtiger, der Gegenwartsautor schlechthin gewesen. Zwar nicht im Sinne des kritischen Realisten, dafür auf eine magisch-schauende, immer prospektive Weise. Also befand er sich im Gegensatz zu den mehr oder minder begabten Nachläufern der epischen Moderne, die die literarische

Szene beherrschten, den angeblich fabulöseren Autoren, deren großangelegte Romanwerke oft auf einem gesinnungstüchtigen und gedanklichen Gehalt gründeten, der sie mittlerweile, auf einen Schlag, zu »historischen Schinken« werden ließ. Jünger hingegen hat täglich Geheimnisse entdeckt und genannt, doch keines verraten, das heißt: in jene gottverlassene Sprache transponiert, in der es sich nicht erhalten hätte.

Es ist die Sprache der literarischen Öffentlichkeit gewesen, die ihn lange Zeit verpönt und ausgeschlossen hat, die Sprache der Journalisten, jener platt gegen den Tag, immerzu gegen die Scheibe der Zeit stoßenden Fliegen des Geistes. Sie bildeten dieselbe greuliche, surrende Mehrheit, die ein Hamann als aufgeklärte Sophisten, ein Nietzsche als gelehrte Philister und eben ein Jünger als Linkskonformisten vor und gegen sich hatte. Leute, die selber aus der Sprache kaum mehr als eine Gewitztheit hervorbringen, versuchten ihn als Verfasser von »Herrenreiterprosa« zu diffamieren. Auch dies darf er nun als erledigt betrachten. Seine alten Widersacher sind kleinlaut geworden, in Selbstmitleid versunken.

Wohingegen er für die Jüngeren immer deutlicher zum Prototyp einer kommenden Kunst wurde: der, der in den Verbindungen steht, löst den Subversiv-Radikalen, den jakobinisch-»hölderlinschen«- Zeit-Heros ab.

In Strahlungen II heißt es zu Vico und Hamann (gegen Kant und Descartes): »Die Kraft dieser Geister beruht auf Offenbarung, nicht auf Erkenntnis, und auf Sprache, nicht auf Logik; ihr Stammvater ist Heraklit.«

Es scheint, wir erleben uns selbst, die Welt, den anderen um so weniger noch durch Sprache, als diese ausschließlich und in sich abgeschlossen als Mittel der Kommunikation genutzt wird. Auf einer psychosozialen Ebene ist sie nicht mehr weit vom Medium der reinen Stimmfühlung entfernt, in dem sich die Gänse verständigen. Doch in der Sprache selbst, bei solcher Überlastung der Netze, richtet sich die Sehnsucht auf eine anders verbundene, nicht bloß verbindliche Weise, die heute tiefer verborgen bleibt als je zuvor. Es gibt bei Jünger Sentenzen, die strahlen, man kann kaum hinblicken – und es gibt solche, die sind Eingänge ins Dunkle, hier sieht man nichts mehr, sondern fühlt sich unter Herzklopfen vom Unsichtbaren umgeben, berührt.

Man stelle sich vor: im Werk Jüngers würde die schöne, immer wiederkehrende Floskel überall gestrichen: »Das leuchtet ein ...« Dieser für sich selbst sprechende Refrain einer tieferen Aufklärung.

Immer wieder die (armselige) Hoffnung, daß die Strömung einen großen Bogen nehme und die erstickende, satte Konvention des intellektuellen Protestantismus (das einzige geistige Originalerzeugnis der Bundesrepublik) hinter sich lasse. Daß ein Satz, den angeblich Max Frisch zu einem Kollegen gesagt hat: »Werde im Altern nicht weise, sondern bleibe zornig« – als der Gemeinplatz kritischer Bequemlichkeit erkannt wird, der er in Wahrheit ist. Was muß ein Mensch auf sich nehmen, um weise zu werden! Was darf er nicht alles außer acht lassen, um seinen Zorn zu konservieren! Sie haben Heidegger verpönt und Jünger verketzert – sie müssen jetzt dulden, daß neben dem großen Schritt dieser Autoren, Dichter-Philosophen, ihr braver Insurgenteneifer wie eine trockene Distel übrigbleibt am Wegesrand.

Man hat nur einen Ton, sein Lebtag. Man irre nicht ab, man versuche keine unnützen Abwandlungen, man halte ihn, so gut es eben geht und solange der Atem reicht. Möge er abbrechen dereinst, jäh und hoffnungslos, ohne zuvor seine Schwingungen im geringsten verändert zu haben.

Wie wenn man Trakl liest … im tiefen Grund der Bilder, von wo sie aufsteigen, um das Bildergeschmeiß der Zeit auseinanderzutreiben, die Pforte, die Mühle, der Wein, die Purpurfarbe. Der unvergleichliche Dämmer, in die sie der Dichter versenkt, erhält sie für immer. Und der Dämmer bleibt so lange ein Hang unseres Bewußtseins, als uns von dort die nützlichen Einflüsterungen kommen.

In der Sprache entscheidet allein der Ton über die Wirkung der Bilder – und er ist etwas umfassender als die Farbe in der Malerei und der Ton in der Musik. Wie soll man ihn anders nennen?

Worte und Zeichen, zur Eindeutigkeit, zur Kenntlichkeit entstellt, werden niemals etwas, das uns wenden wird, in sich tragen oder voraussagen.

Mir scheint, ich habe weiter nichts zu tun, als an die folgende Äußerung aus einem Brief Robert Louis Stevensons anzuknüpfen und sie in tausend Einzelbelegen für mich zu bestätigen:

»Je älter ich mit jedem Tag werde, desto mehr werde ich wie ein verstörtes Kind; ich kann mich an diese Welt nicht gewöhnen, an Zeugung, Vererbung, an Sehen und Hören; die gewöhnlichsten Dinge sind mir eine Last. Die gezierte, entwertete, höfliche Oberfläche des Lebens und seine derben, obszönen und orgiastischen – oder menadischen – Fundamente bilden ein Schauspiel, mit dem mich keine Gewohnheit versöhnt.«

Dies hat es immer gegeben: daß sich der Poet vornehmlich in Verständigung mit vorausgegangenen Geistern befindet – aber vielleicht nie in solcher Ausschließlichkeit, in solcher Publikumsferne. Vielleicht muß heute die Obszönität der Kommunikation niemanden darin beschränken, sein Talent auszubilden, im Gegenteil. Auch die Obszönität von Militarismus und Kolonialismus hat nicht verhindert, daß zu ihrer Zeit die nötige Menge freier Geister entstand, die eine Epoche braucht, um als solche kenntlich zu sein. Der Untergrund ist alle Zeit der gleiche Matsch.

Der Widerstand ist heute schwerer zu haben, der Konformismus ist intelligent, facettenreich, heimtückischer und gefräßiger als vordem, das Gutgemeinte gemeiner als der offene Blödsinn, gegen den man früher Opposition oder Abkehr zeigte.

Der Künstler ist nicht allein der Rezipient, sondern auch der Rivale seiner Zeit.

Im wesentlichen berichte ich den toten, den von mir geliebten Autoren, die unverständig aus mir herausblicken auf diese Welt, von den unerhörten Dingen, die sich dort zutragen. Dabei versuche ich mich in einer Sprache auszudrücken, die ihnen, wie ich hoffe, bekannt vorkommt. Jedoch, wenn man es stilistisch genau nähme, so *fragt* alles, wovon ich spreche. Es fragt an bei ihnen und ihrem alten Verstehen.

Man lebt in Anklängen, wie manch einer in Anklängen schreibt oder komponiert. Die Erfahrungen, die uns etwas bedeuten, haben einen bestimmten Stil, sie enthalten Wertungen und Sonderungen, die aus früheren Lebensformen auf uns kamen und die uns in Gestalt von Gemälden, Büchern, Filmen, durch Kunstempfinden allgemein, heimlich infiltrieren.

Das Zu-uns-hin-Geschriebene der großen Werke ist ja in Worte und Wortgänge gefaßt, die wir so nicht mehr verwenden und die daher jenen nichts sagen, die an der Sprache vorbeileben. Ja, gäbe es wenigstens »Reibeflächen« zwischen Sprache und sprachfernem Sprechen! Eine solche war früher der Schulunterricht.

Sprache – bei Hölderlin: Göttliches – trifft Unteilnehmende nicht.

Lust, noch einmal in Einflüssen zu baden wie in frischen Quellwassern.

Die Treppe hinuntersteigen und Jung-Stilling aus dem Regal ziehen; zurückgreifen auf eine frühe und einst unbedarfte Lektüre. »Sie hatten den Pferden Moos unter die Füße gebunden«. Ohne Pietismus keine deutsche Literatur, es schließt seine Destruktion ein. Gegen Wilhelm und Heinrich kommt in deutscher Erzählung kein anderer Vorname an. Beide sind dynastische Namen des inneren Deutschen. Du kennst die Richtlinien! Du weißt, daß, wenn die Zeit reif ist, fortgesetzt und immer weiter die »Wanderjahre« zu schreiben sind.

Das große abendländische Medley, das Benn vor sich hin pfiff, seine kostbare Sammlung kristallisierter Sentimente: spät, müd, nihil. Das ist nicht unsere Lage. Nichts, was heißt das schon, Nichts, das läßt sich immer sagen, Großwort-Ruine. Doch war er der letzte Parabol-Empfänger, der Geschichte aus dem All entschlüsselte, der letzte Bewußtseinsekstatiker aus eigener Kraft.

Wenige Jahrzehnte später wird der Akrotechniker die Spur der Gottheit mit Hilfe gedächtnisstützender Maschinen wieder aufnehmen. Seinem Restlichtverstärker genügt der trübste Schein in der Finsternis, um die Welt in Glanz getaucht zu sehen.

Zu lesen, allein, Abend für Abend, zu sammeln und zu ordnen, ohne sich daran zu berauschen, weder unterhalten noch entlastet oder abgelenkt, nur um: dahinterzukommen, als Ermittler, Endlos-Ermittler in der Sprache, aber auch in ihrem zarten Jenseits forschend, jenseits der Sprache das Gehabe, der Nimbus, Wellen und Stöße des Ungeahnten, fremde Frequenzen, überschlägige Berechnung von Existenz, die man vornimmt, innerhalb einer Frist, die nur aus Büchern besteht. Entziffern ohne das geringste Beschleunigungs- oder Vergrößerungsmittel, abgesehen von jenem perfekten Alleinsein, das die Welt wiederum in lauter Isolationen und Einzelheiten zerlegt, Detailvergrößerungen.

Was ist das für ein Verstehen? Ein abirrendes, vagabundierendes, hinausziehendes ... vielleicht schon alles *Fugue*, die Flucht hinaus, seinem Bewußtsein zu entfliehen, weil aus gestrüppigem Versteck, da draußen irgendwo, der äußerst Auswärtige dich rief?

Old men ought to be explorers. Man folgt einem unwiderstehlichen Wanderdrang, wie er zuweilen kranke Seelen befällt. Aber auch diejenigen, die dem Tod unter der Sonne entgegengehen und sich von ihm nicht abholen lassen.

Man schreibt einzig im Auftrag der Literatur. Man schreibt unter Aufsicht alles bisher Geschriebenen. Man schreibt aber doch auch, um sich nach und nach eine geistige Heimat zu schaffen, wo man eine natürliche nicht mehr besitzt.

Dein Beruf? Kaum mehr, als deine Kindheit gegen ein würdeloses Erwachsenenleben zu verteidigen. Nur ein fleißiger Adnoten-Schreiber, der Menschen, Büchern, Zeitgeschehen, Bäumen sein Zeilchen anhängt, der Untenstehende auf Zehenspitzen, der über Mauern in fremde Gärten späht, der leise Immerverirrte, der nur auf Umwegen und Randpfaden sich fortbewegen kann, blödsinnig streunt in fremden Städten, auf Reisen allein, nichts sehend in Bordeaux oder Madrid, herumläuft bis zum Umfallen, bis eine Farbe, ein unverhofftes Sepia nach kurzer Berührung mit einem Fremden das ganze Gesicht überschwemmt ... Auf solchen Wegen gibt es kein größeres Verlangen, als in eine fremde Wohnung einzutreten. Von einem mich erwartenden Menschen begrüßt, empfangen, hineingebeten zu werden, das Zuhause dieses gestandenen Unbekannten mit verstohlener Neugier zu mustern. Denn nie ist das Zuhause eines fremden Menschen einladend für uns, nie gefällt es auf den ersten Blick. Es befremdet weit mehr als der Fremde selbst. Das Ambiente, das er sich schuf, und was er da an Dingen und Kleinigkeiten bevorzugt, der persönliche Geschmack, wie verräterisch ist das alles! Man wagt gar nicht genauer hinzusehen, denn sein Zuhause verrät ja alles auf einmal, was man an dem Menschen erst Zug um Zug entdecken würde. Ganz anders als seine Kleidung, seine zweite Haut, sie gefällt ja oft auf Anhieb, oder gefällt nicht, aber sein Wohnen, die dritte Haut, befremdet immer.

Aber sind wir nicht in dieser Gesellschaft bloß eine Minderheit unter anderen, eine Gruppe von Behinderten unter anderen, die längst auf die Allgemeingültigkeit ihrer Rede verzichtet hat? Hat uns die Macht des Vielfältigen, die Bunte Liste der tausend Spleens und Richtigkeiten nicht unfähig gemacht, einem wie auch immer imaginären *Ganzen* gegenüber die exzentrische oder avantgardistische Stellung zu beziehen, durch die es erst Gestalt gewinnt?

Aber in einer Zeit, in der die Literatur selbst zum Außenseiter der Kultur geworden ist, wird der Außenseiter *in* der Literatur aus seiner exzentrischen Rolle verdrängt. An die Stelle des Neuen ist der offizielle Betrieb der Moden und Trends getreten, d.h. die Stelle des Neuen nimmt in erster Linie die neue Nachricht ein. Inzwischen verhält sich auch der kritische Geist gegenüber dem Neuen im weitesten Sinn eher allergisch; er lernt gerade, zeitgemäß, das, was da ist, intensiver zu nutzen. Eine Avantgarde aber, die nicht davon durchdrungen ist, daß die Allgemeinheit, der mittlere Troß eines Tages an ihre Stelle rückte und sie zum Gemeingut erhöbe, entbehrte für ihre Aufgabe der nötigen Kampfeskraft. Doch wer könnte noch so blind an seine Sendung, an die unanfechtbare Bestimmung der Dichtung glauben, wie es, sagen wir, ein Mallarmé getan hat, der davon überzeugt war, daß die Arbeit der Welt in Dem Buch sich vollenden werde. Das Buch zur Metapher für das universale Archiv unserer Kultur zu erheben, wäre heute ein ebenso harmloser wie obsoleter Privatspaß.

»Ich bin, um ehrlich zu sein, wie alle, die Bücher schreiben«, sagt Jean Paulhan in ›Les Incertitudes du langage‹, »ich glaube, daß meine Bücher interessant sind. Ich glaube sogar, daß sie wichtig sind. Sonst würde ich sie nicht schreiben.«

Dies kann ich für mich nur dahingehend abwandeln: auch wenn ich davon überzeugt bin, daß meine Bücher nicht interessant, nicht wichtig sein *können*, schreibe ich sie trotzdem, und zwar in der Hoffnung, daß ich das nicht beurteilen kann.

Wir möchten in ihnen heute nichts als die Leidensgrößen denken: Kleist, Hölderlin, Nietzsche, Kafka, Celan. Diese sind uns die einzig Authentischen. Die Bürgen unseres kleineren Loses der Fassungslosigkeit. Aber wie Abschied nehmen vom kleinen Geschick? Nichts ist leichter und eitler, als den Keim eines Schreis, den ein anderer, in seiner Größe zerbrechender Mensch einmal tat, sich selber einzupflanzen. Man kann auch Stile und Gesten klonen. Man kann dieser oder jener werden wollen, doch nichts ist zurückzugewinnen. Schnell wird die literarische Leidenschaft solch ein Gerät: ein Gestenspender. Die Geste Goethe wandert schon seit über hundert Jahren durch deutsche Dichter. Die Geste Hölderlin, die Geste Artaud bieten ebenfalls heute einen Schutz. Das will sagen: *wir* Außenseiter, *wir* Schizos – du Hölderlin und ich, der dich erkennt. Es gibt eine Form von Verehrung, die jede Scheu vor der unverwandten Größe verloren hat. Dann nimmt das Verlangen von uns Sozialversicherten überhand, sich eine Heroik für das eigene unansehnliche Leid auszuborgen.

Was ich auch schreibe, es schreibt über mich. Ich schreibe unaufhörlich den Fremden, der mich bedroht. Was ich schreibe, weiß, wer ich bin, weiß auch Bescheid über mein künftiges Ende, und jedermann kann in meinem Geschriebenen lesen über mich, wie die alten Weiber im Kaffeesatz, nur ich nicht. Ich nicht, ich kann es nicht lesen; versiegelt die Bedeutung, übersehen die Warnungen in jeder Zeile. In jedem Wort, in jedem Satzverlauf steht etwas über mich, und ich bekomme es nicht zu erkennen. Erst ganz am Schluß, wenn die Katastrophe schon eingetreten ist, wüßte ich wohl zu sagen: da und dort erschienen die ersten Anzeichen, dies und das deutete bereits darauf hin. Aber dann, am Ende, vermischt sich ohnehin alles, das Erkennen und das Geschehene zu einunddemselben Geräusch von regenüberströmtem Papier im Sommerwind ... Ich bin nirgendwo auf der Welt etwas Fremderem begegnet als einem von mir zustande gebrachten Aussagesatz.

Kein Autor kann mehr von sich bekennen, als daß er schreibt. Keinem wird es gelingen, auch diesen Schleier noch zu lüften. Das Paradox des intimen Textes ist seine Verwandlung in ein undurchsichtiges Textil.

Was er schreibt, scheint nicht im entferntesten zu wissen, wer er ist.

Was er schreibt, schreibt an ihm vorbei.

Trotz aller Scham und Reue, die das Schreiben an den Sündenfall stärker fesseln als das Leben, gibt es eine Intimität, die sich nicht verschweigen läßt. Sowenig wie eine Liebe, deren Glück offen ausstrahlt. Gerade sie erlaubt nicht, daß über intime Dinge berichtet wird. Man ist mit dem einen Leser, endlich dem *einen*, intim geworden, das heißt: man bietet an, mit ihm die Rolle zu tauschen. Dieser Tausch übertrifft jeden Austausch von Intimitäten.

Ich habe ein Menschenalter in Frieden aus dem Fenster geschaut.

Ich vertrete nichts. Besitze keine Überzeugungen. Ich finde mich kraft Zusammenzuckens zurecht.

Der Künstler wird den Menschen am ehesten in seinem Fallen, in seinem nachstürzenden Engelsturz erkennen. Im Fallen fliegt jedem der falsche Flitter davon. Solange sie umhüllt sind von der Schale ihrer Überzeugungen, spüren die meisten ihr Sinken ja nicht. Manchmal für kurz öffnet sich der Überzug um einen Spalt und, gemeinsam niedergehend, blickt man draußen in eines anderen großes und schmerzverzerrtes Gesicht.

Wunsch nach der verschleierten Rede, die wie einst das Gesicht meiner jungen Mutter hinter dem Schleier ihrer Toque etwas zu verstehen gibt, ohne daß ich's verstünde.

Aber die Kunst besteht darin, etwas undurchsichtig zu machen mit klaren Worten!

Ins Wörterbuch der kulturkritischen Gemeinplätze ist aufzunehmen: *das Raunende*. Despektierliche Bezeichnung einer Rede- oder Schreibweise, die keinen Klartext liefert. Es muß aber umgekehrt gewertet werden. Nämlich als eine Verlautbarung, auf die wir zu hören gezwungen sind, weil wir sie nicht auf Anhieb verstehen. Sie fordert, uns in der Kunst der Auslegung zu üben und zu verbessern, die ohne Gerauntes verkümmert, und das mindert vor allem den Verstand.

Worte im *Klartext* sind in der Sprache soviel wie das Verlanden stoffreicher Niedermoore im Bruchwald. Das Gesagte, Ausgesagte sucht in jedem Satz seine sinnreiche Zurückgezogenheit, weil es wie nicht gesagt leben will.

Man hat die Feuer der Andeutung gleichermaßen im Erotischen wie im Semantischen ausgehen lassen. Dementsprechend auch das Verständnis für die Askese der Erscheinung eingebüßt. Nicht zuletzt deshalb erniedrigt man die sich verhüllende, gar aus dem Dunkel ausblickende Frau, Muslimin, zu einem ordinären Politikum.

Was wir sehen, ist durch Nähe versengt. Um jeden Preis muß man wieder entfernen, erhöhen, verschleiern. Was kann ich mir unerreichbar machen an meinem Nächsten? Was kann ich mir unerreichbar machen inmitten der Bedrängnis der zuhandenen Dinge, Redeweisen, Programme und Prognosen?

Ich teile nur auf den verschlungenen Pfaden, auf denen ich selber am liebsten unterwegs bin, etwas mit. Wen es angeht, der wird schon darauf aufmerksam werden. Es ist für mich unabänderlich, und das könnte man religiös nennen, eine Buchstabenfrömmigkeit, daß alles, was von mir existiert, nur durch das Buch existiert. Ich akzeptiere nichts außerhalb der Schrift. Ich meine sogar, die Literatur besteht nur für Literaten, für literarisch tingierte Menschen. Mein Leser ist mir zum Verwechseln ähnlich.

Das Subjekt ist außerstande, das maßlos Disparate, das ihm zugespielt und eingeblendet wird, als ein Autor zu ordnen, als ein Autor des Verstehens. I cannot make it cohere, das tiefste Wort des Zeitalters, wird überliefert vom Dichter vor seinem Verstummen, von Pound. Nicht weil ihm sein spätes Canto zerbrach, sondern weil der Satz als die Wurzel unseres verlorenen Bewußtseins gelten muß. Auf der Höhe seiner Zeit kann niemand mehr existieren. Seitdem die Illusion verloren ist, bei fließender Kenntnis des Vielen dennoch die ansteigende Tendenz, *den* Fortschritt zu ermitteln, gibt es nur noch das schlanke und zweckmäßige Begreifen und den Mammut des Unbegreiflichen. Kein Subjekt, nicht einmal ein Musil, wäre fähig, die ziellosen Bewegungen innerhalb des umfassenden Nichtfortschritts zu *erzählen,* in ein Präteritum zu ordnen, als stiegen und fielen die Zeitalter noch. Das unerfindlich Viele, das mal als ein schlechter Witz erscheint, mal als ein blühendes Pluriversum, das machtvoll durch sich selber herrscht, duldet kein anderes Autorbewußtsein neben sich. Wir haben lediglich mittelbare Instanzen, interne Medien, etwa die galoppierende Zunge oder das desultorische Gedächtnis, in denen sich das unbegriffene Wissen der Zeit bemerkbar macht, dies Wissen ohne Wissende.

Wenn früher ein Mensch in Ohnmacht fiel, weil er einen großen Affekt nicht bei klarem Bewußtsein meistern konnte, so ist heute das Bewußtsein vom *Ganzen* der Welt in Ohnmacht gefallen, und diese Ohnmacht entläßt noch Seufzer wie »Worldwideweb«, »Apokalypse der Natur« oder »Wertezerfall«. Dies wird nicht von bleichen Wangen und Lippen angezeigt, sondern vom ohnmächtigen Gerede, das viel glaubwürdiger das verlorene Bewußtsein vom Ganzen der Welt bezeugt, als es die sinnliche Belästigung, die es zweifellos darstellt, vermuten ließe. Es kommt nicht darauf an, die Lächerlichkeit der Mitteilungen zu bewerten, sondern ihnen das Realissimum und zugleich also das Verheißende der Ohnmacht zu entnehmen.

Was läßt sich schon erfassen und auf Quellen prüfen von den feinsten Beeinflussungen, die unentwegt den, der *schreibt,* konstituieren und wieder auflösen, dies durchlässige Zwischengeweb, das man fälschlich und hochtrabend *Autor* nennt?

In der Sprache klingen die Signale nach, wie in der Wohnung des gerade Verstorbenen das Telefon noch hin und wieder läutet. Doch der (in der Sprache) Angerufene ist nicht mehr da. Alles wirkt hier so bewohnt wie früher, und der für immer geräumte Stuhl scheint nun selbst bereit, den Anruf entgegenzunehmen.

Daß sich in Sprache noch jemand oder etwas verriete, ist eine sprachlose Unterstellung. Sprache verrät heute weder den Unmenschen noch den Leermenschen oder gar den wahren Wohltäter. Denn sie ist nur ein großes Nachtönen, in dem kein Stil mehr Eigenschaft genug besitzt, keine Stimme genügend mehr stimmt, um die Weise eines Menschen zu modulieren; einen Charakter zu erkunden, verlangt zahllose Feinbestimmungen im diffusen Hof seiner Verlautbarungen. Die einen sprechen klug fehl, die anderen dumm fehl. Was unterscheidet das schon? Sich übersprochen zu haben, erträgt das ganze Menschengeschlecht.

Worte, die im Interstellarium der Sprache oft kometengleich am zu bezeichnenden Etwas vorbeischießen – Worthöfe entfernter, nie gefügter Worte, die sich in einem verborgenen Winkel des vorsprachlichen Halbdunkels gleichwohl längst berührt und verschworen haben – plötzliche Emergenz! Und zwei Nie-Vereinte erscheinen erstmalig fest umklammert in taghelier Bedeutung.

Mit anderen Worten (dasselbe noch einmal im Jargon): Kein Schreibender weiß, innerhalb welcher Kontextualität er schreibt. Oder welche Worte bereits latente Nähe besitzen und durch ihn sich fügen *wollen*, zu einem Ausdruck oder Stilelement sich finden wollen, es unbedingt wollen.

Jener schmerzhafte Bewußtseinsschub, den Hofmannsthals Lord Chandos zu Beginn des 20. Jahrhunderts ertrug, da ihm die Wörter, die Dinge in Teile und diese wiederum in Teile zerfielen, erweist sich am Ende desselben als Gleichnis des überschwenglichen, des komplexen Begreifens. Es ist nicht Zerfall gewesen, sondern »Dissipation«, nicht Auflösung, sondern Energiewandel, der zum Aufbau neuer Erkenntnisfelder beitrug. Der Weg zu den Teilchen war die unabdingbare Voraussetzung, um Genaueres vom Ganzen zu erfahren.

Die Sprache erzieht den Sprachhörigen zur größten Vorsicht, sich in ihr nicht wie »in seinem Element« zu fühlen.

Man hat in der Sprache seine Anordnungen derart zu treffen, daß Wellen des Absichtslosen, unwillkürliche Fluktuationen beständig durch ihren Körper laufen.

In der Sprache entscheidet das Betörende, nicht das Argument. Jenes wird durch Wiederholungen stärker, dieses schwächer. Selten wird ein Argument zwischen zwei Argumentierenden nur ein einziges Mal angeführt.

Daß das Farbspiel der Sprache keine stilistische Selbstgefälligkeit ist, sondern die Voraussetzung für erhöhten Erkenntnisgewinn, wird dann erst wiederentdeckt, wenn der Handel mit Einsichten erste Gewinnwarnungen ausgibt.

Dazu Doderers Bemerkung zur »Sprachwachsamkeit«, zu der Dichter wie Jean Paul dem Leser verhelfen und deren Ausbleiben, wie schon Konfuzius meinte, den Unaufmerkenden in einen Abgrund stürzen läßt.

Nur um einen halbdunklen Ton zu erreichen, nur um einer letzten Farbbestimmung willen, die nie gelang, habe ich mich noch einmal an die Arbeit gemacht ... Blassen, ein eigenes Licht!

Nur um einiger leerer Stühle willen, um des Mundtuchs willen, das zerknüllt am Tischrand liegenblieb ... Nur um noch ein wenig figürliche Materie in meiner Umgebung gegenstandslos zu machen ...

Wenn ein Maler, spät, versucht mit der Farbe bis an den Geist der Farbe vorzustoßen, ihr immaterielles Antlitz zu entdecken, geht er einen ähnlichen und doch entgegengesetzten Weg wie der Autor, der versucht mit immateriellen Chiffren, Lettern zu den Dingen zu gelangen, zu einer fest verschlossenen Gegenständlichkeit, die nicht minder unfaßlich und *real* ist wie das, was aus der Farbe durchscheint.

Denn das Licht des Verblassens ist schon das ganze Licht, das wir empfangen können.

Er saß draußen auf dem freien Land, fern jeder Unterkunft, es war im Herbst, und er las in einem Buch das Wichtigste, was er je zu lesen bekam. Darüber fiel die Dämmerung herein und bald die wirkliche Dunkelheit, und er kämpfte draußen in der Natur, wo es kein künstliches Licht gab weit und breit, mit dem Entziffern, doch das Buch verhüllte sich ihm unaufhaltsam, entschwand in seinen Händen und verschwärzte. Nie gewann er dabei die Zuversicht, daß er ja am nächsten Morgen beim ersten Lichtstrahl getrost hätte weiterlesen können. Er war im ganzen erfaßt durch den unausweichlichen Entzug: die Erblindung – die Trennung – die Kastration.

Nur die *Sprache*, sagte er sich, hat dich bisher diese wie immer auch elende Einsamkeit überhaupt ertragen lassen. Du hast ja keine Ahnung, was geschieht, wenn diese Sprache einmal von dir läßt und bis auf den unscheinbarsten Huscher fast gänzlich wegfällt. Du weißt ja nicht, was wirkliche Einsamkeit ist, bevor du nicht dies äußerst geringfügige Rascheln am Rande deines Geistes vernommen haben wirst. Du hast ja keine Ahnung, wie du dann wohl sitzen und kauern mußt, wenn erst die Worte unter sich, du aber ausgeschlossen und erkenntnislos.

Als er einem Freund der Fortschrittsmelancholie anläßlich einer Aitmatow-Novelle leise einwand, daß ihm zwar die poetischen Zeremonien des Abschieds teuer seien, daß gleichwohl das Erinnern selbst nicht ungerührt das alte bleiben könne und es wenig wahrhaftig erscheine, wenn einer noch schildere, wie Technik die Heimat, die Lebenswelt zerstöre, da man längst in eine Phase übergewechselt sei, in der gerade die neuere Technik ein Rücksichern erst ermögliche und inspiriere, so daß es dem Roman nicht weiterhin darum gehen könne, die Spinngewebe des Vergehens über Mensch und Landschaft zu breiten, ja, daß Vergänglichkeit in einem größeren Kristall- oder Glasfibergedächtnis ihren Raum erst neu zu finden hätte, inmitten der empfindlichsten Spiegelungen und Retrospekte, die an die Stelle der zerbrochenen Überlieferung getreten seien und dem Lebensgefühl der »epischen Wehmut« den geschichtlichen Grund entzögen – ach, während er es aussprach, torkelte er in seinen Eröffnungen schon, denn er erschrak darüber, wie sehr von Wunsch und Illusion verseucht diese ganz und gar zutreffenden Feststellungen waren.

Eine brutalere Zerstörung der Landschaft, als sie mit Windkrafträdern zu spicken und zu verriegeln, hat zuvor keine Phase der Industrialisierung verursacht. Es ist die Auslöschung aller Dichter-Blicke der deutschen Literatur von Hölderlin bis Bobrowski.

Noch spärlicher an der Zahl als stille Leser sind diejenigen, die sich vor Schmerz krümmen, wenn sie sehen, wie mitten im Frieden Landschaft verheert wird, so gemein und hochmütig, so um sich greifend und im Unmaß aufragend, Horizonte sperrend, rücksichtsloser als Feuersbrunst, Rodung, Industrialisierung zusammen ... Zum Glück zeigt sich die Unterwelt aufgeschlossen gegenüber neuen Sorten ewiger Büßer und stellt frische Marterqualen bereit: jene nämlich, die mit Windkraft moralische und unmoralische Geschäfte machten, Schänder der Landschaftsseele, sieht man jeden einzeln auf ein Rotorblatt gefesselt und bis auf den Jüngsten Tag im Höllensturm sich drehen.

Selbst wenn ich die Erkenntnis unterdrücken würde, daß es geschlossene Figuren weder im Alltag noch sonst irgendwo gibt, es würde ja meine Schwäche, keine Charaktere schildern oder gar erschaffen zu können, keineswegs rechtfertigen. Charaktere sind etwas, das sich mit meiner Wahrnehmung von Reali-

273

tät nicht vereinbaren läßt. Ich besitze Wahrnehmung nur für die Diffusion. Es ist mir gar nicht möglich, anderes als Strömungen und Überlagerungen zu sehen, die durch Menschen und ihre Handlungen hindurchziehen. Und ich versuche einfach, so viel wie möglich davon zu erwischen, zu sammeln und wieder zu zerstreuen.

Einer Leopold-Andrian-Stimmung folgend, sucht er Unterschlupf im verwunschenen Winkel, unter halb verfallenen Gedankenbögen, folgt den steilen Pfaden ins Vergangene hinauf. Überaus schreckhaft und empfindlich, wird er zurückweichen in eine Festung der Feinheiten, ein Schutzhemd knüpfen aus Anspielungen, Anlehnungen, Vorlieben und Hingaben; und es schließlich wieder auflösen, um nackt in den kalten Dunst des taufrisch uralten Gartens hinauszutreten. Weltflucht! Hortus conclusus! – rügt ihn die geschäftige Intelligenz. Schreiben möchte er das Feingesprühte, das unsichtbar bleibt auf den Mauern und dort erst auftaucht, wenn die Materie dickleibiger Romane mit ihren schlechtgesehenen Menschen, schlechtgesagten Ansichten sich gelöst haben wird und nichts zurückließ als Rauch und Schimmer.

Die Einsamkeit, sagt Montaigne, habe ihn zum Schreiben gebracht, der Mangel an anderem Stoff dazu, sich selber zum Gegenstand zu nehmen. Montaigne ist an allem schuld. Seitdem befinden wir uns. Seitdem wollen wir die Welt an uns und durch uns selbst bemerken und die Mitteilungen, die wir darüber zu machen haben, für die einzig aufrichtigen halten. Montaigneismus heißt die Krankheit, die die große Literatur der untröstlichen Tröster hervorgebracht hat. Ohne sie gäbe es keinen Rousseau, keinen Maine de Biran, keinen Senancour, Amiel, Rosanov, Ernst Jünger und so viele andere nicht. Sie entzündete die großen Subjektivisten, sie trieb die kleinen mittleren Meister zu Spitzenleistungen des Ich. Und hinderte nicht wenige daran, ihre Kräfte zu sammeln für ein schöpferisches Werk.

Dem Diaristen erwürgt das Tagebuch das Werk, es beseitigt den Autor. Die tägliche Schrift ist das Gras, das zu Lebzeiten über ihn wächst. Tag für Tag lüftet er ein Geheimnis seines Lebens in einer intimen Kladde. Tag für Tag zerstört, vergiftet er die Sphäre seiner unbewußten Verhältnisse, denen er doch Licht und Atem und den Strahlenschutz seines Daseins verdankt. Tag für Tag verhindert er seine Lebens*geschichte*, indem er sie dem prompten Augenblick, der nackten Gegenwärtigkeit preisgibt, so daß ein schonendes Imperfekt und die natürliche Selektion der Erinnerung keine Chance haben. Es ist alles dargelegt, alles offenbar, darüber hinaus gibt es nichts, was wundernähme. Außer vielleicht das umfassende Grauen, das diese heimliche Todesvorrichtung des kompletten und lückenlosen Aufzeichnens bei einem äußeren Betrachter erregen könnte, falls ein solcher es je wagen würde, sich den jahrzehntelangen Kaskaden dieser Schrift zu überlassen und mit ihr über Zigtausende von Seiten hinabzustürzen in den kalten, schäumenden Abgrund, als welcher des Verfassers gurgelndes Ich figuriert.

Das Journal intime, obwohl dem Tag gehörig, ist in seiner Fetzengestalt nur dem Albtraum vergleichbar. Die bezifferte Unbegrenztheit der Datenfolge legt nahe, daß dies Schreiben seinen Regeln nach ein unaufhörliches ist und daß es sich asymptotisch, ewig unerfüllt dem Buch annähert, dem eigentlichen Werk, ohne es je zu erreichen. Der Schriftsteller, der alles verrät und nichts für sich behalten kann, wird niemals das schöpferische Werk zustande bringen. Die Hyperintimität, dieser dichte Raum der rücksichtslosen Entblößungen, saugt ihn zugleich auch aus. Was immer er tut oder sieht, er wird es stets nur im Bannkreis der Intimität und ihrer räuberischen, implosiven Kräfte erleben. Das schöpferische Schreiben stärkt seinen

Meister und gibt ihm mehr zurück, als es ihm abverlangte. Das intime verletzt und entehrt sein Subjekt.

Der Diarist wird endlos weiterschreiben, wenn alle ringsum längst gegangen sind und nicht einmal danach fragen, ob er sie vertrieben habe mit der stillen Fuchtel seines Stifts und dem gefräßigen Schatten seiner Schrift, der hinter ihnen, den Lebendigen her war; ob sein schäbiges Diaristen-Amt und die draus entstandene eigene Charakterverformung sie abgestoßen hat – oder ob sie vielmehr gegangen sind, rücksichtsvoll, weil er niemanden mehr sehen wollte, weil er offensichtlich allein sein wollte, um nur noch die Tage mit den Tagen zu verbringen.

Der Diarist ist der Meister ohne Werk, der écrivain manqué (génie manqué heißt es bei Senancour). Er hat sich selbst zum Stoff, versagt sich der großen Form. Mitleidlos gegen sich und andere, erspart er doch manch einem, der ihn liest, das Risiko der eigenen Selbst-Sucht, dem nicht jeder gewachsen ist. Er ist fraglos der am wenigsten unterhaltsame, aber vielleicht in mancher Hinsicht ein äußerst nützlicher Autor. Wie kein anderer spricht er den heimlichen Schriftsteller in jedem Leser an. Der Typus des in sich versunkenen Autors sieht dem Leser schon zum Verwechseln ähnlich. Seine untröstliche Aufrichtigkeit wirkt ausgesprochen tröstlich auf andere, schwierig lebende Einzelwesen, weil sie hier mit täuschender, glänzender Ähnlichkeit ausgedrückt finden, was eigentlich nur sie selbst hätten schreiben können. Das intime Buch – unzählige Bruchstücke eines einzigen unglücklichen Eingeständnisses: kein Schriftsteller zu sein – scheint auf tückisch-täuschende Art aus dem Herzen eines Lesers mehr als eines Autors entworfen. Es liefert im übrigen gleichsam eine Art öffentliche Versicherung dafür, daß niemandes Einsamkeit grenzenlos ist, sondern daß sie von einem Berufenen konsolitär geteilt wird. Es zeigt sich, daß gerade der Diarist, der sich an kein Du wendet, einem anderen zuweilen die lebhafteste und sogar erbaulichste Ansprache zu bieten vermag. Gerade weil er selbst sich vom Leser letztlich keinen Begriff macht. Wenn seine fleißige Schrift überhaupt von einer auswärtigen Vorstellung begleitet wird, dann ist es die von der unermeßlichen Bürokratie eines weltweiten Subjekt-Betriebs, in dem Heerscharen von Beamten des Ichs ihre tägliche Pflicht tun. Niemand liest den anderen, doch alle gemeinsam produzieren sie die Ordnung, die jedem einzelnen das Schreiben ermöglicht. Mit einer gewissen Berechtigung führt er daher seine Herkunft zurück auf die altägyptische Schreiber-Kultur. Hier gab es nichts Höheres als die Kunst, Schriftzeichen zu verfassen, die nicht jedem etwas sagten: »Wer diese Texte kennt (versteht), ist der Autor selbst.« Oder: »Schreibe bei Tag mit deinen Fingern und lies bei Nacht; mach dir die Papyrusrolle und die Schreibpalette zu Brüdern: die sind angenehmer als Rauschtrank.« Oder: »Sei ein Schweiger und Schreiber.«

Halte fest, was vergeht! sagt jemand zum Diaristen. Denk an Nabokov, der eine Straßenbahn von 1925 beschrieb in dem Bewußtsein, daß sie kurz darauf für immer im Museum verschwinden würde. Nun gut, ich tue, was ich kann. Ich halte Regungen fest, die einsamen und die des Miteinander, die vielleicht in Kürze ausgestorben sind. Regungen werden nie ins Museum kommen.

Ich möchte ein Gebärdensammler gewesen sein. Ein Palimpsestleser, der bei jedem Durchschnittsmenschen die Erstschrift eines tieferen Lebens entdeckt. Dafür nutzte ich das Theater als – im Wortsinn – ein Medium: das den Durchschein verkörpernde.

Du lebst nur, um Minute für Minute zu bestätigen, was in Versen und Zeilen seit je geschrieben steht. Und außerhalb deines bestätigenden Herzens lebst du nicht.

Nach der Lehre der Poetisten waren alle Werke von Anbeginn bereits geschaffen, und der Dichter konnte nur ihr Umräumer sein. So wie jemand, der nichts zu tun hat, beständig in seiner Wohnung die Möbel verrückt.

Wer könnte aufrichtig von sich sagen, daß seine Schriften etwas anderes sind als nur Glossen am Rand eines stets schon geschriebenen Buchs?

Daß sein Leben ein einziger Wiederbelebungsversuch von jemandem sei, der ihm vorausging? Im Grunde will jeder Autor, was bereits schön geschrieben steht, noch einmal schreiben – durch sich selbst hindurch.

Ich habe gelebt, als ob mein Tag noch kommen würde. Aber, die Wahrheit zu sagen, er war schon vorüber, als ich geboren wurde.

Ja, sagte er, was aufhört, ist mein Boden. Was zerbrach, wird mein Stern.

Für Flaubert war das bloße Vor-sich-hin-Leben schon zu anstrengend. Seine Freunde berichten, daß er häufig mitten am Tag von Apathie, von Schlafsucht ergriffen wurde. Sartre nennt es seine »pathetische Trägheit«. Dämmern ist hingegen für jeden Künstler, den Erzähler zumal, ein unentbehrliches Mittel der Wahrnehmung und der Abwehr zugleich gegen das gestochen Konkrete der allzu nahen Umgebung. Sich konzentrieren, sich bannen einerseits; nachlässig sein bis zur Verblödung und Selbstaufgabe andererseits. (Auch Benn erwähnt seine krankhaften Müdigkeitszustände in Gesellschaften.) Gänse müssen sich erst in Flugstimmung bringen, bevor sie vom Boden abheben. Die Flugstimmung des Dichters wird wohl aus seiner Dummheit und Trägheit hervorgehen.

Den (metaphysischen) Begriff der Unbesuchtheit benutzt Gerhard Nebel im Zusammenhang mit seinen Betrachtungen zu Heidegger. Mit dessen Wendung zum Sein sei die »Erlösung aus der Leere, der Unbesuchtheit« eingeleitet, so steht es in seiner autobiographischen Skizze. Unbesuchtheit ist im Deutschen kein gewöhnliches Wort und wird bei profanem Gebrauch seinen schönen Gewölbe-Sinn verlieren, denn es meint ja das über allem Fehlende, Nicht-Eintreffende oder Nicht-Eingetroffene. Der Patient in der Klinik, der keinen Besuch bekommt, verharrt deswegen nicht in Unbesuchtheit. Wohl aber tut er das, sofern ihm der Segen der Heilung vorenthalten wird. Das Ehepaar in seinem Haus, dem die Gäste ausbleiben, unbesucht zu nennen, wäre lediglich preziös. Aber die Ehe selbst mag unbesucht sein, zänkisch, kleinlich, morsch, und zieht deshalb keine Gäste an. Unbesucht ist auch das Haus, bei dem nichts Fremdes mehr und kein Fremder plötzlich eintritt. Vor allem Künstler oder Geistesarbeiter durchleben Perioden der Unbesuchtheit und halten es dann für eine Krise.

In der Kunst schadet es, sich zu früh zu viele Freiheiten herauszunehmen. Spät sich einige Freiheiten herausnehmen, wiegt mehr.

Was ich alles fallen ließ, was erst die Blutbuche vor meinem Fenster! Wer zählt das abgestreifte Kleid aus toten Blättern zu unseren Füßen?

Man schreibt aus Reue über das, was man schon *geschrieben* hat. Im Perfekt steckt die ganze Schande. Etwas ist fertig, und das läßt sich nicht wiedergutmachen.

Man weiß ja nicht, wie dumm man ist; wieviel Unaussprechliches man von sich gibt. Alles zu Ende Geschriebene offenbart dem Autor, daß er über eine (während des Schreibens) ungeahnte Naivität verfügte. Ein Text mag noch so komplex durchdacht und kontrolliert worden sein, die Form, die ihm den Abschluß gewährt, gießt eine abenteuerliche Unschuld über das Ganze. Wie konnte ich so etwas nur geschrieben haben? Das Ende des Werks ist der einzige Augenblick, da die Eingebung den Autor berührt.

Ein Autor, der sich viel auf seinen eleganten Stil zugute hielt, stieß bei seinem geliebten Seneca auf die Bemerkung, daß sorgfältige Wortwahl und sprachliches Raffinement mit Sicherheit auf einen verspielten Intellekt ohne Tiefgang hindeuten. Er fühlte sich unmittelbar aus den Katakomben des klassischen Altertums angerufen und getadelt und verfiel einer ernsten Schreibhemmung. Jedoch auch als Gehemmter schrieb er weiter, und siehe da, dank seiner Hemmung verloren seine Sätze die eitle Freude an sich selbst, und sein Stil wurde uneben und rauh, wenngleich nicht holprig. Er packte die Worte beim Schopf und setzte sie mit festem Griff an die richtige Stelle.

Daß die hymnische Schönheit, wenn sie nur tief genug, auf dem krausesten Grund entsteht, zu jeder Zeit das höchste Ziel der Dichtung sei, die das Gerümpel sichtende Schönheit, davon möchte man sich immer aufs neue überzeugen, wenn man den Angstträumen des Alltags entfliehen will, in den geschredderten Formen der Gegenwartslyrik keinen Halt findet, wohl aber in den Rilkeschen Elegien. Auch daß die Entgleisung, der Schwulst einbezogen, als Gärstoff unerläßlich sind für die Fügung plötzlich einer unvergleichlichen Zeile, für die Präzision des Triumphs, für die herrliche Ausstrahlung.

Rilkes Animismus ist ein Aufbegehren gegen die Einsamkeit des menschlichen Bewußtseins, vor der ihm schaudert wie jedem anderen Modernen. Die Seelen-Mission in das Unbelebte geschieht wider besseres Wissen. Wie aber *innerhalb* besseren Wissens der Seele sich ausbreitende Spuren entdecken?

Das Leben hängt von großen Worten ab und wird meist unter Wert verhandelt. Es kann nur Übertreibungsversuche und gescheiterte Übertreibungsversuche geben.

Da wir im Deutschen glücklich zwischen Wörtern und Worten unterscheiden, darf man vielleicht sagen, daß wir eine Unmenge Wörter brauchen, um einige wenige Worte zu wechseln.

Fremdwörter? Es gibt keine Fremdwörter. Es gibt nur einen Mangel an sprachlichem Aneignungsdrang.

Vieler Reden kurzer Sinn ist eine Interjektion, die dem Zuhörenden entschlüpft. Ein Ha, Oh, Au oder Achgott kann ein intimeres Verständnis der Rede des anderen verraten als eine umfängliche Antwort. Und welche kaum ermeßliche Fülle von

Betonungen und Anspielungen erlaubt gar das undeutliche Partikel ›Hm‹. Feinste Koloraturen des Sinns lassen sich einzig mit diesem winzigen, wachsweichen Lautstummel zum Ausdruck bringen, vom hohen Staunen zur tiefsten Skepsis, vom vermummten Ja bis zum Ersatz für ein Kopfschütteln, vom genüßlich langgezogenen Rühmen bis zum ungeduldig vorantreibenden Schnellverstehen, im Grunde jeder Affekt läßt sich mit Hm vertonen, freilich je nach Ansehen und Autorität des Hm-Machers. Eine Person in untergeordneter Stellung ist meist gefordert, den Mund etwas weiter aufzumachen. Ein gewisses Maß an Souveränität muß einer schon besitzen, um sich dem verfeinerten Spiel von Stimme und Stimmung zu überlassen und aus einem Hm alles das herauszuholen, wozu andere viele Worte gebrauchen. Häufig genug indessen ist es auch ein unfreier Laut, ein Laut des Verschweigens, ein Akzent der inneren Unruhe und der neurotischen Verständigungspanne.

Die Interjektionen sind die unwillkürlichen Hupfer des Gemüts in den Mund, und wer weiß, am Ende ist vielleicht alle menschliche Rede nichts als eine solche Interjektion, ein Dazwischenwurf, ein Empfindungswort gewesen auf das unendliche Gemurmel der Natur.

Frühsommermorgen und der Jubel der Stille. Die Einfahrt zum Haus, Ahornallee mit ineinandergreifenden Kronen, ein Schattentunnel, der Gang zum Briefkasten. Verstoßen in die Pracht ... Nichts wird stattgefunden haben. Das läßt sich auch übersetzen mit: Es war, wie es immer war. Nichts kam hinzu. Du bist in einem die Hummel und die Lavendelblüte, der Gastfreie und der ihn abstaubende Gast. Das Allzugleich entfaltete sich. Nichts fand statt, alles stand und wiegte sich in seiner Gegebenheit. So auch meine Immediatbücher, in denen nichts verlief von Anfang bis Ende, sondern sich ordnete in der Totale des einmaligen Würfelwurfs. Der unablösbaren Eröffnung eines Spiels, bei dem ich als Spieler ausschied, keine zweite Chance hatte.

Mag auch niemand Gestalt erkennen in meiner Zerstreuung. Geschroten und gemahlen, bleibt nur ein vager Umriß in Körnern, das Ende von Max und Moritz.

Die Natur würfelt nicht, hieß das defensive Diktum der klassischen Physik. Das Gedächtnis jedenfalls tut es in einem fort.

Der alte Schnee trägt noch die Maske der großen Wehe, die vor kurzem die Türen und Wege zufegte. Auf dem weißen See sitzen die Angler vor ihren Eislöchern wie Gaukler, die ihre Kunststücke vergaßen. Es wird auf nichts hinauslaufen. Wie die starren Krusten und Skulpturen des Frostes. All diese Seiten, Einsprengsel eines nie erzählten Romans, werden auf nichts hinauslaufen, wie das Leben selbst, Abschnitt und Stückwerk vom Endlosen. Wie der Lichtregen der Leoniden in einer kalten Novembernacht.

Ach, die großen Entwürfe der Neuzeit betreffen ja stets die Gesellschaft und verachten das Überleben im Winkel.

Vielleicht nennt man eines Tages den Schriftsteller beim Namen und sagt von ihm: er machte den ein oder anderen Menschen fit für den Winkel.

*

Mein Haus ist nur eine Warte. Kein heimliges Haus, frei und unbehaglich steht es vor dem Wind, trotzig und doch ein wenig verloren mit seinen strengen Kanten, so wie es der Architekt in später Bauhaus-Folge für uns entwarf.

Die Sonne wandert, die Seele wandert, die Jahreszeiten

wechseln, das Kind wächst, und mein Hals wird faltig. Infolge dieser Überschneidung von Zeit-Zyklen und Zeit-Linien ergeben sich fast stündlich neue Ortsbestimmungen, und das Wohnen bleibt im ganzen unfaßlich.

Der weiße Nebel unter dem Mondlicht, worin die Landschaft wie in einem Urauftauchen erscheint! An Bäumen, Sträuchern, Hecken, die wir tags entblößt und mit scharfer Kontur sahen, liegt ein weicher Dampf. Als höbe sich ein neues Land, neue Erde gleich aus der Schaumhülle. Sie bildet Wogen, Locken wie ein Meer, das im Gezweige hängenblieb. Nichts sinkt hier, alles steigt unweigerlich.

XVI Zeit und Zeiten

Philosophie des *Noch*. Noch der sternklare Himmel, noch das Leuchten der blauen Wegwarte. Noch das Sommerlicht, noch das heitere Kind. Stöße der Erfüllung noch. Noch einmal dem endzeitlichen Bramarbasieren getrotzt. Der Weltscheinbarkeit, den elektronischen Raubzügen, den feindlichen Sinnen noch ein bißchen Existenz entgegengesetzt. So daß das digitale Zählwerk des Herzens noch einmal vom Pochen des Glücks unterbrochen ward ... Das Noch der verbliebenen Schönheit genügt, um dich die Frist vergessen zu lassen.

Noch kenne ich keine komplexere Wahrnehmungsform der erfahrbaren Welt, als Ich es bin. Noch. Und dieses Noch wird auf lange Zeit jetzt zum wichtigsten Wort. Noch sehe ich die Windstille in den Bäumen. Noch werden ringsum die Felder bestellt. Noch gilt das Gesetz. Noch heilt der Arzt. Und dieses Noch macht jetzt das Noch-Nicht des Utopisten überflüssig. Es ist an dessen Stelle getreten. Im Noch erfüllt sich alle Hoffnung.

Wem bereitet es nicht Vergnügen, sich in Visionen zu entspannen? Die Zukunft ist ja leer und so geräumig. Da entwirft man neuerdings Programme, wie sich der Schatz des menschlichen Bewußtseins eines Tages, getrennt von seiner dann verseuchten Leibeshülle, auf einen anderen Himmelskörper retten ließe. Wie ließe sich das Beste unserer Rasse vor dem endgültigen Verderb des Planeten bewahren? Indem man samt und sonders unser Innenleben in künstliche Neuronenspeicher lädt und durch den Äther ins Exil verschickt. Während der alte Adam in seinem unrettbaren Körper auf der Abfallhalde des Globus zurückbleibt und verrottet. Von der Endzeit gelangt man so elegant hinüber zu einem Konzept der Endlos-Zeit. Diese wird dann unserem zerebralen Schatten gehören. Das Märchen vom Peter Schlemihl hat sich umgekehrt: Der Schatten hat seinen Körper verkauft. Er war ihm zu schwer, zu energieverschwenderisch, zu plump, zu krank und zu eingebildet. Der Schatten – der Geist – ist es, der nun allein zu Werke geht – lautlos, leicht und immerwährend. Das Denken hat endlich seinen Fluchtweg gefunden. Es wollte schon immer heraus aus dem Madensack. So wird es sich zuletzt entäußern an die technischen Gedächtnisse. Entäußerung des Menschengeists, Kenosis im Downloadverfahren.

Der Wissenswille hebt sich mit Urfluchdrall über den Menschen hinweg und wird als reine noetische Ekstase ohne ihn durchs Weltall irren.

Davon schwärmen jedenfalls die neuen Extropisten, die ausschließlich den menschlichen Geist vergöttern und ihn in die Maschine retten wollen, damit er dem verrotteten Planeten in letzter Minute entkommt, *theology of the ejector seat*. Diese Neotheilhardisten sind wahrhaftig Körperverächter von echtem manichäischem Schrot und Korn.

Ich wünschte, dem zukünftigen Menschen entstünde eine bewegliche Doppelnatur, so daß er als der technische Sensibilist wie als der gesteigerte Sinnenmensch zugleich und wechselnd existieren kann. Ohne empfänglich zu sein für die Prachtstraßen der weißen Schlehe, würde er kaum noch die dünne Luft der Schemen und Abstraktionen ertragen. Und ohne diese wiederum nicht so tief das bräutliche Weiß der Büsche bewundern.

Es wird für das Individuum darum gehen, ein sinnliches Schisma als Ausgleich und nicht als Zerreißprobe zu erleben. Bestangepaßt lebt, wer gespalten lebt.

Gedanken darüber, was kommen wird, entbehren der Anmut und Vernunft, denn sie sind ungriechisch.

Was uns bleibt, ist das Verlorene. Deshalb gibt es kein Wort, das deutscher wäre als *Sehnsucht*.

In einer einzigen langen Friedensära steigen und schwinden die Kräfte nach geheimem Gezeitenmaß. In Wahrheit findet sich jede Stunde in einem offenen Geschaukel zwischen vor und zurück. Es gibt nur *einen* immerwährenden Daseinskampf, und das ist der zwischen Kreis und Pfeil. Zwischen zyklischer und linearer Zeit. Nichts, was wir sind, denken und träumen, gehört nur einem Zeitraum an. Wir denken, träumen, hoffen im immerwährenden Kreis und existieren in abfallender Linie.

Meine Ordnung beginnt mit der Übertragung von Chronologie auf Simultan-Tafeln.

Gestern heute morgen: Tafeln mit zeitlichen *combines* (à la Rauschenberg).

Weil doch das *totum simul* die höchste Lust und Liebe ist: die noch unerschaffene Gegenwelt zu Fortschritt und Vergehen und auch zur Schrift, ihrem grausamen Zwangsverlauf, ihrer bösen und engstirnigen Linearität.

Nach Augustin (Bekenntnisse XII,7) wurde das Schöpfungswort nicht im Nacheinander gesprochen, »das dem Gesprochenen ein Ende setzt«, sondern zugleich und immerwährend – simul et sempiterne.

Die mystische Sprache bewegt sich von der Vielheit, dem zeitlichen Nacheinander der menschlichen Sprache hin zum simul et semel, dem Allzugleich und Einfürallemal, worin Gott sich offenbart. Von ihm, dem »Alten der Tage« (Dan 7,22), heißt es, daß er über Zeit und Ewigkeit steht.

Alles ist immer zu allen Zeiten da. Doch wird nur ein Bruchteil aus dem Nebel gehoben, um dessen Anagramm zu bilden, Leben. Ein Schock Wissen zuviel zu einem gegebenen Zeitpunkt könnte uns leicht zerstören. Geschieht also nicht alles zur rechten Zeit?

Im Begreifen liegt immer etwas Gestriges. Wir begreifen ja das Neueste in vorgeprägten Formeln, die längst abgegriffen sind.

In ihren Vergleichen hütet die Alltagssprache Utensilien der Vergangenheit, die aus unserer Gebrauchswelt seit langem verschwunden sind: Die Wirtschaft muß man ankurbeln. Wo in unserer digitalischen Welt findet sich die einfache physikalische Vorrichtung der Kurbel noch? Sie war einmal: am Auto, an der Filmkamera …

In die sprachlichen Vergleiche dringt kaum Gegenwart. Man hält an den bewährten Metaphern aus Ahnenzeiten fest. Wissen und Technik unserer Tage setzen zwar jede Menge Idiome und Begriffe ab in die lebendige Sprache, sie scheinen jedoch nicht chiffrierfähig. Jeder in seinem *Schmelztiegel* achte einmal: wieviel von seinem geläufigen Verstehen auf frühindustrieller Metaphorik beruht.

Leben erhält sich nur, indem die überwiegende Zahl seiner Elemente weitergegebene und nur eine Minderzahl neue, »emergente« Eigenschaften besitzen. Daher besteht jeder Tag aus mehr Gestern als Heute.

Nur das *Werden* ist einmal wirklich *gewesen*. Das Zeitliche bewegt sich mit einer unauffälligen Konsonantenverschiebung. Die Kindheit ist nicht verloren, sie ist nicht einmal vergangen. Es ist nichts weiter geschehen, als daß sich ein gewaltiges Versprechen in ein unerfüllbares wandelte. Nur das Herz, ungerührt wie Kristall, erhält die glitzerne Quelle.

Das Leben verbraucht den Kraftstoff Zeit, um damit den Stillstand zu erzeugen. Erstarrung. Braucht eine Unmenge an Gehüpftem, braucht Grapschen, Schlingen, Gedankenblitze, schnelle Beine, um schließlich diese erhaben ruhende Skulptur hervorzubringen. Man laokoonisiert, langsam, ganz allmählich geht das Geschlinge in den Zustand, in die Reglosigkeit über. Zeit raus, Raum rein. Nur noch raumfüllende Figur sein, so ihres Fleisches fleischlichstes Verlangen.

Man wird sich nicht mehr auf die Suche nach der verlorenen Zeit begeben, sondern allenfalls auf die Suche nach dem verlorenen Sinn für die verlorene Zeit.

Was tut man nicht alles, um das Einstweh zu stillen! Kein Erzählen, kein Erinnern, nicht der tiefste Roman füllt diesen Zeitenschlund. Keine Kunst, kein Wissen, keine eigenen Kinder, nichts hilft darüber hinweg. Unzählig die Taten des reifen Lebens, die es besänftigen, überdecken wollen. Am Ende ist es der alte Kummer, der urtümlich-unbewegliche Kummer, der dich in ein geschlossenes Gewölbe des Vermissens einschließt. (Es bleibt bei der klaren Verwendung des Wortes Vermissen, das sich strikt auf Gewesenes bezieht. Wer das Fehlende im Noch-Nicht ausmacht, ist eigentlich ein Roßtäuscher des Herzens und gibt den Kummer für Verheißung aus.)

Sartre sagt: »Ich bleibe bei der Ansicht, daß das Leben eines Menschen sich schließlich als Scheitern herausstellt; das, was er beabsichtigt hat, erreicht er nicht. Er schafft es nicht einmal, das zu denken, was er denken will, oder das zu fühlen, was er fühlen will ...«

Das ist die Tonart, mit der man der Tatsache eines angeborenen Zukurzgekommenseins Rechnung trägt; in einer zu engen Haut zu stecken, die man das Leben nennt, das Hier und das Ich.

Und so wird das Maß aller Dinge das Vermissen bleiben, das Fehlende, und allein die Schrift, das Medium der Hinterlassenschaft, der Abwesenheit und der Entfernung, kann es getreulich und täglich feiner zu bestimmen suchen.

So viel, das berührte, das hängen blieb, mich hartnäckig verfolgt, aber niemals könnte ich darüber etwas schreiben. *Über* etwas ohnehin nicht. Nur was durch den Traum und die Vermissensschmelze ging, ist Stoff von meinem Stoff geworden und läßt sich wiedergeben.

Im Grunde macht es mir wenig, wie schnell sich alles verändert. Es interessiert mich allenfalls, mehr nicht. Erleben werde ich immer nur, was ich vermisse. Ich liebe im Vermissen, ich besitze im Vermissen, und ich spreche in einer Sprache des Vermissens.

Aus dem Kummer, aus dem aufrichtigsten Gefühl des Menschen, wird nie ein Manifest hervorgehen, kein Vorschlag für die Welt, sie in dieser oder jener Gestalt zu sehen, keine Lehre, keine Prophetie; er ist die entschiedene Trennung von allem, was sich verallgemeinern läßt, und eine zuverlässige Abwehr jeglicher Gefolgschaft. Er macht beinahe alle Sinne schwer und ungeschickt: das Sehen, die Zunge, vom Geschlecht nicht zu reden. Nur das Gehör – sein ganz und gar artgemäßes Organ! – zeigt eine grenzenlose Regsamkeit, ihn durch giftige Außenreize, Lärm und falsche Fröhlichkeit, ständig zu erneuern. Das schutzlos weltoffene Ohr, der unabrufbare Spion draußen auf weitem Feld, dem man den Rücken kehrte.

Der Kummer läßt die sinnliche Lust bis in die Erinnerung an eine früher je empfundene ersterben. Er zeiht den liebenden Körper der Scharlatanerie. Der Kummer ist eine Kugel, die mit der Weltkugel zusammenstößt, ohne daß Funken sprühten oder Sporen von einem ins andere verschlossene Rund wanderten.

Seltsam stagnatives, lasches Erörtern der Lage bei erhöhtem Mitteilungsdrang. Die noch so klugen Worte enthalten nichts, um uns umzustimmen. Die Sprecher bemerken nicht mehr, daß ihre Worte nicht haften, sondern sich in einer leeren Ausgesprochenheit lose drehen. Ohne gewaltige Tendenz, ohne Passion und großes Verlangen ist kein Gedanke mehr glaubwürdig, entsprechen Worte den Kräften nicht mehr, die uns herausfordern. Der Geist ist Knecht, Leidensorgan, oder er ist ein Fatzke.

Jede Epoche hat ihre Ausgesprochenheit, ihr erschöpfendes und erschöpftes Sich-selbst-Benennen. Dieser herrschsüchtigen Ausgesprochenheit, die die Gesamtheit der Begriffe kontrolliert, das ›andere Wort‹ einzuschleusen, ist der geheime Auftrag des Dichters.

Modern ist immer. Nach Curtius heißt Modernität: So-ebenheit.

Schöne, bittere, ergreifende Erinnerungsbücher kennt die aktuelle Literatur, doch sicher ist keines darunter, das aus dem Epochenabschied seine Bedeutung gewinnt, wie es Stifter, Fontane, Proust, Tschechow oder Joseph Roth gelang. Unsere Gegenwart, die soviel Abschied vom Menschen nimmt, tut dies ohne Schmerz und Traurigkeit. Nicht zuletzt weil sie fortwährend Stimmungen und Empfindungsmoden recycelt, die den spürbaren Zeitenbruch zugunsten einer stets erneuerbaren Gegenwart verschleiern und überdecken können.

Aber die Illusion, die Illusion! jene gänzlich unergründliche, fast kreatürliche Illusion, die die Erinnerung uns bereitet, wenn sie uns das Gewesene in kostbare Unschuld taucht. Dies Täuschung produzierende Enzym, Botenstoff, den jeder gesunde Geist benötigt, damit ihm niemals irgendein Ereignis aus vergangenen Tagen als das erscheint, was es wirklich war, sondern stets als Teil einer kleinen sagenhaften Frühzeit, ein eigenes bescheidenes illo tempore. Jede sehnsüchtige Erinnerung beginnt mit einem ›Ich war einmal‹ …, nämlich in einem reicheren Stande der Hoffnung und der Zukunft, ja, all dies lag noch vor mir! Und wie naiv war ich damals trotz, inmitten des höchsten Bewußtseins, wie unbewußt jedoch, verglichen mit dem, der sich jetzt daran erinnert. Ja, wir werden in der Erinnerung uns einer Unschuld bewußt, die wir nie besaßen. Wir wollen durchaus nicht zurück, nichts Einmaliges wiederholen, wir wollen in Wahrheit nur dies Bewußtsein der Unschuld spüren, künstlich erzeugen, auskosten und uns daran erfrischen!

Nein, unser Leben wird nirgends von Kreiszeit berührt. Man kann es drehen und anschauen wie man will; man kann dagegen andenken, mit Ideen spielen, gewaltige Troste konstruieren, Ausgleichsverfahren des Glaubens oder der Abstraktion – aber Lebenszeit bleibt doch Abschiedszeit. Vergeht dem Pfeile nach. Und alle Wiederkehren sind Gesichte und Gespinste, die aus der Erschöpfung, der Enttäuschung, der Unfaßlichkeit des einen todbringenden Langlaufs hervorgehen.

Man kann auch sagen: das Leben verläuft sich, verliert sich, oder es glüht aus, wie manche es vom Universum annehmen. Nichts unter der Sonne kreist und kehrt in seinen Anfang zurück. Die Zeit wird alles besiegen, zum Schluß sich selbst. Ihr Pfeil durchstößt Kreislauf und Wiederkehr. Alles Runde tröstet, die eine Spitze tötet. Der Kreis wurde nur zu unserem Trost erfunden.

Zukunftsvisionen sind inzwischen nicht viel mehr als ein Schwächezustand des überinformierten Verstands. Die unbekannte Zeit beginnt hinter den Zukunftsszenarien, die jeden Tag von Dutzenden Instituten vorgestellt und kurz darauf wieder verworfen werden.

Wenn aber die Immerwiederkehrende im Fluß seiner Gedanken ein kurzes Bad nahm: vielleicht ihr allein gelang es, jedesmal an derselben Stelle einzutauchen. Denn der Fluß der Gedanken bewegt sich nicht von der Quelle zur Mündung.

Arbeit und Feste, Orte, Gesichter, Geschichte, Tage, Reisen und Häuser, Treue und Abschiede – all dies trieb gleichgültig dahin auf dem ungeheuren Gedankenfluß, der sich nur kurz vor den Katarakten, den Ereignisfällen, beschleunigte, um dann wieder mit schillernden Reflexen ungerührt dahinzuströmen.

Verwirbelt tauchten die wunderbaren und die traurigen Dinge auf, Lebensgüter schwammen wie zerbrochene Teile eines Mobiliars, das aus hablichen Häusern gespült wurde, erschienen taumelnd an der Oberfläche, phosphoreszierten wie Häupter ertrunkener Flußgötter, dann wurden sie wieder untergespült, in die Strömung gezogen und weiter im sinnierenden Strudel zerteilt. Es war dieser breite, lehmfarbene Fluß, in dessen Schnellen immer mehr Unrat tanzte. Unvermeidlich würde bald auch das Liebste und Geheimste, das er besaß, gleich mit dem übrigen Bruch an die glitzernde Oberfläche aufgetrieben, bis ihn irgendwann der Gedankenfluß endgültig von jeglicher realen Vergänglichkeit abgeschnitten hätte.

Das Schlimme, das vielleicht sogar Unmenschliche war, daß dieser Strom einfach alles verschlang und daß er ihm niemals auch nur für eine Sekunde entsteigen konnte, daß ihm sogar Geburt und Verlust eines Gedankens, *sein* Abenteuer, *sein* Kummer näher waren, ihn tiefer bewegten als irgendein Ereignis im wirklichen Leben. Es hatte ihm alles nur zur Gedankenvermehrung gedient.

Zuerst hatte er nichts mehr berühren wollen, dann nichts mehr benennen können. Er war vor den Dingen zu den Wörtern geflohen, dann von den Benennungen zu den Beziehungen, die die Wörter untereinander herstellen. Was ihm begreiflich war, hatten die Wörter unter sich zusammengefügt und ihm zu verstehen gegeben. Menschen, Handlungen und Gegenstände verloren ihre festen Umrisse, er sah nur noch Flekken und Hupfer, und statt einer Gestalt oder eines Charakters, in zeitliche oder biographische Kontinuität gefaßt, bemerkte er ein Bewegungsmuster von ziellosen, sprunghaften Veränderungen sowohl seiner Umgebung wie seiner inneren Konzepte. Jede Fähigkeit, eine stetige Abfolge zu begreifen, war ihm zerstört. Aber war es eine Zerstörung? War es nicht vielmehr das Vordrängen eines anderen, unterdrückten Sinnesvermögens, das keine Erklärungen, Zusammenfassungen, Schlüsse erlaubte und das ihn zu einer Station für ein unausgesetztes Gewärtigen umrüstete?

Er selbst hielt sich an das Wort ›gewärtigen‹, das dem Gebrauch nach soviel wie ›gefaßt sein auf‹ bedeutet, jedenfalls etwas zwischen ›erwarten‹ und ›vergegenwärtigen‹, eine besondere Form der Präsenz, eigentlich die Aura vor dem Ereignis, die oft nur ein Mensch mit spezieller Witterung und krankhafter Schwäche wahrzunehmen gezwungen wird.

Man erinnert sich bei dieser Gelegenheit vielleicht der Passage im »Idioten« von Dostojewski, in der es heißt: »›In diesem Moment‹, sagte er (der Fürst) einmal in Moskau zu Rogoschin, während ihrer dortigen Zusammenkünfte, ›in diesem Moment wurden mir auf irgendeine Weise die merkwürdigen Worte verständlich, daß *es keine Zeit mehr geben wird*. Es ist wohl dieselbe Sekunde‹, fügte er lächelnd hinzu, ›im Laufe welcher das Wasser aus dem umgestürzten Kruge des Epileptikers Mahomet nicht Zeit herauszufließen hatte, Mahomet aber mit dem Besichtigen aller Wohnstätten Allahs fertig wurde.‹«

Eine Sekunde ist für den Experimentalphysiker ein veralteter Begriff aus dem Zeitalter der Langsamkeit. Mit Hilfe von Ultrakurzzeitspektroskopen kann er die Bewegungen der Atome auf einem Tausendstel Millimeter blitzartig beleuchten. Durch extrem kurze Lichtimpulse ist es daher möglich, den Ablauf von chemischen Reaktionen zu steuern.

Auch ein Hauch, eine Winzigkeit von Vorwegnahme bei einer Fußballweltmeisterschaft: die minimale Verzögerung, ein unfaßliches Nachlassen im Anlauf des Spielers, der dann seinen Elfmeter verschießt, der Torwart hält. Ein Aufgeben, wie von einer ultrakurzen Vorwegnahme der Niederlage angerührt, welche diese dann herbeiführt.

In den Fügungen höchster Anspannung gibt es eine schier unmeßbare Binnenzeit, in der Zukunft und Gegenwart ununterscheidbar sind. Auch die Wahrnehmung des Zuschauers greift dann um Elementarzeitpunkte dem Ergebnis voraus.

Was könnte – als narratives Hauptverfahren – an die Stelle der Zeitverfügung treten, da nun das Epos des Vormittags sowie die Universalgeschichte des 16. Juni 1904 eine weitere hochauflösende Dimension unergiebig erscheinen lassen und sich die Zeit inzwischen im Zuge der Informationstechnik darauf spezialisiert hat, uns die ganze Erde und einiges vom Orbit dazu in den einen Augenblick zu packen und sämtliche Räume zu simultanisieren?

Befindet sich irgend etwas im Gegensatz zur Zeit? – oder kann ihr, wenigstens in Gedanken, entkommen oder findet außerhalb ihrer eine letzte Zufluchtstätte? Ich komme zurück auf meine Lieblinge, die Flecken und Sprünge, blobs and hops, die Hupfer und Tupfer, die Vorsprünge und Einhalte, kurz: die gesamte Unregelmäßigkeit einer bewegten Stetigkeit oder Ständigkeit, steady state, eine Lebensform der offenen Systeme. Eine Zeit jenseits von Entropie und abseits der Ewigkeit, dem Fließgleichgewicht der Erde, der Körperzelle und der Seele vergleichbar.

Jede Stunde besitzt derart eine Lücke, durch die – bei unglücklichem Verlauf – die ganze Zeit abstürzen könnte. Das Gewärtigen begleitet eine konstante Bereitschaft für das Entsetzen; es ist etwas, das man das selbständige, der Angst entwendete Haarsträuben nennen könnte, ein andauernd elektrisierter Schopf; etwas, das angstlos empfunden wird, da es stetig im Anzug ist, das Bevorstehende kurz vor Beendigung seiner Ungewißheit, das sich in fruchtbarer Fülle bis auf den Scheitel hinabwölbt und mit unbekannter Geschwindigkeit seinen Vorrat an Aufschub verzehrt.

Selbstverständlich gibt es keine *bloße* Gegenwart, und selbst der reinste oder mystische Augenblick bricht aus der Tiefe der Vergangenheit hervor, der geschichtlichen Erfahrungswelt, aber eben als versprengter Klumpen, nicht als logische Kette, und sein Verglühen im Jetzt ist sein Einleuchten.

Es ist daher wichtig, auf das Versprengte in jeder Sache oder Handlung zu achten, auch wenn sie scheinbar noch so kausal, zusammenhängend, schlüssig sich darbietet. Ein wesentlicher Trug unserer Erfahrungs- und Sinneswelt besteht darin, daß sie eine kreatürliche Tendenz besitzt, stets mehr Ordnung, auf Anhieb größere Schlüssigkeit und Kontinuität herzustellen, als tatsächlich vorhanden ist. Eine Prägnanztendenz hat man diesen ausgeprägten Ordnungssinn oder Ordnungswahn unserer Kognition genannt. Das Bewußtsein will sich etwas merkbar machen und überzieht ein gestaltloses oder ein gestaltoffenes Ding mit schnellen, festen Umrissen. Das Gewärtigen hingegen, das allein dem Vergessen zuliefert, beläßt es bei dem Gespür für das vorereignishafte diffuse Geschehen, für die unfertige Gestalt. Für Nebel und Wolken in allen Erscheinungen, den festen wie den flüchtigen.

Das Ausglühen ... jenseits von Untergang und Wiederholung ... wenn das Gegebene nur noch seine Verlängerungen zieht, wenn die Neuerungen kraftlos und immer wie erwartet auftreten, wenn die Ent-Eschatologisierung der Zeit das Denken streckt und wenn dies Denken selbst nur mehr seine Verlängerungen zieht und allmählich ... bis irgendwann ... senza finale ... beginnt ... dies Ausglühen.

Es ist meine fixe Idee, anzunehmen, daß man allgemein keinen Ausklang mehr vernehmen kann ... weder Krach noch Wimmern. Daß man gegen das Enden fühllos geworden ist, Enden aufgegeben, ein Pathos-Sediment aus vergangenen Epochen, und nur deshalb hört nichts auf (ohne daß das heilig Unaufhörliche beteiligt wäre), weil wir ins Aufhören uns nicht mehr einfühlen können, und damit hat die Welt ihre innerste Weltlichkeit erreicht.

Seltsam, da wird nun ein Zeitalter gewechselt – aber wo bleiben eigentlich die großen Abschiedsstimmungen, die Melancholien der Epik, die den Untergang des Alten schmerzlich und doch erst erträglich gestalten, die süßen und bitteren Schauder vor einem endgültigen Nicht-Mehr?

Nun, was uns verloren geht, ist ja nicht der Gutshof, das aufgegebene Land, die Heimat, der gesellschaftliche Rang, die gute alte Zeit – wir selbst sind Kinder der Zerstörung, und in Zerstörung aufgewachsen, wurde sie zu unserem Erbe, das wir weitertrugen. Denn wo wäre sie wohl zu finden, die uns gehörige gute alte Zeit? Wo ist früher? Früher befand ich mich lediglich an einem anderen Ort der allgemeinen Auflösung. Vielleicht vermag der Untergang einer Aufklärung niemals zu rühren. Es muß wohl stets etwas Traditionsgebundenes sein, das dahingeht, es muß die Unschuld von etwas Rückständigem aufleuchten, um uns in eine Abschiedsstimmung zu versetzen. Und dies geschieht nicht, wenn sich wie gegenwärtig ein fortschrittliches Bewußtsein in eine fortschrittliche Naivität wandelt. Langerhaltene Sitten und Lebensformen müssen zerbrechen. Doch ging es etwa in unserer Jugend grundsätzlich anders zu als heute? Wir könnten aufrichtig niemals über eine gute Sitte klagen, die seitdem verlorenging. Wir können das uns Vergangene überhaupt nicht mit Sicherheit betrauern. Nicht aus Unfähigkeit, sondern aus Grundlosigkeit. Nein, das ist kein ›Stechlin‹, kein ›Radetzkymarsch‹-Zeitraum, den wir jetzt verlassen, wenn die Stahlkocher-Ära in die digitale Ära wechselt. Keine Wehmut wird diesen Schwellenschritt begleiten. Es scheint sogar, daß jenes Organ für früher und damals, welches gewöhnlich die Biographie eines Menschen ordnen hilft, bei uns ein seltsam zurückgebildetes, fast schon verkümmertes ist. Und doch weiß ich es nur zu genau, und niemand als der Leser könnte es besser bezeugen: Ohne dieses Organ, ohne die Erfahrung von alter Welt und ihrem Untergang wäre nie ein großer Roman geschrieben worden. Ohne Enden, als Roman, wäre der Mensch um einen lebensnötigen Trost gebracht. Alle großen

Erhebungen des Herzens ereignen sich im geschauten Vergehen. Und nimmt man uns den Sinn fürs Vergehen, so versetzt man uns in eine immergrelle Komödie ohne Zeit und Raum.

Unvorstellbar das Zeitalter, das je auf das informationsstechnische folgte? Unvorstellbar vielleicht. Doch es zeugt von unverantwortlichem Kleinmut, nicht davon überzeugt zu sein.

Technik scheint seine Endlichkeit selbst zu ermessen, sonst würde sie nicht derart überstürzt das Reservoir des Möglichen plündern und erschöpfen. Die kopernikanische Wende, als die man die endgültige Entschlüsselung des Humangenoms begrüßt, stößt auf kein Weltbild mehr, das sie umstürzen könnte. Für diese gewichtige Neuerung ist die menschliche Zivilisation bereit wie für die zahllosen anderen Neuerungen, die ihr inzwischen nicht mehr zugemutet werden, sondern die sie beständig erwartet und in sich vorformt.

Die grenzüberschreitenden Experimente der Gentechnologie wurden nur solange für verwerflich gehalten, bis ihnen der entscheidende Vorstoß ins Machbare gelang. Ist die Chimäre einmal an den Tag gebracht, fürchtet man sie nicht mehr. Die Schwelle der Scheu gegenüber dem Klonen von Menschen ist deutlich gesunken. Ein sogenannter Wissenschaftler erklärte vor kurzem: Der Mensch habe nun Gottes Status erreicht, und folglich sei es nun seine moralische Pflicht, sich wie Gott zu verhalten.

»Man kann diese Entwicklung nicht aufhalten. Man kann sie auch nicht einfach ignorieren.«
  Gewiß nicht. Aber man besitzt immerhin noch die Frei-

heit zu wählen, welche Art des Ergriffenseins von diesen Dingen man bevorzugt. Ist man entsetzt, bestürzt, verwirrt? Oder lieber höchst interessiert, verständnisgierig, im Geist täglich aufs neue bereit zu reagieren? Will man mehr von diesem einen Prinzip, oder spürt man das Verlangen nach einem gegensätzlichen, und sei's nur zum Ausgleich? Nur eines will man nie wieder: den Schrei nach *Sinn* vernehmen.

Das meiste, das über Jahrzehnte als Gesellschaftskritik ausgeführt wurde, ist inzwischen Ramsch. Das war Junges Deutschland zwei. So wie schon das erste die Bindung an die Romantik nicht zerstören konnte, sondern sich auflöste in Journalismus, so wird nun auch das zweite sich verflüchtigen im Äther der Twitter-Epigonen der Kritik. Bei Betrachtung von überwundenen Epistemen wirkt allein die Oberflächenberührung stimulierend: so wie die Schwalbe den See streift, trinkt, ohne sich niederzulassen. Wenn wir nun vornehmlich mit Oberflächen arbeiten, dann sollten wir sie stets nur leicht berühren, um wieder aufzusteigen. Oder, um der Katachrese die Ehre zu geben: Der Mouseklick berührt die Welt mit der Tatze des Schmetterlings und löst damit im Jenseits einen Wüstensturm aus.

Einst werden die Menschen so zeit-empfindlich sein, daß sie das geringe Zittern um den festen Zeit-Punkt als bewegte Historie erfahren.

Die Stunde des Aufgehaltenen kann sich endlos hinziehen. Gäbe es Zeit-Moleküle, so schwirrten sie in dieser Phase chaotisch durcheinander, und keine Richtung wäre mehr zu bestimmen.

Ich verweile, ich halte mich auf, ich zögere. Alle Bedingungen der reinen Tatenlosigkeit scheinen erfüllt. Die Beschäftigten werden nun zur fremden Rasse, die man wie ein Ethnologe untersucht.

Von einem Autor heißt es, er habe »Notizen zum Zerfall der Zeit« verfaßt. Das wäre was! Ach, gäbe es doch eine Halbwertzeit der Zeit und ihre Strahlung ermattete eines Tages wie die von radioaktiver Materie! Und daß sie einmal endlich zu unschädlichem Stoff zerfiele!

Der Minotaurus ging hervor aus der Lüsternheit der Intelligenz (Pasiphäa), sich mit der unbeherrschten Gewalt (dem nicht geopferten Stier) zu paaren. Daraus entstand das Monster der Monster. Der Techniker Dädalos baute das Netzwerk (oder Labyrinth), er ist des universellen Irrgangs Architekt. Das Gebilde bleibt unzerstört und überdauert Mythos und Geschichte; es wird auch dann noch sein, wenn ein neuer Theseus erscheint, der den *Geist* des Monsters besiegt.

Aber es gab doch den Untergang der heidnischen Antike, es gab ihn doch! Der große Gott Pan ist tot – so schallte es von den Inseln der Ägäis.

Den Ruf aber unterlegten erst die Nachfolgenden den schweigenden Zeugen des Endes. Die Zeitenwende wendete die Lebenden nicht – denn ihr Bewußtsein, magisch gehindert wie das unsere, Gegenwart zu verstehen, jonglierte seit langem mit Vorzeichen und Wendesignalen. Und darüber bemerkten sie den Eintritt der Wende nicht.

Wenn die Epochen nicht mehr sterben und einander nicht mehr ablösen können, weil die eine große und unverdrängbare Kultur den ganzen Erdkreis umgibt, dann wird die Zeit für die Menschen wieder langsamer und tiefer werden. Sie werden in ihrer kurzen Lebensspanne nicht mehr so viele Veränderungen hinnehmen müssen und auch weniger Verluste empfinden. Es wird sich im Gegenteil eine Stasis-Erfahrung ausbreiten, ein Gefühl der Ständigkeit, im Einklang mit einer hypertechnischen Sphäre, welche im wesentlichen nur die Aufrechterhaltung ihrer selbst produziert. Sie wird (und mit ihr der Globus selbst) die Gestalt des Gehirns annehmen und eine kortexartige Autonomie besitzen. Das letzte Ziel aller Technik ist Stasis: das vollkommen mit dem Menschen ausgeglichene Werk des Menschen.

Ständigkeit als Gabe des Ewigen an die Zeit. Ständigkeit dereinst, wenn das prometheische Schicksal zum Schaltkreis sich rundet, wenn höchste, letzte Technik den Feuerkranz schließt.

Der Techniker wird der Meister der Ruhe sein.

In jenem Äon, der einmal im Vicoschen Sinne ein poetischer oder besser: lyrischer sein wird, spricht man die Sprache der aufgelösten Zusammenhänge und spricht man nur auf Entsprechungen an. Man ruft, blind, alt, als Typ fast ausgestorben, aus dem Fenster einen zarten Ton hinaus in eine Welt ohne Zeitgrenzen, und es antworten Töne, die einst waren oder sein werden, die aber dem deinen entsprechen, die ihn hüten und bestärken.

Ein blankes und leeres Gesicht, auf dem das Lächeln eines sehr alten Weisen sich niederläßt.

Täglich wird man sich verlieren an eine uralte Begebenheit, einen Menschen ferner Tage. Und wird gesunden an einem längst vergangenen anderen. So als wäre man *heut erst* ein Auffanglager für die namenlosen Fremdlinge zu *ihrer* Zeit.

Aus einem dichten und märchenhaften Reflexionsgespinst, aus dem unbeendbaren Erwägen einer Geschichte (die unvermeidlich zu einer eigenen Erwägensgeschichte heranwächst) sollten ab und an einzelne, völlig voneinander isolierte Figuren und Begebenheiten in ihrer ganzen Sonderbarkeit hervortreten, einmal auftauchen und dann für immer verschwinden. Zweifellos wird mit der Zeit etwas Beruhigendes davon ausgehen, daß diese Personen in ihrem Erdenwandel offensichtlich den Großteil an Handlungsnot, Handlungsbedarf bereits hinter sich haben, daß ihnen nun nichts anderes mehr als Stetigkeit und ein Verharren in Geduld zugemessen ist, das sich womöglich auch auf uns, die Leser, wohltuend übertragen wird.

Mehrmals, so erinnere ich mich, habe ich mich mit der fixen Idee von der zerdehnten Zeit herumgeschlagen. Ich stellte mir vor, daß das forschende und zuletzt das sich selbst erforschende Denken eines Tages, zufällig, gleichsam aus Versehen, auf eine Formel stoßen wird, die es in tiefe Trance versetzt. Eine magische Formel, nach der jenes Denken zuvor niemals suchte, die ihm vielmehr aus den eisigen Höhen der Theorien und Abstraktionen, also aus sich selbst heraus, entgegentritt und es wie durch Zauberwirkung außer Kraft setzt.

In diesem jäh nun nächtlichen Bewußtsein würde wie in einem inneren Weltall nur »jede Stunde« (was immer das dann sein mochte) der Asteroid eines dichten Bilds vorbeisinken.

Denn die Menschen – oder was davon eine empfängliche Vorhut bildet – werden dann von ihren Höchstgeschwindigkeiten übergangslos in eine ungeheure Dehnung von Zeit hinüberwechseln. Sie werden gleichsam in einer visuellen Eklipse leben. Nur einen isolierten Brocken Sichtbares gibt es für die Sehdurstigen, in langen Intervallen fallen dichte Embleme vorbei. Ein in mehreren zeitlichen Schichten gefaltetes Bild. Jeweils ein herrliches Teil schwebt durch die Finsternis wie ein unendlich langsamer Meteor. Der unwiederbringlich aufscheint und verschwindet. Wichtiges, unbedingt Wissenswertes zieht vorbei in seiner bild-körperlichen Gestalt, vollkommen isoliert, ohne Verbindung zur nächsten Hieroglyphe, ganz langsam und bläulich schimmernd in der kalten und hochauflösenden Sphäre eines Kopfs, die nicht Erinnerung, nicht Bewußtsein, nicht Gemüt, nicht Konzept und nicht Kognition mehr heißen kann.

Niemand wird dann mehr herausfinden, ob es sich um einen tatsächlichen Schaden in der Sichtbarkeit der Welt handelt oder um einen Ausfall des eigenen alten Gesichtsfelds.

Nichts hält die Tage auf, doch kann man sie zu Kristallen umbauen und so vorm spurlosen Schmelzen bewahren. Von ihnen zu erzählen, statt sie zu zählen, verklärt ihr Vergehen und läßt sie darin wie neu erstrahlen. Wenn auch keiner davon so unvergänglich wird wie Mörikes Vers: »Doch immer behalten die Quellen das Wort, / Es singen die Wasser im Schlafe noch fort / Vom Tage, / Vom heute gewesenen Tage.«

Was ist nicht alles in uns: übriggeblieben? Nie gezählt und nie geordnet, nie verwendet und nie verstanden und doch da, immer mit von der Partie. Streu, Schicksalskies, nie angemischt mit Leben, immer in der Reserve, ohne jemals den bindenden Baustoff zu geben. Erst beim Entladen bemerkt man die lange Schüttung, wenn der Kies von der Kippfläche des Lastwagens rutscht.

Was gibt's Neues? Ha! Das allermeiste! Das Übersehene! Nämlich all das, was du auf deinem schnellen Weg voran nicht wahrgenommen hast. Jetzt, auf dem Rückweg, da du die Schritte verhaltener lenkst, erhebt es sein listiges Haupt und verbreitet den Glanz des Neuen.

»Was für die Sachaufgaben des Zeitalters nicht tauglich war, wurde grausam ausgefällt, beiseite geschoben und überspielt. Vieles Unzeitgemäße war so deplaziert, daß es ausstarb. Anderes, das sich verwinkelte, hatte keine guten Tage.«

Schöne Epochen-Beschreibung von Hans Freyer in seiner »Theorie des gegenwärtigen Zeitalters«. Dies also: das Überspielte, Untaugliche, Unzeitgemäße, Verwinkelte ist des *explorers* Domäne. Geht doch der Kundschafter am besten in Gegenrichtung voran.

So wie es Forschung über Unordnung und Chaos gibt, sollte man eine Wissenschaft des Versehens und des universellen Danebengehens begründen. Die geheimnisvollen *Verwicklungen* innerhalb der Dingwelt erforschen, die sich keineswegs einer ›Psychopathologie des Alltagslebens‹ zuschreiben lassen, sondern nachweislich den unablässigen Interventionen einer Anti-Welt. Dem Mitleben des Gegenteils an jedem Teil. Wir alle begegnen einem solchen zweiten, widrigen Universum der Desutilität, der Desintegration, der Dysfunktionalität, der Desinformation, einem Universum der unbrauchbaren Dinge, der Umstandskrämerei, des Verhakens, Verdrillens, Zersplitterns, Fallenlassens, der beschädigten und mißgestalten Dinge, ein Universum der anderen Art eben ... Mannequins mit einem steifen Bein. Nicht geeignet für den offenen Laufsteg, die Schönsten aus der Versandhauswerbung für Schlafanzüge, Duschkabinen, man sieht die Formen ungefähr und nichts vom steifen Bein. Sie sehen sehr gut aus und hinken leicht. Design der schiefen Welt, sie gehen stolz und laut auf Absätzen aus zementgefüllten Milchdosen ...

Für Burckhardt ruhte die Kultur der Renaissance auf den Schultern einer Hundert-Männer-Schar. Hundert Verwandelte genügten auch heute, um mit der Übereinkunft zu brechen, es folge auf das Informationszeitalter kein anderes mehr, in dem mit der Wiedergeburt des Menschen zu rechnen sei.

Es fehlt eine historische Anthologie der Wiederherstellungen und Restitutionen. Sie wäre unter anderm nützlich, um den Gedanken von der ewigen Wiederkunft des Gleichen einmal nicht mit den Argumenten der Evolution und Thermodynamik zu konfrontieren, sondern mit dem unwahrscheinlichen, doch tatsächlich möglichen Wiederkehren in der Zeit. Das altiranische Herrschergeschlecht der Achämeniden beschützte den Glauben der Parsen, bis Alexander deren Reich zerschlug. Doch fand eine große Renaissance der Zoroaster-Religion unter den Sassaniden um 224 nach Christus statt.

Die Trauer über die unabwendbaren Zerstörungen, die uns bis zum Lebensende begleiten werden, ist ja nicht bloß eine kulturelle Verstimmung; es ist vielmehr eine besondere Erfahrung des Ungemäßen zwischen Lebens- und Weltzeit. Anstelle einer verfeinert-finalseligen Epoche, einer Spätzeit, mit der man schön hätte harmonieren und selbst spät werden können, werden es von nun an die unverhofften Fermaten des Schocks, das Jähe, der Sprengstoff sein, die den Alltag durchlöchern und die Zeit an ihrem periodischen Verlauf hindern.

Data-Glove und Runenholz: die künstliche Hand, ausgestattet mit den empfindlichsten Sensoren, die lesende Haut berührt die düsteren Zeichen der Vorzeit. Es lassen sich in ein nachgiebiges Jetzt vielerlei Altertümer berufen, und sie kontemporieren willfährig mit uns, die wir längst keine Archäologen mehr sind, sondern Veranstalter, Inszenatoren von Gleichzeitigkeit.

Den Durchbruch hinter eine unbegrenzt sich ausbreitende Kontemporalität ermöglicht allein das Opfer ihres Bewußtseins. Letztlich ist es das orthodoxe Bekenntnis des Gläubigen, welches den Zauber der weltlichen Gleichzeitigkeit bannt und diese Parodie zurückwendet auf ihr machtvolles Vorbild, jenen Grundsatz, der gleichlautend ist für die Kirche wie für die Naturgesetze: quod ubique, quod ab omnibus, quod semper – was überall, was für alle, was immer gilt. Wer es vermag, in diese »Zeit« einzutreten, der begeht heute die Überschreitung, die vor hundert Jahren der Geist zur Entfesselung hin tat.

Wenige Schallpartikel genügen, um eine perfekte Klangwiederherstellung eines verschollenen Tondokuments zu ermöglichen. Eine Spur Schweiß aus dem Schweißtuch der Veronika – und der Heiland kehrt wieder? Napoleon aus einem Schnupftuch mit Spermaresten wiederhergestellt? Die wahre Apokalypse: Auferstehungstechnologie. Alle Helden kehren zurück – abwärts in unsere Tage! Wo aber gar kein Zeit-, Geschichts-, Handlungsspielraum für diese Rückkehrer bereit steht und wo sie gefangen sitzen in einem gläsernen Käfig zum Anschauen: der *wirkliche* Napoleon. Die Menschen verlieren jedes Interesse an ihren Mitmenschen. Sie wollen nur noch mit Außerkontemporären zu Mittag essen.

Über die Zeit läßt sich alles sagen. Freigegeben für tausenderlei müßige Gedankenspiele, schärfsten Berechnungen unterworfen, ist sie doch niemals zu einer anbetungswürdigen Größe geworden. Wir können mit ihr umgehen, und doch besiegt sie uns. Wir schalten und walten mit ihr, solange wir können, aber niemals empfinden wir Ehrfurcht vor ihr, weil nichts Gott entgegengesetzter sein kann als sie. Wie unverständlich sind uns einige der Innen- und Außenerfahrungen, die Menschen anderer Epochen und Kulturen mit ihr hatten und noch haben! Augustin, die chinesischen Dichter-Eremiten, Shakespeare und wer nicht sonst haben ihr so viele Rätsel, Bilder und Paradoxe gewidmet, die sie alle nicht faßbarer machten. Metapherntolerant wie sie ist kaum etwas anderes auf der Welt, so daß man schier alles mit ihr vergleichen könnte. Und sich am Ende nach einem einzigen versunkenen sumerischen Schriftzeichen sehnt, dem Zeichen zugleich für das ratlose In-der-Welt-Sein wie für eine Grenze, die die Ausbreitung beliebiger Zeit-Rhetorik mit einem Mal beendete.

*

Zarter als der Silberschleier der Halmrispen, dünner als der Rauch in der Waldlichtung ist der Durchschein der Libelle. Ihren Sprüngen aus dem Standflug gleichen im menschlichen Geist die plötzlichen Entschlüsse. Heimlich geht wohl alles Denken in Libellensprüngen, und denkend überwindet es das Jähe. Form und hardware animalisch, Programm und »Inhalt« versuchsweise human.

Die grüne Brandung der Bäume im Gutshofpark, die der Wind peitscht. Wie sie wirbeln und schäumen, die Laubwogen! ... Es wird keine bessere Zeit kommen. Sie ist immer schon da. Und kann nur ein Leben lang versäumt und unentdeckt bleiben.

XVII   Alter und Tod

Mit den Jahren gibt es nicht nur häufiger Gelegenheit, sondern sogar das Bedürfnis, dies und jenes unbegreiflich zu finden und still zu staunen. Man genießt es förmlich, frohen Herzens etwas töricht zu sein. Der Grenzgänger schüttelt ohnehin zuletzt sein Wissen ab, um vor dem allmächtigen Tod nicht im Flitterkleid dazustehen und sich lächerlich zu machen. Im härenen Gewand, mittellos und unerfahren, so scheint es geboten, ihm zu begegnen. Und gerade darin wird man wohl eine lächerliche Figur abgeben. Denn in Wahrheit war der Kandidat nur bereit, alles Wissen aufzugeben, *um noch hinter diesen einen dunklen Punkt zu kommen,* nämlich das Ende. Begleitet von niemandem als den letzten Getreuen unter seinen Worten. Es scheint ihm eine große Erleichterung, seine Unwissenheit noch erleben zu dürfen. Ohne zuvor durchs Unendliche zu müssen; ohne ein zweites Mal vom Baum der Erkenntnis naschen zu müssen. Wie der Verbrecher, den der Fluch trifft, an den Tatort zurückzukehren. Er aber bleibt tatenlos unter einem langsam sich entblätternden Begreifen. Unwissend, aber keineswegs wieder wie das Kind, das doch voller Neugier steckt. Neugier auf das endgültige Nicht-Wissen kann es nicht geben. Hier geht es um die Vollendung deiner Passivität: es wird dir nur noch genommen.

Hier bleiben und noch einmal hier. In dir ist Fortgehen genug und Klein-und-kleiner-Werden gegen den Horizont. Ewige Wiederkehr: eine botanische Eigeninitiative. Sonst nirgends zu finden. Eine Gedankenfalle. Auch der Kreislauf ist in das lange Aufhören gebettet. Ausglühen ist das Zeit-Maß des einzelnen wie des Universums.

Nach altägyptischem Glauben ist jeder Garten ein Vorgarten zum ewigen. Ein Anschlußort, eine Rezeptorstelle für das jenseitige Land. Nichts an ihm ist geschlossen, alles wird zur Schwelle. Die fleißigen kleinen Menschen sind eingeteilt in riesige Dienstleistungsblöcke, Unzählige, die nur für die Einhaltung der Bestattungsriten zuständig sind, für die Wacht und Pflege der unermeßlich langen Totensäle. Denn Dasein heißt sein Leben vom Tod her aufzäumen. Und es sind nur schmale sonnige Landzungen, die aus dem Totenreich hervorragen und von den Lebenden bewohnt werden.

Tausendundeine Nacht: damit ist eigentlich alles gesagt. Das Leben ist ein einziges Hinauszögern des Tods mit kunstvollen Mitteln. Vice versa: um die Strafe des Todes auszusetzen, muß man sich etwas einfallen lassen. Das ist die Not, die Leben heißt.

Die Unsterblichen sagen: Alles, was wir können, ist schauen. Schauen und wissen.

Aber der, der sterben wird, muß denken und sprechen, herumrennen und jeden ansprechen, der neben ihm steht.

Anders der, der keine Umschweife mehr kennt, keine Gier mehr und keine Panik, sondern nur noch Sehen und Einsehen. Kann er aber noch mit dir sprechen? Nicht mehr Panik, nur noch Mantik. Schau an, schau aus.

Die Wissenschaft vom Aufschub des Todes. Die *Ambolothana-tologie* ... Welch ein Geschiebewort! Geröll unter dem Grie-chen-Gletscher. Die Ambologera war die das Alter aufschie-bende Aphrodite.

Sauerstoff brauchen wir zum Leben, jede Körperzelle braucht ihn, und was in ihrer äußeren Hülle die Mitochon-drien davon nicht in Energie umsetzen können, das zerstört unter dem Namen »freie Radikale« die Zelle. Ein Vorgang, der den Organismus altern läßt. Einige Vögel besitzen aber Anti-oxygene, die die zerstörerische Wirkung der freien Radikalen aufhalten können. Das werden wir uns genauer anschauen müssen. Die Vögel haben wir von jeher beneidet. Sie waren uns auf dem Felde der Unerreichbarkeit immer die Begehrte-sten unter allem Getier.

Ein Nichtsterbenkönnender, ein Athanatoider, das neueste Ungetüm aus dem medizinisch technischen Komplex, ein Ge-züht des unvergänglichen Vergehens.

Im Zeichen genetischer Selbstherrlichkeit gelingt vielleicht mit der Emanzipation der Zelle der *letzte* Befreiungsschlag. So ein nanotechnisch eingeschleustes Blastem, pluripotent, könnte der Zelle zu einer Selbstverwirklichung verhelfen, die keine Rücksicht auf die Unterordnung innnerhalb des zugehö-rigen Zellverbands nimmt.

Neue Mißgestalten fordern neue Pflegeeinrichtungen: Dem einen wuchsen am Hals mehrere Münder, dem anderen klaffte ein haariger Rachen am Bauch und wieder ein anderer war von der Brust abwärts eine einzige glibbrig glänzende Le-ber und die Leber nahm zwei Drittel des Mannes ein.

Das persönliche Alter besteht aus einem biologischen und einem gefühlten, beide lassen sich manipulieren, und eine verbindliche, präzise Altersangabe ist zu keinem Zeitpunkt möglich. Aber auch ein Zeitalter irrt sich in seinem Alter. Das unsere gerät mit jeder Neuerung in einen Verjüngungsjubel und täuscht sich über seine Altersgebrechen. Alte gepuderte Lady, die längst alles künstlich ersetzen muß, was ihr an natürlichen Gaben verlorenging. Den Anteil Neuerung, den Anteil Alter im Schicksal unserer Tage unterscheidet zum Beispiel der Modus, in dem sich unter verchatteten Menschen ein Schockierter mitteilt: »Gestern, kurz nachdem ich mich eingeloggt hatte, erhielt ich den letzten Tweet von Henrike, bevor sie sich unter den Zug warf.«

Eine Leitallegorie der Greisenherrschaft findet sich in jener Variante zur Geschichte der Cumäischen Sibylle, die, als ihr zum Lohn für ihre Keuschheit der Gott Unsterblichkeit verlieh, leider vergaß, dazu auch um ewige Jugend zu bitten. Zuletzt haust sie verschrumpelt und vertrocknet in einem winzigen Gefäß, ein ledernes Püppchen, das von Tag zu Tag lederner wird. Endlos hört man sie wispern: Ich will sterben, laß mich sterben!

Wer träumt nicht davon, vom Erdboden zu verschwinden, indem er sich in Luft auflöst? Aerifiziert bei lebendigem Leib und wacher Seele, so daß er haarklein spürt, wie ihm geschieht. Wie sich die Zehenspitzen vom Boden heben und er aufsteigt zu den Lerchen. Entrückt wie Hennoch oder Ödipus, fortgenommen.

Der kleine Raum, in dem nichts als Nachlassen geschieht, das Nachlassen aller Kräfte, Wünsche, Sinne, und so, als könne man behutsam schwinden, Zentimeter für Zentimeter, Schein um Schein ablegen, immer weniger werden, Übergang ins Unscheinbare, bis unmerklich Abwesenheit überhand nimmt und man ganz verschwunden den Raum erfüllt.

Es heißt, der Tod wird vorausgeschmeckt.
Die Speisen verändern ihren Geschmack.

Sie sprach noch einmal von der *unendlich leichten Fracht,* die ihr sterbender Mann auf ihren Armen war, und meinte, daß sie ihn erst ganz zum Schluß als das fremde Wesen erkannt habe, das er ihr längst hätte sein können, wenn ihnen lebenslängliche Vertraulichkeiten nicht den Blick aufeinander verstellt hätten. Doch seien sie in den letzten Wochen seiner Krankheit noch einmal zusammengewachsen, hätten Glas um Glas miteinander geleert, obwohl er schon so dünn wie das Hafermännlein gewesen sei, und zuletzt habe er sogar auf ihrem Unterarm sitzen können – wie ein Kind! Wie ein Kind! Der Tod war ihm schon lange sehr nahe, aber noch war er bloß bis in sein Bewußtsein vorgedrungen, war der ganz Nahe in der Dunkelheit der Nacht, der vorerst nicht zustieß, ihm nicht zustoßen wollte, solange er sich noch fürchtete vor ihm. Er jaulte vor Todesangst, er kämpfte nicht, er winselte nur um Aufschub. Vielleicht hatte er deshalb keine Chance, er winselte und war nicht bereit, mit diesem Nahen zu ringen, sein Wille bot ihm keinen Widerstand. Die kleinen Äuglein kauerten sterbenselend, sphäreneinsam, zu keiner menschlichen Miene mehr gehörig, in ihren Höhlen – und eines Nachts, schwapp! schon hatte der Nahe ihn ...

Man muß an seinem Vergehen mit Methode arbeiten, wie man sich ja auch beim Werden ins Zeug legen mußte.

Vergehen. Kennt man ein Homonym, das einen größeren Widersinn in sich schlösse? Vergehen – als ein Akt, eine Untat. Und Vergehen – das, was niemals Vergangenheit wird, das unbegrenzte Zeitvergehen. Aber es gibt auch das Vergehen, welches die Zeit im Vergehen verübt. Wenn nämlich das harte, mörderische Nimmermehr uns Gewalt antut.

Sie ist nun eine alte Frau. »Es tut mir leid«, sagt sie, »wenn das Ei zu weich gekocht ist.« »Es tut mir leid«, sagt sie, »wenn der Tisch nicht ganz sauber abgewischt ist.« Die Mutter geht ihre kleinen, immer schwerer werdenden Schritte.

Ich spüre, wie ihre Schritte, die immer die gleiche Spur ziehen, sich täglich tiefer eingraben in mein Gehör. Wie die immer gleichen Verläufe des Alltags kämpfen gegen das Sinkende, Sich-Neigende ihrer Tage. Der Alltag, kleinste Provinz des Immerdar. Diese Läufe sind Meditationen, und sie zeichnen eine zum Himmel gerichtete Figur auf den Grund. Sehr langsam geht sie die Hieroglyphe des Alltags, die vom All und dem Ganzen ihrer Tage erzählt.

Ich sehe auf einem Foto die arglose Anmut einer jungen Frau, die auftaucht aus einer bescheidenen Zollbeamten-Welt, einen Mann bezaubert und ein Kind gebiert, und blicke vom Foto auf in ihr Gesicht, in das eingefallene Gesicht einer Greisin, die ihre Arzneidragées zusammensucht. Ich prüfe nochmals: der frische Augenglitzer auf dem Foto, der offenbar dazu beitrug, daß ich geboren wurde, und das trübe Auge jetzt, das mühsam die ärmlichsten Verrichtungen überwacht. Ich verstehe es nicht. Es schaudert mich vor der Nacktheit der Verformung. Wenn das das Gewöhnliche ist, dann heißt es so, weil niemandem die Zeit bleibt, sich daran zu gewöhnen.

Eine überalterte Gesellschaft mag sich eine Menge künstliches Jugendlichkeitsserum zuführen. Doch niemand wird jung ohne junge Zeit.

Ein hohes Ansehen genoß das Alter in Gesellschaften, in denen man früh starb. Wer überlebte, alt wurde, galt als der Bessere. Die demographische Entwicklung in unseren Breiten löst die Aristokratie des Alters für immer auf. Die schrecklichste aller Mehrheiten, die Massengesellschaft der Greise, die ohne Nutzen für irgend jemanden und, sofern es sich demnächst um meine Generation handelt, auch ohne nennenswerte Lebenserfahrung ihren endlosen Abendfrieden genießen, zehrt vom Blut der Kinder – viele bilden schon als Dreijährige den Gesichtsausdruck der künftigen Mehrheit aus: uralt.

Wer zu den Alten, wie man sie früher meinte, den Alten des klassischen Altertums aufschließt, den wird sein persönliches Altern nicht verlegen machen.

Die Emanzipierten aller Schattierungen haben die Greisengesellschaft hervorgebracht.

Die Anhänger kulturell überlebensfähiger Altertümer ermöglichen eine zyklisch sich verjüngende Gesellschaft infolge geistigen Wachstums. Die Emanzipierten pflegen den sozialen Fortschritt, verbunden mit Zyklen des materiellen Wachstums. Sie befördern eine Gesellschaft des Absterbens.

Die Greise, wo ihnen schon viel zu viel Freiheit gewährt wird, müssen einer Massenumerziehung zur Altersklugheit zugeführt werden. Prüflektüre Montaigne, Leopardi, Goethe. Platon, Schelling, Scheler. Sie sollen sich winden und krümmen. Streng verboten ist der Satz: Das verstehe ich nicht. Keine Bildungsreisen, keine stopfende Medienkost, immer fleißig mit der Bleistiftspitze die Zeilen entlang.

Old men ought to be explorers.

Alte Männer müssen Kundschafter sein.

T. S. Eliot, East Coker

Ein alter Mann, der immer noch denkt, ist eine Groteske.

Greise müssen fertig sein.

Gottfried Benn

Wie immer kann man dieselbe Sache weit öffnen oder mit überlegener Nüchternheit verschließen und erniedrigen. Im Sinne des ersteren Verfahrens ließe sich auch sagen: Alte Männer sollten Worfler sein. Sie werfen mit der Schaufel Abgedroschenes gegen den Wind und reinigen das Korn von der Spreu.

Auflösen, auflösen! Das Geronnene im Urteil, das Gerinnsel im Begriff auflösen, verfestigte Auffassungen in ungeordnete Bestandteile zerlegen, ihre innerste Instabilität entdecken, die Makros aller Art zersetzen, trennen, isolieren. Nicht solve et coagula, sondern nunmehr: löse all das Koagulierte! (Um den Spruch der Alchemisten wiederum zu variieren.) Löse alles Gerinnsel in deinen Gedanken. Schemata, Dispositive, Pattern, Topoi. Typen, Grundfiguren, Verfestigtes, Belag auf den Wellen der Anschauung – wer ihn beseitigt, wird wieder fündig. *Alte Männer* etc.

Manchmal ein Anflug von schönen späten Tagen. Das Alter geborgen in kulturellem Alter. Man entschlüpft dem Kokon der subjektiven Erinnerung – wer weiß, wozu man sich am Ende noch entpuppen wird! – und fliegt durch ein größeres Gedächtnis.

Das moderne Alter versucht sich dagegen in peinlicher Selbstverleugnung und findet keinen höheren Wert als beibehaltene Jugendlichkeit. Es täte besser daran, angesichts des Abgrunds an Jahren, die heute manchem Betagten noch bevorstehen, rechtzeitig aus der Tiefe der Kulturen den Schatz zu

heben, den einst der gesellschaftliche Vorrang des Alters an-
häufte. Er steht jedermann zur freien Verfügung. Damit wäre
die längst fällige Umwertung der Generationswerte eingeleitet,
und sie würde sich gegen eine erschöpfte Jugendkultur ohne
weiteres durchsetzen. Die virilisierten Greise könnten ihre alberne Kostümage ablegen und sich mit den königlichen Insi-
gnien des wahren und unverfälschten Alters ausstatten. Denn
alles, was in der Kultur überlebte, besitzt vorbildliches Alter.

Seine Stimme, seine Gefühle, seine Vorlieben haben ihre Art
seit vielen Jahren nicht geändert. Sie rufen in ihm ein Bild von
sich selbst hervor, das ihn in jüngeren Jahren zeigt. Sobald er
in den Spiegel blickt, ist dort ein Älterer, geradezu jemand anderes, zu sehen, den er weder mit seiner Stimme noch seinem
Denken in Übereinstimmung bringen kann.

Also bin ich der Mann, der täglich über die Feldwege stapft, das
Kinn erhoben, den keifenden Winden zu trotzen. Der nie an
der alten Linde vorbeigeht, ohne daran zu denken, wie er einst
an ihrem Stamm lehnte zur Seite des kleinen Sohns, mit dem
er dies Land hier entdeckte. Gewickelt ins Gespinst der vielen
Rückblicke, neuverpuppt, der Eingehüllte, Tweedjacke, tiefsit-
zende Mütze, armiert, und fortschreitend immerzu. Kobolde
des Todes purzeln ihm über die Füße. Manchmal erheitern sie
ihn, aber er muß sich vorsehen, nicht über sie zu stolpern. Etwas Willen kommt ihm aus dem Boden, auf Dauer des Schrei-
tens steigt er von den Beinen in den Kopf. Jemand, der wenig
spricht, mit sparsamen Worten das Schwatzhafte vertreibt, das
so leicht zwei Menschen befällt, die voreinander zu stehen
kommen. Ein Gewissenhafter und sein unverhunzter Mund.

Solange Altern dir die Augen öffnet, ist nichts verloren.

Wenn man nun anfängt diffus zu hören, wie durch einen Nebel, und doch sich darin vortasten möchte, etwas zu lange nachhängt einem verwunderlichen Wort oder Namen, öfter noch einmal nachfragen möchte ... was ist das für ein Alter, was für ein Verstehen? Man muß den Abbau der gewöhnlichen Wachheit und Aufmerksamkeit gewissenhaft verfolgen – und man wird finden, daß kein Abbau stattfindet, wie das meiste im Alter nicht weniger wird, sondern mehr, indem ein straffes kurzes Verstehen nicht mehr genügt, und stattdessen ein dahinirrendes Sinnen zunimmt, das freilich schon ein späteres Hinausirren vorbereitet, zum Unbekannten hin, und deshalb auch an jedem längst bekannten Ding nun eine Vielfalt von Unbekanntem entdeckt.

Wenn zwei Männer in einem Alter, da der menschliche Verkehr, in dem sie sich bewegen, etwas nachläßt, aneinander festhalten, zu Freunden werden, so ist das eine große Seltenheit und eine Wahl der Erfahrung und des geprüften Affekts. Nirgends ist man so frei wie in der Wahl seiner Freunde – sofern sie nicht von beruflichen Interessen oder Vorteilsucht beherrscht wird. Dann enthält auch die späte Freundschaft im Kern etwas von der ersten, überschwenglichen, von Treueschwüren erhitzten, wenn zwei Spielkameraden sich gegen alle übrigen verbünden.

Ja, man tröstet sich, man tröstet sich immerfort. Der mit Schimpf und Schande Bedeckte, der dabei seinen innigsten Freund verlor, tröstet sich damit, daß der sich der überwältigenden Mehrheit seiner Verächter zugesellt habe, folglich auf ein ehrendes Vermissen verzichtet werden kann. Man tröstet sich um ein weiteres, wenn ein Brief des geliebten Sohns über Monate ausbleibt, und sagt sich, es muß ihm verdammt gut gehen, sonst hätte er längst um Geld gebettelt. Man tröstet sich über viel Ausbleiben und Verlassenwerden hinweg, bis man irgendwann ganz allein ist. Und dann tröstet man sich damit, daß man sich doch in einer ganz unvergleichlichen Lage befindet. Bis man am Ende sich mit dem Ende tröstet.

Das letzte Du wäre die Geschichte eines alten, vereinsamten Mannes, der kurz vor Toresschluß ein Du vergibt als Vorschuß an einen neuen Menschen, mit dem sich tiefer zu befreunden ihm keine Zeit mehr bleibt.

Wenn man einmal älter ist, als Nietzsche wurde, verliert man das Interesse an Prophetie und Katastrophe. Das Fiebern in Visionen und vorausgefühlten Untergängen (auch Spengler starb mit 56), wenn's nicht gar ein heimliches Entgegenfiebern ist, erlebt der männliche Skeptiker (Frauen haben hier nichts, gar nichts beigetragen) in seinen besten Jahren, die zugleich auch seine Krisis sind. Etwas später sagt man eher: wir überwinden das. Oder: es wird sich zeigen. Man stellt sich dann der Frage: Versinkt nicht deine Vorstellungswelt früher als dein Leben? Der Eifer um das Enden hatte seine philosophische Saison, und andere Eifer kommen auf, solange du noch lebst. Die Gegebenheiten untereinander jedenfalls ordnen sich überraschend anders an, das Übersehene steht auf und stürzt den stolzen Seher.

Natürlich befreit das niemanden von der Furcht, irgendwann den dürren Nichtssagenden abzugeben ohne Geist und Gemüt, an dem sich täglich wechselndes Dienstpersonal zu schaffen macht. Er fürchtet, daß er sein Ende nicht finden kann und daß auch die Tür nicht von selbst ins Schloß fällt und er ewig auf dunklem Flur auf und ab schleicht, erloschen sich lange überlebt und nichts mehr davon hat, was ihm einmal alles bedeutete. Kein Nachtrag und kein Nachhall, kein altes Foto mehr, das ihn rührte. Auf dem Trocknen sitzen, ausgetrocknet bis auf die letzte Träne. Der Schmetterling, die Seele, ist längst geschlüpft, eine Pharma-Puppe, Gewickeltes, blieb leer zurück.

Bei den sogenannten letzten Dingen leistet jede alte Floskel des Trostes bessere Dienste als eine neue. Doch Kritik an den Zuständen der medizinischen Versorgung fällt heute den meisten leichter als ein Gebet.

Tod und Trauer brauchen den Schutz der Formen wie Kampf und Fest. Die Ich-Unmittelbarkeit unserer Empfindungen ist deren sicherer Ruin. Verunglückte Riten indessen wie das öffentliche Besprechen – unser Schwerpunktthema: Tod – können hier die magischen am wenigsten ersetzen.

Von den Moribunden etwa, die ihr Sterben in den Illustrierten porträtieren lassen, ist in Worten nie etwas zu hören, was der Einfalt von Furcht und Leid entspräche, die sie auf dem Gesicht tragen. Ihre Worte finden nur selten aus dem Befindlichkeitskitsch heraus, der aus der Allianz von letzten und öffentlichen Dingen entsteht. Nicht einmal jetzt, so nahe dem Unsäglichen, will sie der seelische Dilettantismus des Zeitalters freigeben!

Wir begruben den Sohn aus Ulm unchristlich auf dem Wedelsberger Friedhof. Die kleine Urne, Hartplastik-Kapsel, Häufchenhalter, Aschemixer. Nichts, nichts liegt da unter der Buche. Man ging mit dem Totengräber. Der hatte einen bürokratisch feierlichen Schritt. Dieser Schritt war das ganze Ritual. Unter weißen Levkojen der Becher. Ein Loch vorbereitet für die Patrone der Überbleibsel ... ein Leben. Daß man dem Menschen zuletzt noch die Gestalt raubt, bevor er zu Erde wird, das ist falsche Hygiene. Die Sitte ist angeblich erst mit der Aufklärung in unseren Kulturraum zurückgekehrt. Die Ehrfurcht vor dem Leib, der Gestalt verbietet sie eigentlich dem katholischen

Menschen. Was ist gewesen? Einer nur und doch ein uferloser Strom von Partikeln der Freude und des Grams, der Lebensverkennung, der Arbeit, der Not, der Gier, des Bösen und der Güte … und das ist es doch: in diesem Strom der unzähligen Partikel dennoch *Einer* gewesen zu sein, die grenzabsteckende Kraft, die *Gestalt* … Ich dachte, ich sehe ihn wieder. War doch ein schmucker Kerl bis in seinen Zerfall. Drei Wochen lag er im Kühlhaus. Verschwunden. Ich dachte, ich sähe ihn wieder bei seiner Beerdigung.

Lathe biosas. Eingezogen leben, im Raum eines Glücks, das zweifellos der Vergangenheit angehört, doch so wie das Licht eines erloschenen Sterns, das jetzt erst bei uns ankommt. Und manchmal sich selbst in eines Davongegangenen Wänden spüren.

Wenn keiner mehr nach dir fragt, bist du angekommen in deinem eigenen Haus.

Die große luftige Halle, erbaut aus Nichtgerufensein. Überhaupt wird alles Stoa-Raum, was fehlt. Das Ideal, das letzte, das dir blüht: Durchlässigkeit von Mensch und Wand und Welt. Brunnenhalle, Wandelhalle – jeder Gang ein Übergang!

Auch dieser »der andere«, der dir als Person erscheint, ist längst ein permeabler Kerl, durch den du ein- und ausgehst.

Andere lieben andere Orte. Das Jenseits denkt sich jeder kindlich aus.

Also gibt es auch die helle, langgestreckte Brunnenhalle, ohne Anfang, ohne Ende, in der die stillen freundlichen Geschöpfe endlos kuren und alle nur von einem einzigen Heilwasser trinken. Die Brunnenhalle wird ganz licht und grenzenlos, aber erst wenn sie von gebändigten Menschen, wie es die Toten sind, bevölkert wird. Diese Leute, die nun wissen, daß die Interessen, die sie zu Lebzeiten verfolgten, nichts bedeutet haben, und deren Stirn überhaupt von höherer Bedeutungslosigkeit zufrieden glänzt, sie sind die Wächter deiner Verborgenheit.

Mit den Jahren erlangt man freien Zutritt zu den Dingen, die verwundern. Während man an den Pforten zur Arena, in der die Menge der Schaulustigen gewissen Spitzenereignissen beiwohnt, teilnahmslos vorübergeht. Man ahnt im Alter die Macht des Unverbundenen, während man als junger Mensch immerzu damit beschäftigt war, »Texte« herzustellen, Verknüpfungen, um sich zurechtzufinden. Man verwob, was nie zusammengehörte. Jetzt mißtraut man dem Zusammenhang, oder er langweilt einen. Man selbst fand seinen Ruhepol auf einem steilen Klippenvorsprung. Nicht anders, vereinzelt und ausgesetzt, sieht man die Dinge, die man sieht.

Bindungen unter Menschen setzen eine Folge von Wiedersehen voraus. So ist der Tod einmal nichts anderes als ein brutaler Wiedersehensräuber. Ich werde die geliebte oder auch nur gewohnte Person nicht mehr zur Tür hereinkommen sehen. Wenngleich sie da ist, im Raum bereits, ohne einzutreten.

Was in unserer Mitte so vor sich geht, ist dazu angetan, die Geister unserer Ahnen zu vergnügen. Jeder Lebende amüsiert ein ausverkauftes Haus voll Toter. Sie setzen Preise aus für die größte Nichtigkeit und Nichtswürdigkeit des Tages, um die wir auf der Szene mit blutigem Ernst konkurrieren.

In seinen späten Jahren plagte ihn Ernüchterung.
      Ein Mann, der nicht etwa Löcher in die Luft, sondern Abgründe in die lieblichste Erde starrte.

Nicht lassen sich beschreiben die Unlust, der Mißmut und der Überdruß.

Diese drei Stimmungen besitzen den einen Raffzahn der Graien, sie fressen alle Worte auf. Sie sind unter den Stimmungen die absoluten Verneiner. Verglichen mit ihnen ist die Langeweile ein Ereignispark. Jene aber sind das Nichts, das es gibt.

Aber, Lieber ...! Mein Guter! Wie du vor mir stehst ... als hätte dir einer mit Zauberhand den Mann von der Stirn gewischt! Jemanden so zu entzaubern, das kann doch nur ein höheres Wesen. Das Alter allein kann so etwas nicht. Was tut jemand, der sein Leben lang nichts anderes war als ein Mann für Frauen? Was tut er, wenn er's auf einmal nicht mehr ist? Wenn er trocken und knöchern vor uns steht. Wenn er sein Strahlenkleid verlor, der Unwiderstehliche, die sinnliche Großmacht, der begnadete Verführer?

Bis zum letzten Atemzug grient uns die Fratze des Sex entgegen. Überall um uns keucht und schleckt und sabbert es. Niemand nimmt mehr mit Anstand Abschied von seinem Geschlechtsleben. Sie wollen noch als Skelette aufeinandersteigen und es munter klappern lassen. Manchmal habe ich das Gefühl, als wären wir alle miteinander von Aristophanes erfunden. Lauter übertriebene Figuren. Angeber, Möchtegerns, Schwätzer und Bockwürste. Sind wir nicht Gefangene eines endlosen, endlos albernen Satyrspiels? Keiner findet mehr raus aus der Komödie. Abtreten verboten! Keiner verläßt die Bühne! Man muß es übertreiben, wo man geht und steht. Immerzu das fahle alte Gesicht hinter einer geifernden Brunstmaske verbergen. Bis man umkippt. Bis die Schläuche platzen.

Der Tod war immer da, immer der ganz Nahe, er war es, der lediglich in diesem Augenblick nicht zustößt. Und war doch der Schöpfer des Jetzt. Der in diesem Augenblick Nicht-Zustoßende.

Solange der Sterbende spricht, sind wir versucht, ihn am Faden seiner Worte, die unsere, der Lebenden Worte sind, zurückzuziehen.

Sappho spricht einmal den Charon mit den Worten an: »Du bist sanfter als gedacht«, und es ist mir jetzt unmöglich, diese Zeile richtig zu lesen, es ist mir unmöglich, sie nicht mißzuverstehen und davon abzukommen, daß der Tod sanfter wiege als ein Gedanke.

Nach dem Tod trifft der gläubige Parse als erstes mit dem Schutzgeist seines Lebens zusammen. In Gestalt eines schönen blühenden Mädchens, Fravartin genannt, begegnet er seiner präexistenten Seele. Es wird unter Umständen ein problematisches Zusammentreffen, wenn die Sache, das Leben, mehr oder weniger schiefgegangen ist. Der Tote wird weder begraben noch verbrannt, sondern draußen vor der Stadt auf »Türmen des Schweigens« den Vögeln zum Fraß dargeboten.

Die unsinnigen Utopien des Aufklärungszeitalters haben verhindert, daß wir unsere Jenseitsvorstellungen pflegen und verbessern. Bis heute sind wir im Grunde über Swedenborg und Fechner nicht hinaus. Ließe sich aber etwas Tröstlicheres ausmalen, als zu den Ahnen versammelt zu werden? In die Wiederherstellung aller Dinge hinüberzutreten, um darin leicht zu leben? Zum Glück bleibt der Glaube, zumal der Kinderglaube für Innovationen unzugänglich.

Und es wandelte sich ihm ein Wort des Heraklit, und es sagte nun: Die Götter halten für den Gestorbenen etwas bereit, wovon sie ihn nie haben träumen lassen.

Was bringt das Jenseits Neues? Wahrscheinlich bis in alle Ewigkeit das nie nachlassende Gefühl, lebendig begraben zu sein. Denn vorbehalten haben uns die Götter zeitlebens das unvorstellbare Entsetzen.

Je älter man wird, um so weniger versteht man den anderen. Wohl das Allgemeine besser, das Gegenüber aber nicht.

Was nützen die Kritiken der Gesellschaft und der Geselligkeit, wenn wir den anderen nur noch schlecht vom nächsten anderen unterscheiden können? Gefragt ist hierbei nicht die Gabe der Meinung, sondern der Erkundigung.

Die heitere Anmut der beiden alten Männer in Jim Jarmuschs »Coffee and Cigarettes«, letzte Szene. »Champaign!« Es lebe das Paris der zwanziger Jahre! Sagt der eine. Und das New York der siebziger … der späten siebziger Jahre, ergänzt der andere und siedelt die Legende um in die eigene Vergangenheit. Denn Goldene Zeit, *illo tempore,* entsteht ja in jedermanns langem Leben, und Verklärung ist das natürliche Dichten des Alters.

Daß die Erde nur ein »akustischer Resonanzkörper« sei, wird im Verlauf des Dialogs ein amerikanischer Energiewissenschaftler zitiert. Ja, so wird es wohl sein. Es klingt alles nur wider. Und wir bestehen nur aus Widerhall.

M., Freund und Nachbar, hat eine ehrenamtliche Tätigkeit bei der Unfall-Seelsorge übernommen. Er wurde zu einem Suizidfall nach Pasewalk gerufen. Ein Zweiundachtzigjähriger erschoß sich, weil ihm seine zweiundsechzigjährige polnische Freundin nicht gefügig sein wollte. Bei der ersten Pistole klemmte das Magazin – eine früher fast sprichwörtliche Metapher für sexuelles Versagen, das heute, pharmakologisch abwendbar, das Bild von der Ladehemmung veraltet erscheinen läßt. Er lief auf den Hof und holte aus dem Transporter eine zweite Waffe. Setzte den Schuß an die Schläfe. Das Projektil blieb im Hirn stecken, aber er war hinüber.

Freud hielt den Geschlechtsverkehr bereits ab vierzig für unästhetisch. Wenn hingegen wir uns an die Normalität von sexuellen Obsessionen im Greisenalter gewöhnen sollen, müssen wir zuvörderst sämtliche Schönheitsbegriffe, die aus Kunst, Literatur und Film in den vergangenen zweitausend Jahren auf uns kamen und die sich fast ausnahmslos mit Jugend verbanden, tilgen oder, schlimmer: relativieren. Am besten wäre es, ausgewählte Idole der erotischen Kultur nachträglich zu ver*agen*. Beim Film ließe sich mit Hilfe digitaler Überarbeitung jeder Jünglingsteint in eine Landschaft mit Falten und Schrunzeln verwandeln. Auch Romeo und Julia kann man mit Achtzigjährigen besetzen. Werther hingegen müßte etwas umgeschrieben werden.

Alte Männer müssen Kundschafter sein. Auf dem Gebiet der Wollust werden sie sich nicht sonderlich steigern können. Sexxx drückt unserem Zeitalter das Siegel der Lächerlichkeit auf. In männlicher Vorzeit stellte sich das Problem der versiegenden Manneskraft allein dem Stammesfürsten. Er verlor mit ihr sein Herrscheramt. Dem Alter sonst, solange es Ansehen besaß und nicht so unansehnlich war wie heute, durfte sie sich erschöpft haben, ohne daß damit der ganze Kerl verschwunden war.

Man weicht auch den Jahren nicht aus, indem man sich für den Anblick anderer jung erhält oder in Greisen-Kohorten auf dem Fahrrad tourt. Man erträgt sie am leichtesten, indem man von niemandem gesehen wird und selbst seinesgleichen nicht sieht. Denn zwischen blühenden Hecken und vollen

Apfelbäumen fällt ein wenig nicht Wiederergrünendes weiter nicht auf. Und ab Herbst heißt es dann wieder: übereinstimmen! Caraque caro consenescit coniugi ... Liebste dem Liebsten, altern Vermählte. Oder wie soll ich's dir übersetzen, meine dunkelblütige Buche?

Das Staunen kehrt wieder – der alte Mann betritt insofern ein Wunderland, als ihm ringsum das meiste verwunderlich erscheint und seine lang gehegte Anschauung vom verhandelten Leben unterläuft. Ein Ausrufer war er, Behauptungshäuptling, bevor er nun ein leiser Frager wurde; ein frei und ungebunden flüsternder Mann. Mehr Mannesschatten als Mann, was da jeden Nachmittag durch die verschneiten Felder schreitet. Wie alt überhaupt ist jemand allein, ungesehen und unverglichen? Und dann, was ergeht er sich täglich?

Im grauen Himmel wühlt die Wintersonne, und eine erste einzelne Flocke, suchende, fällt herab, Quartiermacher für den breiten Einfall des Schnees – langsam torkelt der Melder und Späher, die Kundschafter-Flocke.

Unter dem Summahorn am Mittag. Unter der Haube von Hummeln und wilden Bienen, die einträchtig tanzen zwischen den Fruchtständen, den Blütentrauben des jungen Baums. Hier saß die Mutter oft und blickte vollkommen ins Leere. Halb daß es ihr so gefiel, halb daß sie es, wie alles übrige, als Pflicht genoß: Ich bin draußen gewesen, ich habe meinen kleinen Gang gemacht. Wie es sich gehört. Manchmal nahm sie ein Schaumstoffkissen mit, weil für ihren knochigen Steiß die Eichenplanke der Bank zu hart war.

Ich sah den sichernden Aufblick der Schwerhörigen. Ich hörte ihr Jungmädchenlachen, ein geniertes, gekichertes, Ellipse eines Lachens, das ihr aus der Kehle – aus diesem tiefen Brunnen stieg, der alten Kehle.

Denken, Fühlen, Reden waren längst in gefällige Schutz-Floskeln zerfallen, bevor auch nur ein einziger Gedanke an den Tod zu ihr dringen konnte. Die unbeugsame Geherin im Kreis.

Doch der Bienen sanftes Gesumm beredete sie behutsam zum Tod.

Wer achtet aber darauf, was die Figur sagt, die jemand abgab, die Figur, die sein Leben fest umrissen in den grenzenlosen Sand möglichen Lebens zeichnete? So viel mehr sagt die Figur, als der zugehörige Geist es äußern könnte. Ja, er selbst ist in der Figur nach außen getreten und äußert sich nicht.

Si se non noverit – dem der sich nie kennenlernt, verheißt Teiresias bei Ovid ein langes Leben. Du wirst leben, solange du dich nicht selbst erforschst.

Es war dieses »Ich breche hier ab«, das nun folgte und das sie schon viele Male von ihm gehört hatte, wenn er beim Reden ins Gedränge kam und vom Hundertsten ins Tausendste. Wie hätte sie ahnen können, daß es eines Tages wirklich seine letzten Worte sein sollten?

*

Das Winter-Meer über den Triften – die Nebelwelle und das blinde Eis. Das weiche Grau schloß sich und schloß mich in sein Herz. Unter dem Frosthauch füllen die Bäume sich, runden und strecken den beinernen Leib. Noch einmal möchten sie schimmern wie an einem Sonnentag nach warmem Regen.

Nichts ist vergangener als eine vergangene Jahreszeit! Auch die Bäume erinnern sich an einen milden Herbsttag, der trug einen Kommensschuh und einen Schwindensschuh.

Das blaublütige Blau eines edlen Dezembertags rinnt an ihren Ästen ab, dringt nicht in ihre Adern. Das schönste Winterlicht abweisend steht der räudige Kornelbusch, dem das labbrige Laub entfällt wie Namen dem alten Gedächtnis.

Wenn ich mit Menschen verkehre, steht die Zeit kopf. Wende ich mich ab, so liegt sie träge und üppig, unschlüssig, sogar ein wenig lasziv über den Hängen.

Nur mit den Vögeln vorm Fenster, den Balken über dem Kopf höre ich nichts als leere Zimmer und das leise Brummen von Adaptern, die Ladegeräusche einiger elektronischer Geräte, Anschluß der stillen Warte an die heftige Welt.

Wilde Bienen riechen das neue Holz und wollen ihren Bau an den Sparren hängen. Die Schwalben mauern unter dem Dachvorsprung über dem Eingang, wo kleine Lüftungsgitter einen guten Halt bieten. Schwalben, wie lange wird es dauern, bis ihr durch die Fenster ein- und ausfliegt? Bis ihr die letzten Hausherren hier seid und durch die offenen Zimmer schnellt, in den Winkeln der Decke nistet? Ich habe nichts entgegenzusetzen der langsamen Umgarnung, mit der die Geschöpfe der Luft, der Erde, des Gesträuchs mich fesseln.

Epilog

Auf einem Hügel in der Uckermark baute ich ein weißes Haus, und eigentlich sind es zwei, ein größeres mit dem Blick in eine weite Wiesensenke, begrenzt vom Wald im Süden, dem Jakobsdorfer Forst. Und ein kleineres in seinem Rücken für Gäste, die nie kommen, mit einem Heizungsraum und einem Zimmer fürs Klavier.

Stunden, Tage, Wochen, die anderswo im Flug vergehen, ziehen sich hier lange hin, und wir, mit langen Gängen übers Feld, ziehen mit. Wir schreiten, wenn es Abend wird, unseren Gesichtskreis aus. Wir wandern rund ums Blickfeld zwischen Wald und Ackerrand. Von jedem Fleck des Wegs erkennen wir das neue Haus auf dem Bühel. Wir wollen dort, wo wir gehen, sobald wir zu Hause wieder aus dem Fenster schaun, vor kurzem gegangen sein.

Anhang

Sebastian Kleinschmidt

Gedankenabenteuer
Nachwort

I

Einen wie Botho Strauß, der schon frühzeitig von sich sagte,
er habe »sich nun einmal dafür entschieden, sein Leben mit
Schrift zu füllen und zu tilgen«, braucht man eigentlich nicht
zu fragen, warum er schreibt. Es wäre gleichbedeutend mit der
Frage, warum er lebt. Versuchte man es dennoch, bekäme man
vielleicht zur Antwort: aus Gewohnheit, aus Passion. Strauß
schreibt nicht erst, seit er veröffentlicht. Er schreibt seit Aus-
gang der Kindheit. In seiner autobiographischen Erzählung
»Herkunft« berichtet er, wie er nach der Lektüre von »Der alte
Mann und das Meer« mit vierzehn seinen ersten Roman entwarf. Er war Austauschschüler in Schweden und unternahm
eines Tages eine Tour in den hohen Norden. Dort traf er an
einem stillen See auf einen alten Fährmann, der ihn mit seinem Kahn zu einem abgelegenen Ort ans andere Ufer brachte,
wo ein paar Menschen fern der Zivilisation ein einsames Leben
führten. Der Roman entstand unter dem Eindruck dieses Er-
lebnisses. Er blieb Fragment, nur ein paar Seiten lang. Aber
sein Held war gut gewählt. Es war der magische Fährmann.
»Unerschöpfliches Thema«, so Strauß, »jedenfalls wenn man
das mythische Image dieses Mannes einbezieht. Verständlich,
daß er schließlich auf unzähligen Umwegen zum lebensbe-
stimmenden Fergen aufstieg und seinen Fähr-Gast über Tau-
sende von Seiten, diesen dunklen nordischen See einer unvoll-
endbaren Schrift, übersetzt bis zum heutigen Tag.«

Autorschaft als Überfahrt, als Traumpassage ohne Ende. Wohin? Ins Unerkundete, in die Verwandlung. Einswerden von Fährmann, Fähre und Fracht. »Mit der Schrift ziehen, wohin sie will, in ein fremdes, unbeschriebenes Land.« Auf diese Weise wächst ein Werk und mit ihm und in ihm das geistige Antlitz des Autors.

II

»Die deutsche Literatur ist ideell. Sie ist«, sagt Strauß, »reich an Gedankenschönheit.« Und reich an Dichter-Denkern. Autoren dieses Typs – wie Hamann, Lichtenberg, Carl Gustav Jochmann, Jean Paul, Novalis, Nietzsche, Musil, Jünger, Canetti – folgen nicht dem Kodex literarischer Gattungen bzw. wissenschaftlicher Disziplinen, sondern dem Formimpuls der eigenen Erkenntnisintention. Sie wirken nicht nur über ihre Werke, sondern gleichermaßen über ihre Existenz. Einer Existenz, die durch den Mut zur Sezession und einen hohen Grad an Unabhängigkeit beeindruckt.

In dieser Reihe steht auch Botho Strauß. Nicht als Dramatiker oder Erzähler (das ergäbe andere Vergleiche), sondern als Meister des Gedankenfragments. Der große Reichtum und die einzigartige Subtilität seiner Betrachtungen offenbaren ihn als einen der reflektiertesten Menschen unserer Zeit. Imponierend besonders in »Paare Passanten« (1981), »Beginnlosigkeit« (1992), »Anschwellender Bocksgesang« (1993), »Die Fehler des Kopisten« (1997), »Der Untenstehende auf Zehenspitzen« (2004), »Vom Aufenthalt« (2009) und »Lichter des Toren« (2013).

Strauß' Fermenta cognitiones unterhalten wahlverwandtschaftliche Beziehungen zu den *Pensieri* Leopardis, den *Cahiers* von Valéry, den *Adnoten* Jüngers und den *Aufzeichnungen* Canettis, aufs schönste aber zu den *Vermischten Bemerkungen* Friedrich von Hardenbergs, der sich Novalis nannte, im Sinne von: der Neuland Bestellende. Selten verkörperte ein Dichter inniger und musikalischer das Kreisen der Gefühle und Gedanken, die alchimistische Verschmelzung aller Gaben des Geistes: Wissen und Ahnen, Forschen und Beschwören, Sehnen und Erinnern, Glauben und Träumen. Kaum einer hatte so frische, anmutige, occasionelle, so wundersam enzyklopädische und zugleich intuitive Begriffe vom poetischen Denken wie dieser achtsame, lernfreudige, erkenntnishungrige, auf den Geheimsinn der Dinge lauschende Romantiker mit dem klangvollen Namen.

In der Ars litteraria des Botho Strauß, seiner Spontaneität von Schauen und Denken, seiner Metaphysik der Anwehung, seiner Technik des sujetlosen Nachsinnens, der assoziativen, gattungsoffenen Reflexion, ist dieses Erbe bedeutsam wiederbelebt worden. Die Dinge so ansehen, als hätten sie selber Augen, die Sachen so denken, als hätten sie selber Gedanken. Als wäre man nicht nur Betrachter und Gegenstand in einer Person, sondern auch der Erbauer, eine Art poetischer Ingenieur. Verstehen durch Erschaffen, in der Vorstellung und in der Sprache. Vico redivivus. Das sind die Resonanzen, um die es geht. Das sind die Abenteuer, die locken. Gedankenabenteuer. Um sie zu bestehen, muß man aus allen Quellen des Wissens schöpfen, hellen wie dunklen, Umgang pflegen mit der Summa theologiae wie mit der Summa technologiae, mit Meister Eckhart wie mit Norbert Wiener, mit der Phänomenologie wie mit der Dämonologie des Bewußtseins.

Strauß ist ein Autor, der dank seiner Auffassungsgabe und Belesenheit über ein solch feines Antennensystem verfügt. Das ermöglicht ihm außerordentliche Entdeckungen und eine Form von Zeitgenossenschaft, wie sie in seiner Generation einmalig ist. Er wußte zeitig genug, wer er ist und wie er gemeint war, er wußte, wofür er Zeuge sein wollte und wofür nicht und mit welchen Mitteln er sich auszurüsten hatte. Es war dieses Selbstgefühl, das ihm die innere Freiheit gab, sich der Elastizität seines forscherischen Geistes hinzugeben und in Zeiten ideologischen Eifers, profaner Heilsversprechen, geschichtsphilosophischer Verblendung und ubiquitärer Konformität ein Beispiel für Offenheit zu setzen. Eine Offenheit, zu deren Kern die Überzeugung gehört, daß nicht Politik, sondern Wissenschaft das Schicksal ist. Voranstürmende, zukunftsbesessene Wissenschaft. Und daß deren Konsequenzen für die Transformation des Menschen, seinen Umbau zum artifiziellen Geschöpf, seine mehr und mehr technomorphe Art zu existieren, kurzum für sein neues In-der-Welt-Sein nur der ermessen kann, der sich hineinbegibt in den Strudel des Erkennens, in die Feinrationalität der kybernetischen, neurophysiologischen, biochemischen Episteme, und der die Grenzen des terminologischen Wissens mit Hilfe der Dichtung, der Theologie und des metaphysischen Selbstdenkens von innen her überwindet.

Das ist allerdings nicht der Normalfall des heutigen Schriftstellers. Strauß sagt: »In einer Wissensgesellschaft kann es den Antityp, der auf die schädlichen Folgen des Fortschritts verweist, nicht geben, wie ihn der Intellektuelle in der Industriegesellschaft vorstellte. Hier wäre der Außenseiter oder Widersacher schnell als ein Zukurzgekommener angesehen, einer, dem mitzuwissen nicht gelang. Gegen das Können hilft kein Könnenverweigern. Sondern einzig die Novalis-Schlegelsche Divination, das große freie und poetische Abirren im Wissentlichen selbst. Sowenig der gesammelte Tagesverstand ohne das Lose und Lösen des Traums ›kreativ‹ werden kann, sowenig kann das Überprüfbare ohne die Schwerkraft des Unüberprüfbaren Gewicht erlangen.«

Botho Strauß ist ein moderner Romantiker, begabt mit geschwisterlichem Staunen für Wissenschaft und Technik. Ein Mann des auf Erkenntniseinsicht und Sinnzusammenhänge zielenden Begreifens, ein Mann des Innestehens. Und doch ein zutiefst Befremdeter vom prometheischen Programm.

Aber zugleich auch einer mit besonderer Erwartung: »Was für eine Welt, da sich der Dichter noch der Anschauung hingeben durfte, um das Wesen der Dinge zu ergründen! Ein Sommerwald, ein Mineral, ein pockennarbiges Gesicht – und nun in die konturlose Schwingung der Materie verstoßen, da alles Wesentliche im Unsichtbaren geschieht. Seit langem sind Einsichten in die Natur nicht mehr eidetisch, sondern technisch inspiriert. Der Computer ist das Mikroskop der heutigen Naturforscher. Aber ist Sprache dem Unsichtbaren nicht wesensnah verwandt? Hat sie nicht eindrucksvoll vom Numinosen gezeugt, vom Denken selbst und dem geheimsten Gefühl? Nun tritt eine physische Wirklichkeit hinzu, die sich dem Auge entzogen hat. Die Sprache, die von ihr zeugt, entfernt sich von den äußeren Umrissen der Gegenstände, wird Teil des Nebels, der Wolke und des Winds. Der Hof und die Streuung von etwas wird ihr wichtiger als seine ›Festigkeit‹, seine Feststellbarkeit. Die Anklänge, das Mitverstehen wichtiger als die ›konkrete Bedeutung‹. Sie spricht gewissermaßen selber hochgradig zerstreut.«

III

Wer den Dichter will verstehen, muß in Dichters Lande gehen. Aber wie steht es mit dem Denker? Gilt Goethes Diktum auch für ihn? Oder ist hier der Ort nicht von Belang? So schien es der Anekdote zufolge Heidegger zu meinen, als er in Freiburg eine Aristoteles-Vorlesung mit den Worten begann: »Aristoteles wurde geboren, arbeitete und starb. Und nun zu seinen Werken!« Herkunft, Alltag, lokale Umstände, alles nebensächlich. Allein das Gedachte zählt. Warum aber interessiert uns dann Heideggers Hütte in Todtnauberg im Schwarzwald oder Montaignes Studierzimmer im Bibliotheksturm seines Schlosses im Périgord? Doch nicht nur, um die Bücher zu sehen und die in die Deckenbalken eingeritzten Weisheiten, sondern um in den Raum einzutreten, in dem sich das Denken vollzog, um durch die Fenster hinauszublicken in die Landschaft, die dieses Denken umgab.

Botho Strauß hat sich Anfang der neunziger Jahre sein Château de Montaigne inmitten einer hügeligen Landschaft im

Nordosten Brandenburgs erbaut, ein schlichtes, weißes, lichtdurchflutetes Haus. »Seit zwanzig Jahren«, schreibt er 2004, »habe ich nach einem solchen Ort gesucht, wo niemand mir zu nahe wohnt, der Ausblick weit und wunderbar gestaffelt ist, Wiese, Senke, Brüche, Solitäre, Wald und Himmel. Nicht mal ein Dorf, nur ein Vorwerk ohne Kirche.«

Wenn ich das Wolkenbild auf dem Umschlag dieses Buches betrachte und mich frage, warum es so gut dazu paßt, ist die Antwort einfach: Weil der Himmel über der Uckermark ebenso schön ist wie auf dem Bild von Johann Georg von Dillis, weil der Zug der Wolken dem Zug der Gedanken gleicht, weil das Flüchtige, das Schwebende auf das Formgesetz und die Empfindungsweise des Autors anspielen. Der Untenstehende als Aufblickender. Himmelsweite, unendliche Räume. Höhenzüge, auf denen nichts geschieht. Hebungen und Senkungen, wie der Hügelschwung der darunterliegenden Landschaft. Farbnuancen, Schleier, Figurationen. Ars combinatoria ohne Ziel und Absicht. Lichtbahnen, dunkle Vorhänge. Leichtes, Schweres. Zarter Durchschein, Vagheit, Fluidum. Sehnsucht ohne Verheißung. Stimmungsparallelen, atmosphärische Analogien. Von Carl Gustav Carus der schöne Vergleich: »Wie ziehende Wolken im steten Wandel begriffen, so die inneren Zustände des Menschen. Alles, was in seiner Brust widerklingt, ein Erhellen und Verfinstern, ein Entwickeln und Auflösen, ein Bilden und Zerstören, alles schwebt in den Gebilden der Wolkenregionen vor unseren Sinnen.«

IV

Auch der Titel ist ein gutes Siegel dieses Buches. »Allein mit allen« ist eine Formel des Lesens, des Fürsichseins von Mensch und Schrift. Es ist auch eine Formel des Denkens.

Strauß gehört ja zu dem Typus von Autor, der vor allem ein Leser ist, einer, der von sich weiß: »Nur was man liebt, überlebt. Heute liebt nur noch der Autor Autoren schrankenlos. Er ist der Russe, wie es ihn zu Tschechows oder Puschkins Zeiten gab.« Aus dieser Liebe heraus wird er zum Stilisten, zum »Arbeiter am Satz«. Strauß' Kunst der Syntaktik zielt auf eine Suggestion des Rollentauschs, auf Sätze, die nach seiner Ansicht nur von denen angemessen verstanden werden, denen sie wie selbst geschrieben vorkommen. Ihre geheime Wirkung sei es, daß sie in einer Art subtilen Irreführung den Leser zu einem Autor und den Autor zu einem Leser eines andern Autors machen. Der Autor hat den Traum vom idealen Leser und der Leser den Traum vom idealen Autor, einen Traum der Ebenbürtigkeit und Gleichheit. Zueinander finden sie nur, wenn auf beiden Seiten Aufrichtigkeit herrscht. Den Anfang hat natürlich der Autor zu machen. Und in der Tat, wer das Gesamtwerk der Straußschen Reflexionen in den Blick nimmt, wird feststellen, daß ihr entscheidendes Charakteristikum die Aufrichtigkeit, ja, die Lauterkeit ist. Sie steht für ihn gänzlich neu zur Definition: der Lautere als jemand, der unverbraucht und unverdorben ist vom Angesehenwerden, von Außenwendung und Außensteuerung. Das wird man sagen können von Botho Strauß. Und daß eine solche Haltung sich durch das Leben beglaubigt.

»Allein mit allen« ist auch eine Formel des Rückzugs, der Absonderung, der klausnerischen Existenz. Strauß hat als einziger deutscher Schriftsteller das petrarcische Erbe der Vita solitaria angetreten. Genau betrachtet ist sie auch in der modernen Welt nicht gänzlich ausgestorben. »Die Weltvermeidungsenergie bleibt auf Erden erhalten: vom Anachoreten bis zum PC-Autisten. Allein mit allen, in der Klause ›Zur ganzen Welt‹, wird das Mysterium vollzogen.« – heißt es in »Die Fehler des Kopisten«.

Ein Lobgesang auf die Einsamkeit, stolz bei Petrarca, entschieden bei Schopenhauer, tragisch bei Nietzsche, ist bei Strauß nicht daraus geworden. Es liegt ihm fern, den Ungeselligen vom Lande als glücklichen Eremiten zu verklären und den Geselligen der Stadt als kollektiv Gestreßten zu bedauern. Schließlich kennt er das Gefühl der Verlassenheit, das Alleinsein mit sich bringt. Zurückgezogenheit ist für ihn wohl einfach die Bedingung des schöpferischen Arbeitens. Leben in der Montaingnade heißt Leben in der Sammlung auf sich selbst. Erst dann öffnet sich unerzwungen die Welt.

Doch »Allein mit allen« hat noch den weiteren Sinn, daß in der digitalen Welt von heute nicht nur die alte Einsamkeit verloren zu gehen droht, sondern auch die alte Geselligkeit. »Die Verbindungen haben das Verbundensein jäh unterbrochen«, sagt Strauß. Wo die Geselligen unentwegt online sind und nur noch auf ihre Displays starren, dort gilt: *mit allen allein*. Und wo der Einsame dasselbe tut, ist die Lage nicht anders: *allein mit allen*. Das ist die neue Paradoxie.

V

Dieses Buch ist eine poetische Enzyklopädie Straußscher Wissenskunst, einer Kunst des intuitiven Gedankenbaus und der reflexiven Unmittelbarkeit. Material und Titel der Sammlung stammen vom Autor. Auswahl, Gliederung und Komposition sind vom Herausgeber.

Was nun ist neu an der Edition? Sie enthält siebenundachtzig bislang unveröffentlichte Einträge. Und neu ist auch, daß das Gedankenensemble, das früher bei Strauß in romantischer Mischform, in bunter Dispersion, in offener, gleichsam themenloser Szenerie auftrat, hier im Gewand einer klassischen Form erscheint. Was zuvor in Roman und Erzählung, Drama und Essay, Rede und Gespräch verstreut war, tritt jetzt thematisch fest gefügt zutage.

Die siebzehn Kapitel bilden eine Ordnung, die den Geist des Urhebers, die Art seines Denkens und Fühlens, seine Weltgestimmtheit, ja, die Logik seines Herzens umfassend repräsentiert. Rhythmisch eingewebt ist auch die affektive Polarität

seines Zeitempfindens: Affirmation und Aversion, Zugeneigt-
heit und Abgeneigtheit, Fürsprechen und Gegensprechen. Ni-
colás Gómez Dávila, auch ein Dichter-Denker, notierte einmal:
»Der Schriftsteller, der haßt oder liebt, überzeugt weniger als
der, der liebt und haßt.« So ist dies Buch in der Fülle seiner Motive, dem Reichtum seiner Perspektiven eine großartige Summe
Straußscher Autorschaft. Selten wird man solch ein staunens-
wertes Zeugnis geistiger Kontemporalität finden. Keine Chro-
nik der laufenden Ereignisse, keine intimen Geständnisse,
kein Protokoll der Skandale, kein Narrativ tönender Namen,
kein Empirismus der Banalitäten, sondern eine kühn ins Helle,
Dämmrige und Dunkle vorstoßende Auslegung des existenti-
ellen Grundgeschehens – des anthropologischen Umbaus und
der sich medialisierenden Welt –, und in alldem eine unbeugsame Apologie der hohen Begriffe von Sprache und Dichtung,
des gerechten Anschauens, des zeitlosen Fühlens, von Sappho
bis Gunnar Ekelöf. »Ich habe«, sagt Strauß mit Blick auf vier
Jahrzehnte seines Schreibens, »das Aufkommen des selbstbestimmten Menschen miterlebt und das Ende des Menschen in
seiner totalen Selbstbestimmung kommen sehen. Ich bin dem
Unterdrückten und dem wahnhaft Freien begegnet …«

Ein Wort noch zu Form und Gestus der Gedankenstücke.
Aphorismen im eigentlichen Sinne sind es nicht, denn nichts
ist hier auf Einfall, Überraschung, Witz, Pointe oder Sentenz
gestellt, vielmehr alles auf Anklang, Takt, Resonanz, Vibration,
Kristallisierung, auf Verstehen und Klärung, auf Wahrhaftigkeit und Tiefe. Eine Tiefe, die nicht den Scharfsinn sucht, sondern das Leben. Eine Wahrhaftigkeit, die immun ist gegen die
verführerischen Kräfte von Eitelkeit und Selbstbetrug.

Fragmente streng genommen (von lat. *frangere*, zertrüm-
mern, zerbrechen) sind es auch nicht, denn jedes einzelne No-
tat ist in sich vollendet, hat Anfang und Ende, ist ein kleines
geschlossenes Ganzes. Das kommt auch der Lektüre zugute.
Der Leser kann das Buch aufschlagen, wo er will, kann sich
ganz seinen Vorlieben hingeben. Er kann es aber auch auf her-

gebrachte Weise lesen, von vorn nach hinten, Zeile für Zeile, denn jedes Kapitel ist durchkomponiert, und alle zusammen ergeben einen Reigen.

Im übrigen kommentiert sich das Buch selbst. Das erste Kapitel spielt auf die Methode, das zweite auf den Geist der Auswahl an. Alles Folgende ist motivische Durchführung. Der Prolog stellt Haus und Landschaft des Autors wie eine Naturbühne vor uns hin, auf der die zivile Heerschau der Gedanken statthat. Mit dem Epilog verlassen wir die Szene wieder. Jedes Kapitel endet mit einem kleinen narrativen Abspann, mit Spaziergängen, Naturimpressionen. Einerseits wirken sie beruhigend, andererseits rein sinnlich und betörend. Der Leser kann ein wenig ausruhen vom Diskursiven und dann gestärkt ins nächste Reflexionsgebirge aufbrechen.

Ins Gebirge seines Werkes aufzubrechen, war am Ende auch der Autor aufgefordert, und der Gedanke daran hat Botho Strauß nicht begeistert. Er liest nur ungern eigene Sachen wieder. Als es getan war und er die Art der Auswahl vor sich sah, schrieb er mir nach Berlin: »Es ist das oft im Ton anachronistische und der Vergeblichkeit gewisse Testament eines Anti-Intellektuellen – so pathetisch ist mir fast zumute, wenn ich diese Gedanken*erzählung* lese und morgen weiterlesen werde.«

Editorische Notiz

Die Texte dieser Sammlung, außer den bisher unpublizierten, sind den Schriften von Botho Strauß entnommen: dem essayistischen Werk sowie den erzählenden Büchern. Hier und da wurde lediglich ein Figurenname fortgelassen oder eine Satzstellung verändert.

Sämtliche Einträge wurden vom Autor durchgesehen und, falls nötig, von der Quelle abweichend korrigiert. Das erklärt geringfügige Ergänzungen und kleinere stilistische Änderungen.

Leser, die sich für den Zeitbezug der Notate interessieren, finden bei den Siglen die Jahreszahl der jeweiligen Erstveröffentlichung.

Nachweise

Siglen

ASW I Der Aufstand gegen die sekundäre Welt. Carl Hanser Verlag, München
Wien 1999 (Zeit ohne Vorboten, 1998)

ASW II Der Aufstand gegen die sekundäre Welt. Carl Hanser Verlag, München
2012 (Büchner-Rede, 1989; Der Aufstand gegen die sekundäre Welt. Bemerkungen zu einer Ästhetik der Anwesenheit, 1991; Anschwellender
Bocksgesang, 1993; Lessing-Rede, 2001)

BL Beginnlosigkeit. Carl Hanser Verlag, München 1992

DG Der Geheime. Über Dieter Sturm, Dramaturg an der Berliner Schaubühne.
In: Versuch, ästhetische und politische Ereignisse zusammenzudenken.
Verlag der Autoren, Frankfurt am Main 1987

DH Die Hypochonder. Theaterstücke I. Carl Hanser Verlag, München Wien
1991 (EA 1972)

DjM Der junge Mann. Carl Hanser Verlag, München Wien 1984

DP Das Partikular. Carl Hanser Verlag, München Wien 2000

DU Die Unbeholfenen. Carl Hanser Verlag, München 2007

DW Die Widmung. Carl Hanser Verlag, München 1984 (EA 1977)

FAZ I Man muß wissen, wie die Sonne funktioniert. Frankfurter Allgemeine
Zeitung, 21.10.2005

FAZ II Entlastung und Stiftung. Die zwei Schicksale der Sprache. Frankfurter
Allgemeine Zeitung, 27.4.2011

FB Die Fabeln von der Begegnung. Carl Hanser Verlag, München 2013

FdU Fragmente der Undeutlichkeit. Carl Hanser Verlag, München Wien
1989

FK Die Fehler des Kopisten. Carl Hanser Verlag, München Wien 1997

GF Gedankenfluchten. Ausgewählt von Volker Hage und Barbara Hoffmei-
ster. Suhrkamp Verlag, Frankfurt am Main 1999

GG Am Rand. Wo sonst. Gespräch mit Ulrich Greiner. Die Zeit, 31.5.2000

GJ Anmerkungen zum Außenseiter. Über das Heilig-Freundliche des Eremiten von Franz Ludwig Catel. In: Griesebach. Kunst, Menschen, Werte.
Das Journal. Ausgabe 3, Herbst 2013

GK Wo der Geist Knecht ist. Der Spiegel, 16/1997

GS Der Gebärdensammler. Texte zum Theater. Herausgegeben von Thomas Oberender. Verlag der Autoren, Frankfurt am Main 1999

K Kongreß. Hanser 2013 (EA 1989 bei Matthes & Seitz, München)

LdT Lichter des Toren. © Diederichs Verlag, München 2013

M Mikado. Carl Hanser Verlag, München Wien 2006

NA Niemand anderes. Carl Hanser Verlag, München Wien 1987

NmA Die Nacht mit Alice, als Julia ums Haus schlich. Carl Hanser Verlag, München Wien 2003

PC Der Narr und seine Frau heute abend in *Pancomedia*. Deutscher Taschenbuch Verlag, München 2004 (EA 2001)

PP Paare Passanten. Carl Hanser Verlag, München Wien 1984 (EA 1981)

R Rumor. Carl Hanser Verlag, München Wien 1980

RTA Refrain einer tieferen Aufklärung, in: Magie der Heiterkeit. Ernst Jünger zum Hundertsten. Herausgegeben von Günter Figal und Heimo Schwilk. Klett-Cotta, Stuttgart 1995, S. 323–324

SP Die Schläfenparallele. Die Zeit, 21.12.2010

SuF Nach eigenem Gesetz. Sinn und Form 6/2001, S. 775–786

TdD Theorie der Drohung. In: Marlenes Schwester. Zwei Erzählungen. Carl Hanser Verlag, München Wien 1975

TE Wollt ihr das totale Engineering? Die Zeit, 20.12.2000

UaZ Der Untenstehende auf Zehenspitzen. Carl Hanser Verlag, München Wien 2004

UR Unerwartete Rückkehr. Carl Hanser Verlag, München Wien 2002

VA Vom Aufenthalt. Carl Hanser Verlag, München 2009

WDL Wohnen Dämmern Lügen. Carl Hanser Verlag, München Wien 1994

Prolog

Kapitel I

Kapitel II

Kapitel III

Kapitel IV

Kapitel V

Kapitel VI

Kapitel VII

Kapitel VIII

Was findet denn ... UR 42 / Das künstliche Fenster ... SuF 786 / Du mußt ... SuF 786 / In ihm kämpfte ... BL 21 / Daher meinen ... NA 135–136 / Wie kann es ... LdT 76–77 / Der Gedanke ... FK 55–56 / Der technologische Eifer ... (unveröff.) / Eigentlich sind ... VA 127 / Man kann den ... TE / Der Falter ... VA 191 / Die Welt war ... FK 57 / Der Sieg des ... VA 124 / Indem wir ... PP 193 / Endet etwa ... LdT 87–88 / Diese Kommunikationsorgane ... NA 146 / Wohl stellen ... PP 194–195 / Wie verblaßt ... FK 169–170 / Die Zukunft ... LdT 168 / Die großen Maschinen ... PP 195 / Im Spiel der Spiele ... BL 25 / Der Akrolog ... BL 89 / Für F. G. Jünger ... FK 57–58 / Wo blieb die ... LdT 60–61 / Die obwaltenden ... NA 134–135 / Es ist alles da ... BL 108 / Für einen engagierten ... NA 122–123 / Ein Mensch läßt ... LdT 111–112 / Erreicht wurde ... UaZ 51 / Die meisten Neuerungen ... LdT 15–16 / Es sind längst ... DU 77–78 / Vielleicht in einer ... LdT 112 / Es ist kaum ... UaZ 107 / Auf meinen Stadtgängen ... LdT 124 / Diese medialisierten ... BL 124–125 / Wird man nicht ... BL 131 / In den Gleichnissen ... LdT 118–119 / Kenosis ... LdT 119 / Natürlich konnte ... UaZ 75 / Die Technik tröstet ... (unveröff.) / Das »Netz« als ... LdT 117–118 / Während die Spinne ... (Sigé) FdU 47 / Jünger und Teilhard ... LdT 70–71 / Zuviel Hirn ... NA 135 / Von wieviel ... BL 48–49 / Die künstliche Welt ... NA 136–137 / Die natürlichen Lebensgrundlagen ... FK 54–55 / Das erfolgreiche Leben ... DU 76 / Diese leichtere Welt ... DU 78–79 / Und tatsächlich ... DU 79 / Automaten ... (unveröff.) / Mitunter liest man ... VA 236–237 / Wir sind die Letzten ... VA 108–109 / Nur der mythische ... FAZ I / Nur als die Allerkünstlichsten ... NA 137 / Die rastlose Erweiterung ... TE / Wollt ihr das totale ... TE / Das Virus ... VA 154 / Als Fulgurist ... TE / Das Netz zerreißt ... FK 57 / Weit ins schneebedeckte ... (unveröff.) / Der weiße Korallenwald ... VA 145

Kapitel IX

Man erfreut sich ... LdT 78 / Was ruft ihr ... VA 105 / Das Vertrauen in ... WDL 195 / Wir brauchen keine Aufklärung ... UaZ 95 / Wir brauchen keine weitere ... (Lessing-Rede) ASW II 119 / Lessings »Aggiornamento« ... (Lessing-Rede) ASW II 112 / Man muß wieder Hamann ... WDL 194 / Ohne Hamann kein ... WDL 194 / Begierig, das ... BL 45–46 / Woher rührte ... BL 102–103 / Der seltsame Metabolismus ... BL 83 / Gegenüber der Allmacht ... BL 46 / Er selbst hatte sich ... BL 46 / Große Gemälde ... LdT 77 / Vor großen Gemälden ... LdT 78 / Morandi und andere ... (unveröff.) / Es gibt so viele ... LdT 81 / Wenn es ein poetisches ... (unveröff.) / Wieviel Dichtung ... UaZ 24 / Was kümmert mich ... LdT 81 / Aristoteles ... (unveröff.) / Eine Philosophie ... FAZ II / Weltanschaulicher Optimismus ... LdT 118 / Naiv bleibt ... LdT 65 / Ein Buch ist ...

LdT 69 / Das Buch ... K 19 / Es gibt Emotionen ... DW 82–83 / Die Literatur nach ...
SuF 782 / Wir haben die Bücher ... NA 131–132 / Marcion ... (unveröff.) / Wie
aber der Physiker ... (unveröff.) / Es ist lachhaft ... PP 177 / Obgleich ein ... DjM
213 / Auf seinem gesellschaftlichen ... DjM 213–214 / Credo ut intelligam ...
BL 107–108 / Vielleicht wird ... UaZ 36 / Für Cioran sind ... PP 192–193 / Swedenborgs Engel ... VA 90 / Innovationen im ... UaZ 31–32 / Man wird schließlich ... BL 29–30 / Das Ende bleibt ... NA 132 / Wie Senancour ... NA 143 / Blasphemie ... NA 143 / Mit dem Reflexions ... UaZ 105–106 / Wie Hölderlin ...
DU 86 / Schlimm ist ... FK 105 / Wie leicht findet ... VA 53–54 / Wahrscheinlich
war ... VA 73 / Wo kann man ... NA 126 / Vielleicht siebenunddreißig ...
UaZ 37–38 / Das einfache, geschwinde ... PP 175 / Der berühmteste Maler ...
NA 175–176 / Aber wozu darüber ... NA 143–144 / Wenn machtvolle Ordnungen ... (Büchner-Rede) ASW II 28 / Es gibt eine neue ... FK 98–99 / Man muß
niemanden ... LdT 50–51 / Die niedrigste Spielart ... (unveröff.) / Wir haben
glänzende ... (Peter Stein) ASW II 90–91 / Der ästhetische Urfehler ... LdT 32–
33 / Kunst ist nicht ... DG 252 / In der Kunst ... (Büchner-Rede) ASW II
30–31 / Man darf sich eingestehen ... BL 96–97 / Wie viele haben Kafka ... GF
78–79 / Wenn Valéry sagt ... SuF 779 / Wie kann nur ... FK 35 / Bleich wie ...
UaZ 36–37

Kapitel X

Liebe, auch die ... FK 60 / Der Kuß sucht ... VA 20 / Eines der weiblichsten ...
VA 201–202 / Ich will ihn noch einmal ... VA 202 / Je tiefer sie weiß ... (unveröff.) / Die schönsten Frauen ... (unveröff.) / Mir schien ... (unveröff.) / Die erotische Version ... (unveröff.) / Ein Erotiker ... (unveröff.) / Proust ... (unveröff.) / Keine andere Form ... DW 27 / Warum ist sie ... DW 115 / Den Sinn eines ...
DW 25 / Der Fall ist nicht ... DW 116–117 / Es heißt, Lazarus ... DW 117–
118 / 1960 und seine Filme ... VA 62 / Der Sexus ... GF 26–27 / Sex als Sexusverlassenheit ... (unveröff.) / Alle Lust will ... UaZ 115 / Die Verschleierung ...
GF 28 / Die menschliche Sexualität ... PP 54–55 / Der Mann von heute ...
GF 27 / Die eine ging immer ... BL 104–105 / Die andere ist ... BL 105 / Die Kleider machen ... VA 66 / Der erotische Blick ... DW 69–70 / Eine einzige ergreifende ... DjM 244–245 / Erschütterung durch ... DW 114 / Die Schwingung ...
(unveröff.) / Man liebt in der ... UR 15 / Weißt du ... K 109–110 / Weibliche
Kälte? ... NA 74–75 / Allein das Wort ... PP 16–17 / Ohne Zweifel ist ... DW
115 / Für uns in den ... PP 17–18 / Die große Philosophie ... VA 233–234 / Ich
las ... DW 81–82 / Aber, nicht wahr ... VA 170–171 / Wie fremd dir ... DjM
183 / Ein Gänger ... UaZ 36 / Im Winter ... UaZ 134

Kapitel XI

Die Kultur ist ... DP 175 / Stürzen kann ... DP 175 / Der Fortgang ... VA 72 / »Das da« ... DjM 189–190 / »So haben wir denn« ... DjM 193–194 / Unserer Lossagung ... DjM 194–195 / Man möge doch ... DjM 205–206 / Nicht die graue Sorge ... LdT 49 / Wie schnell vergeht ... BL 93 / Im Grunde bleibt ... GK / Politiker stehen ... FAZ I / So wie es nun ... FAZ I / Der Hohn auf ... VA 234 / Das Abschreckende ... LdT 110–111 / Welche Transformierbarkeit ... (Bocksgesang) ASW II 58 / Im Innersten ... (unveröff.) / Niemand, der sich ... PP 177–178 / Der Wert der Freiheit ... LdT 92–93 / Wir drängen den ... LdT 36 / Aber ihr Freizügigen! ... LdT 36–37 / Freiheit wovon? ... LdT 92 / Daß sich alles ... FK 138–139 / Ständigkeit ist keine ... BL 28 / Ah, die Geschichte ... (Sigé) FdU 57–58 / Es war der erste Sommer ... WDL 19–20 / Das einzige Deutschland ... UaZ 77 / Der letzte vom ... UaZ 78 / Nötiger denn je ... FK 100 / Wer vermöchte schon ... (Sigé) FdU 57 / In einem Antiquariatskatalog ... UaZ 112 / Jenes »Rechte« ... (Bocksgesang) ASW II 78–79 / Die Schamverletzung ... (Bocksgesang) ASW II 73 / Die Deutschen waren ... FK 107 / Je verkürzter das ... (unveröff.) / Die Deutschen sollten ... SuF 784 / Das Nazitum ... FK 114 / Alle Deutschen ... FK 115 / Aufklärung fasziniert ... VA 152–153 / Zum Leitspruch ... LdT 156 / Soziale Demokratien ... (Ästhetik der Anwesenheit) ASW II 40 / Condorcets ... (Lessing-Rede) ASW II 121 / Anders als in ... LdT 91 / Die innere Figur ... LdT 129–131 / Wir leben keineswegs ... (unveröff.) / Wir erleben ... TE / Es gibt zwar ... DU 70–73 / Die amusische Intelligenz ... TE / Faszination für ... BL 118 / Das Gute so nah ... BL 119 / Die Klügeren ... TE / Dabei wird einem ... DP 77 / Wie kam es zu ... (Zeit ohne Vorboten) ASW I 104 / Das Globale ist ... TE / Von Leere schwebend ... TE / Im Zukunftsroman ... TE / Am Ende der modernen ... DU 64–65 / »Ich habe soviel Neuheiten gesehen« ... (unveröff.) / Man kann tun ... (Bocksgesang) ASW II 57–58 / Daß das hohe Differenzieren ... (unveröff.) / Niemand kann sich ... (unveröff.) / Burckhardts Pessimismus ... BL 119–120 / Gilles de Rais ... FK 81–82 / Manchmal gilt es ... DU 85–86 / Es ist leichter ... FK 108 / Aischylos ... (unveröff.) / Stetes Schwanken ... BL 47 / Auch wir fragen ... DU 95–96 / Es ist schön ... VA 8 / Man wird sich damit ... DU 96 / Am Pult ... UaZ 164 / Für zwei Tage Sommer ... FK 10

Kapitel XII

Die einen wissen ... (unveröff.) / Alles, was überhaupt ist ... BL 11–12 / Das Wort Gedanke ... VA 191–192 / Im Erklärungszeitalter ... NA 150–151 / Die Suche nach ... BL 39–40 / Jetzt haben wir ... R 142–143 / Die Christen sind ... NA 133 / Es wird dem Menschen ... BL 38–39 / Steady state ... BL 41 / Wenn doch aber ... R 144–148 / Der gesamte Entwurf ... BL 12–13 / Aber steht nicht ...

Kapitel XIII

Kapitel XIV

Was immer ich ... NmA 8 / Unwissen herrscht ... (unveröff.) / Botschaften treffen ... NA 136 / Niemals erleben wir ... NmA 10 / Vom Traum erwarte ich ... SuF 778 / Ungereizt vom Anblick ... FK 145–146 / Was sind schon ... LdT 46–47 / Man träumt immer ... NmA 6 / Wir träumen ... (Sigé) FdU 49 / Das Wort Auflösung ... BL 117–118 / Für mein Empfinden ... DH 29 / Wir träumen unsere Träume ... NmA 130 / Ich weiß nicht ... PP 178–179 / Seit Menschen ... DU 82 / Wer seine Erinnerungen ... UaZ 160–161 / Wie könnt ich es ... (unveröff.) / Es gibt Bewegungen ... BL 27–28 / Schwarze Löcher ... SuF 777 / Erinnerungen sind Ausstrahlungen ... UaZ 161 / Erinnerung ist immer ... (Gespräch mit Dieter Bachmann, 1979) GS 96 / Jedes Foto ist ... (Gerhard Richter) ASW II 159 / Ein Mann hatte ... VA 255–256 / Da ging heut früh ... VA 194 / Mein Kind wird ... VA 36 / Sein Erleben war ... BL 56 / Und wenn das Vergehen ... FK 34–35 / Weshalb sollte nicht ... K 57 / Das zwanzigste Jahrhundert ... (unveröff.) / Das technische Altertum ... BL 126 / Eines Tages ... (unveröff.) / Starke Elemente ... LdT 102 / Das tatenlose ... PP 195–196 / Ich bedaure nicht ... (unveröff.) / Der Erinnernde ... LdT 153 / In seinem Leben ... (unveröff.) / Sieh hin ... (unveröff.) / Alle Bewegung ... BL 56 / Erinnerung ist das eine ... LdT 154 / Von Tisch zu Tisch ... UaZ 94 / In der Abendsonne ... VA 262

Kapitel XV

Der anmaßende ... DU 85 / Wer sich nicht ... BL 81–82 / Die Epoche ... RTA / In Strahlungen ... RTA / Immer wieder ... (Bocksgesang) ASW II 65–66 / Man hat nur einen Ton ... DjM 175 / Wie wenn man ... (unveröff.) / Mir scheint ... UaZ 136–137 / Dies hat es immer ... (Bocksgesang) ASW II 70–71 / Der Künstler ... UaZ 99 / Im wesentlichen berichte ich ... UaZ 85 / Man lebt in Anklängen ... LdT 166–167 / Lust, noch einmal ... LdT 171 / Das große abendländische ... BL 116 / Zu lesen, allein ... VA 14–15 / Man schreibt einzig ... PP 103 / Dein Beruf ... UaZ 99–100 / Aber sind wir nicht ... PP 105 / Aber in einer Zeit ... PP 105–106 / »Ich bin, um ehrlich zu sein, wie alle, die Bücher schreiben« ... FK 152 / Wir möchten in ihnen ... PP 107–108 / Was ich auch schreibe ... TdD 72–73 / Kein Autor kann mehr ... (unveröff.) / Trotz aller Scham ... (unveröff.) / Ich habe ein Menschenalter ... NA 199 / Ich vertrete nichts ... NA 201 / Der Künstler wird ... LdT 143 / Wunsch nach ... LdT 144 / Ins Wörterbuch ... (unveröff.) / Worte im ... LdT 65 / Man hat die Feuer ... LdT 145 / Was wir sehen ... FK 73 / Ich teile nur ... GG / Das Subjekt ist ... FK 95–97 / Was läßt sich schon ... UaZ 20 / In der Sprache klingen ... BL 42 / Worte, die im ... LdT 22 / Jener schmerzhafte ... BL 117 / Die Sprache erzieht ... VA 276 / Man hat in ... (unveröff.) / In der Sprache entscheidet ... VA 173 / Daß das Farbspiel ... VA 59 /

Kapitel XVI

Kapitel XVII

Epilog